L'ABBÉ V. GUILMOT
Chanoine honoraire de Nazareth et de Tibériade

LA
CULTURE DE L'AME
dans l'enfance.

Custodi temetipsum et animam tuam sollicite.

Conservez-vous vous-même et gardez votre âme avec un grand soin.

(DEUTER. IV, 9.)

AVIGNON
LIBRAIRIE AUBANEL FRÈRES, ÉDITEURS
IMPRIMEURS DE NOTRE S. PÈRE LE PAPE.

La Culture de l'Ame dans l'Enfance.

OUVRAGES DU MÊME AUTEUR

Jésus-Christ, Principe et Fin de toutes choses, 2 vol. in-8º.

La Vie et ses Mystères, 1 vol. in-12.

Le Saint Sacrifice de la Messe, 1 vol. in-12.

La Croix et l'Autel, dans tous les temps et dans l'Éternité, 1 vol. in-12.

Le Chemin de la Vie, 1 vol. in-12.

L'ABBÉ V. GUILMOT
Chanoine honoraire de Nazareth et de Tibériade

LA
CULTURE DE L'AME
dans l'enfance.

Custos animæ suæ servat viam suam.

Celui qui garde son âme se tient dans sa voie.
(Prov. 16, 17.)

AVIGNON
LIBRAIRIE AUBANEL FRÈRES, ÉDITEURS
IMPRIMEURS DE N. S. P. LE PAPE.

INTRODUCTION

Dieu a varié à l'infini les œuvres de sa puissance, et sa sagesse les a disposées dans un ordre admirable. Il n'y a pas de confusion possible dans ce qu'il a fait. Les choses se distinguent toutes par quelque qualité spécifique. Elles s'étagent, pour ainsi dire, les unes au-dessus des autres. On dirait d'une succession de gradins, qui d'un côté vont se perdre dans les ombres et toucher au néant, tandis que de l'autre, ils atteignent des hauteurs illuminées et inaccessibles au regard.

L'âme humaine est fixée sur ces sommets. Elle est assurément la plus noble des substances créées, si l'on excepte les purs esprits qui forment un ordre à part. C'est la plus excellente et la plus digne d'estime. Elle est si belle que l'homme qui la verrait serait saisi d'admiration. Il serait ravi, dit un écrivain mystique (Louis de Blois), au point de ne plus savoir où il est. Aussi Dieu, qui réserve pour la vie future les plus merveilleux spectacles, l'a couverte ici-bas d'un voile impénétrable, comme pour la soustraire aux regards des mortels.

L'âme vient immédiatement de Dieu. Elle porte en elle la marque de sa céleste origine. La simplicité de son être, sa vie, sa spiritualité, sa rectitude et sa capacité sont des traits caractéristiques qui l'éloignent de toutes les créatures terrestres et la rapprochent du Créateur. Elle est faite à son image. Cette divine ressemblance la met hors de prix. Elle lui assure une prééminence incontestée sur toutes les choses visibles.

L'âme vient de Dieu et elle retourne à Dieu. Ce double mouvement, ces deux voyages en sens inverse impliquent deux créations différentes, l'une physique, l'autre morale. La première, celle par laquelle elle entre dans l'existence, est l'œuvre exclusive de la Trinité divine. Il n'y a qu'une puissance infinie qui soit capable de commander au néant et d'appeler ce qui n'est pas comme ce qui est.

En vertu de cette première création, l'âme dépend totalement et uniquement de son Auteur. Elle lui est intimement unie. Elle tient à lui beaucoup plus que l'arbre à la terre qui le porte, beaucoup plus que le fruit à la branche qui l'alimente. Elle est comme suspendue au-dessus de l'abîme d'où elle a été tirée, et elle y est maintenue comme par un fil invisible dont le bout est entre les mains divines.

Elle demeurerait étrangère à tout ce qui l'environne: sans alliance et sans affinité, sans attache et sans appui au milieu des êtres qui sont faits pour la servir, si elle n'était liée à ce voile qui lui sert de vêtement et qui n'est autre que son corps. C'est par lui qu'elle entre dans le domaine du temps et qu'elle peut exercer son pouvoir sur les choses visibles.

Il y a pour elle deux lieux différents, dit S. Bernard : l'un en bas où elle commande, l'autre en haut où elle se repose. Le lieu inférieur où elle fait sentir son autorité, c'est le corps auquel elle est unie; et le lieu supérieur où elle jouit du repos, c'est Dieu. C'est Dieu, dit encore S. Augustin, qui est son habitation et sa patrie. Elle est venue seule de lui; elle retourne à lui avec son corps.

Ce retour, nous l'avons dit, ne s'accomplit pas sans une nouvelle création. Il faut nécessairement que Dieu intervienne une seconde fois. Mais cette fois il n'opère plus seul. Il lui a plu de s'adjoindre des auxiliaires qui ont chacun leur tâche à remplir. Ces agents secondaires sont nombreux : le ciel en fournit comme la terre et la nature comme la société. Ils ne peuvent rien faire sans Dieu, et Dieu ne veut rien faire sans eux, bien qu'il se réserve la part principale.

Ce n'est plus simplement sa puissance créatrice qui agit ici, c'est surtout la vertu de la Rédemption du Christ. Toutefois l'efficacité de cette vertu est d'ordinaire subordonnée à la coopération des causes secondes, et avant tout au bon vouloir de l'âme. C'est cette dernière, bien ou mal disposée, qui amène les triomphes ou les défaites du Calvaire.

Elle est envoyée dans le monde pour y travailler de concert avec son Créateur. Elle est elle-même le premier champ qui doit être défriché ; champ vaste et fécond qui promet les plus riches moissons quand il est bien cultivé, mais qui se couvre de ronces et d'épines, dit S. Thomas d'Aquin, quand on le néglige.

Dieu ne manque pas d'agir en sa faveur. On peut dire que cette terre mystique de l'âme a son soleil et ses nuages, ses vents et ses pluies. Celui à qui elle appartient l'éclaire de la vérité ; il l'éprouve dans les luttes ; il l'échauffe des ardeurs de son Esprit ; il l'arrose de la pluie de ses grâces ; il la purifie par les vents tantôt brûlants, tantôt glacés des tentations. Et il attend qu'elle réponde à ses avances et qu'elle donne tous ses soins à son perfectionnement. Elle n'est pas, à son entrée dans le monde, ce qu'elle doit être à sa sortie. Le temps qu'elle y passe lui est donné pour s'enrichir : pour arracher et pour planter, pour détruire et pour relever, car elle porte en elle des inclinations au mal comme au bien.

« Depuis le péché originel, dit un savant moraliste (Mgr Dupanloup), il n'y a pas un mauvais germe en nous, si petit et si chétif qu'il soit, qui ne tende à croître, si on ne le combat, qui ne tente à s'emparer de tout, à tout dominer, à tout corrompre ; tandis que, au contraire, il n'y a pas une bonne qualité qui ne tende à défaillir, si on ne l'entretient et si on ne s'applique à la fortifier. » De là, la nécessité absolue de la culture intellectuelle et morale.

« La beauté de notre âme, dit S. Jean Chrysostôme, dépend entièrement de notre volonté et de celle de Dieu. Dans sa bienveillance pour nous, notre souverain Maître a permis, pour honorer d'autant plus notre race, que les choses d'un moindre intérêt et d'une importance inférieure, et qui peuvent tomber indifféremment de telle manière ou de telle autre, fussent soumises à l'aveugle empire de la nature, tandis que, pour les beautés réelles et vraies, il a voulu que nous en fussions nous-mêmes les ouvriers volontaires. » (1re *Exhort. à Théodore.*)

Cette œuvre capitale est essentiellement personnelle. Aussi ce n'est que vers la septième année qu'elle commence, avec l'usage de la raison et de la liberté. Dans les années qui précèdent, l'âme est plutôt passive : elle reçoit tout et ne donne rien. Son premier septénaire est comme un beau rêve pendant lequel tout remue au dehors et tout sommeille au dedans [1].

Mais à l'instant où la lumière de l'intelligence se lève, le rêve de cette époque de calme et d'insouciance s'évanouit. Un monde nouveau s'ouvre, monde intérieur, plus vaste, plus agité, plus varié que le monde matériel. C'est l'âme elle-même qui se révèle avec ses capacités et ses propriétés, avec ses puissances et ses opérations. La raison, en l'illuminant, y découvre des profondeurs insoupçonnées. C'est alors le temps de s'appliquer sérieusement à cette culture qui est la grande œuvre de la seconde enfance.

L'âme humaine n'est certes pas le terme du voyage qui s'appelle la vie. C'est une étape par laquelle il faut passer pour s'élever plus haut. Il faut l'explorer, en connaître les ressorts et les mystères, pour monter sur la montagne du Seigneur, comme parle le Prophète, et pour chercher le repos dans Celui qui est le principe et la fin dernière de tout; il faut, en d'autres termes, retourner à Dieu.

Ce retour, on l'a vu, exige d'un côté beaucoup d'efforts et de l'autre une assistance continuelle. Est-il besoin de le démontrer? Ne sait-on pas

---

1. Ce premier septénaire a été décrit par l'auteur dans: *Le Chemin de la Vie*.

qu'entre Dieu et l'âme la distance est infinie? Mais il n'y a pas lieu de se décourager. La voie est ouverte : la création est comme une échelle gigantesque faite à dessein pour faciliter la montée. On passe d'un dégré inférieur à un degré supérieur, de l'ordre matériel à l'ordre intelligible, pour entrer dans le plus sublime de tous, celui de la grâce. Ce sont trois voies qui se suivent et s'enchaînent, tout en restant distinctes. Chacune a sa lumière propre et sa beauté, ses attraits et ses plaisirs. On dirait d'un immense escalier jeté sur trois mondes. En passant de l'un à l'autre, l'âme modifie ses habitudes et ses dispositions; sa vie prend une physionomie différente et un nom nouveau, elle est sensitive ou animale avant d'être raisonnable et elle est raisonnable pour devenir effectivement et pratiquement surnaturelle.

Ces trois états d'animalité, de raison et de grâce sont parfaitement distincts. « Le premier, dit S. Bernard, s'exerce autour de ce qui est du corps ; le second, sur ce qui entoure l'âme; le troisième n'a de repos qu'en Dieu. » La vie, monte ainsi par degrés, en commençant par le plus bas pour atteindre le plus élevé.

Si l'on veut connaître la raison de cette triple voie, on la découvrira dans la condition même de l'homme et dans ses attaches. Il est écrit au Livre de la Sagesse (II. 23) que Dieu l'a créé indestructible.

On peut bien le blesser, déchirer ses membres, répandre son sang, briser ses os, livrer son corps aux flammes et jeter ses cendres au vent, on ne saurait le détruire tout entier. La partie principale, l'âme est à l'abri de la malveillance. Elle demeure inaccessible aux attentats des créatures. Dieu seul pourrait l'anéantir; il ne le fera pas parce qu'il ne lui convient pas de le faire. L'âme est impérissable! Grande vérité qui suffit pour soutenir la constance, pour élever le courage, pour rendre l'homme invincible et le transformer en héros. C'est faute de la considérer que tant de caractères s'effacent et deviennent timides et pusillanimes.

L'âme n'est point emprisonnée dans le temps. Bien qu'elle paraisse appartenir à la terre, elle plane au-dessus de ses révolutions (S. THOMAS. 1. 118. 3 c.), elle domine le cours des événements qui s'y accomplissent. Sa place est à l'horizon du temps de l'éternité. (S. THOMAS. 1. 77. 2 c.) On doit tenir compte de cette situation exceptionnelle pour expliquer la variété des puissances de l'homme. La multiplicité de ses opérations le distingue de tous les autres êtres créés. Posé à la ligne d'intersection entre les corps et les esprits, il appartient par moitié à chacun de ces deux ordres. Son activité a un double exercice. Elle est mêlée aux agitations d'ici-bas, suivant des routes diverses, formant un capricieux réseau de lignes qui s'effacent une à une pour se reformer sur un plan nouveau.

Elle ne cesse de créer, de réunir, de séparer, de combiner de mille manières différentes les matériaux qu'elle rencontre. Elle modifie, elle embellit l'œuvre du Tout-Puissant par sa propre fécondité. Sans ce travail incessant de production ou de transformation, la terre demeurerait toujours la même, tournant dans son orbite comme la poussière stérile des nébuleuses.

Mais d'autre part cette même activité se déploie dans un ordre supérieur. Elle s'applique à la recherche du vrai, à la pratique du bien. Elle est avant tout au service du Créateur. C'est elle qui lui prépare la moisson qu'il a droit de recueillir dans son domaine. Si l'homme élève parfois des monuments magnifiques devant la société, il en édifie d'impérissables devant Dieu. Aussi à côté des noms célèbres qui sont écrits sur les pages de l'histoire, il en est d'autres qui ne sont que peu ou point connus dans le temps et qui resplendiront pendant l'éternité.

Nous ne voyons pas sur cette terre tout l'ensemble de la vie. Elle y commence; elle y fait l'essai de ses forces, puis, brisant son enveloppe matérielle pour la jeter au sépulcre, elle s'envole avec l'esprit qu'elle anime pour retourner à son Principe. Son avenir est ineffable : c'est une suite interminable de merveilles, que la Révélation laisse entrevoir sans les expliquer. Quant à son passé, il nous est peu connu. Son présent seul est sous nos yeux. Il se déroule jour par jour devant nous. S'il y reste des points obscurs, il en est d'autres qui se découvrent d'eux-mêmes, et qui sont dignes à tous les points de vue, de fixer notre attention.

Si l'étude des forces physiques a été si favorable aux arts et à l'industrie, si elle a contribué pour une si large part au bien-être des sociétés modernes; quels résultats ne doit-on pas attendre de la connaissance approfondie des forces morales? Il est reconnu que la vie humaine ne donne presque jamais ce qu'elle pourrait donner. L'une des causes de sa stérilité relative n'est autre que l'ignorance. Nous ne nous connaissons pas nous-mêmes. Nous ne considérons pas toutes les ressources dont le Créateur a doué notre nature. Nous négligeons de faire l'inventaire des richesses spirituelles que sa Providence nous a confiées. Nous en laissons dépérir une partie et parfois nous abusons de l'autre. De là la timidité de nos pensées (Sapi. ix. 14), les hésitations, les défaillances, le manque d'initiative ou de persévérance dans les entreprises et la médiocrité des œuvres. Très souvent celles-ci sont loin de répondre à l'énergie cachée qui les produit.

L'homme peut presque toujours beaucoup plus qu'il ne se l'imagine. Dans sa nature mixte, il réunit les vertus des êtres supérieurs et des êtres inférieurs. C'est un ange capable de s'élever à Dieu par la puissance de son entendement et c'est une brute qui ne peut se passer des choses terrestres faites pour son usage.

Sa vie cependant n'est ni celle des purs esprits, ni celle des corps organisés. (S. THOMAS. 22. 179. 11.) Elle lui est propre. Elle a ses tendances distinctes, ses aptitudes, ses propriétés, ses lois et son cachet. Ce n'est pas la vision intuitive de la vérité comme dans les pures intelligences. Ce n'est pas non plus la circulation du sang, les mouvements des organes et les impressions des sens, comme dans le règne organique. Sa vie, c'est l'activité de l'esprit, c'est le travail de la pensée et du sentiment. Ce travail lui est essentiel. Quel que soit le lieu où l'âme se trouve : qu'elle se déplace, qu'elle s'éloigne de la terre, qu'on la suppose transplantée dans les régions inconnues, au milieu des lumières ou au sein des ténèbres, elle continuera à agir, à raisonner, à comparer, à calculer, à connaître et à sentir.

La vie est inhérente à l'âme et, comme elle, indestructible. Dans les autres créatures, elle ne fait que passer. Elle a un commencement et une fin. Tôt ou tard, elle abandonne le vaisseau qu'elle avait dirigé et se dissipe comme une vapeur sans consistance. Dans l'âme seule, elle survit à toutes les ruines.

L'image vivante de Dieu est entraînée, comme par une pente naturelle, vers un avenir indéfini. Il n'y a pas de lieu qui l'arrête, pas de temps qui l'enchaîne, pas de joie qui la rassasie ici-bas. Elle sort du berceau, elle sort de l'enfance, de l'adolescence, de la jeunesse, toujours pressée d'aller plus avant, toujours avide de conquérir l'inconnu. Elle sort de la virilité avec toutes ses aspirations. Elle parcourt les épreuves de la décrépitude, et, arrivée en face de la tombe, des désirs plus vastes et plus ardents la tourmentent. La mort, qui éteint toutes les lumières, qui paralyse toutes les forces physiques, ne fait qu'aviver ses énergies. Elle lui ouvre de nouveaux horizons.

En lui préparant une carrière plus large, elle dérobe à la terre le spectacle de ses ascensions ultérieures. La mort n'est pas la fin de sa course, ni le précipice où elle va s'engloutir; c'est le point où sa route disparaît aux yeux du monde.

La vie humaine est un grand don de Dieu. Dans la pensée de plusieurs Pères, c'est un don gratuit et même surnaturel. C'est une grâce, en ce sens que Dieu l'a donnée sans la devoir à personne.

C'est à cette grâce que l'homme doit sa dignité, son pouvoir, ses actes, ses vertus, ses mérites et son bonheur. C'est par elle qu'il peut circuler dans la création, monter de lumière en lumière et parvenir jusqu'au sommet de la gloire. L'âme qui s'éveille dans l'obscurité du monde inférieur peut porter son regard jusqu'aux lointains rivages des cieux et aspirer à franchir la distance incommensurable qui l'en sépare. Elle a reçu la vie, elle ne peut la rejeter. Il faut qu'elle en use ou qu'elle en abuse. Elle est elle-même l'arbitre de sa destinée.

Cependant, bien qu'elle soit immortelle, elle n'est pas invulnérable. La condition dans laquelle elle se trouve l'expose à plus de dangers que les autres créatures. On le comprendra si l'on remarque qu'elle a deux attaches qui étendent singulièrement le champ de ses opérations. D'une part, elle est unie à un corps sans aucun intermédiaire. C'est elle qui le meut, le gouverne, lui communique tout ce qu'il est susceptible de recevoir. Étant la forme de ce corps, elle le fait vivre de la vie commune aux êtres organisés, aux plantes et aux animaux. C'est ainsi, comme nous l'avons déjà vu, qu'elle entre partiellement dans le domaine des choses temporelles.

De ce côté elle est soumise à l'action du temps, à ses coups et à ses ravages. C'est ce que Dieu a voulu. Il convenait qu'elle fût ballottée sur les vagues mobiles et qu'elle sentît l'instabilité des choses qui passent, au moins pendant la durée de son épreuve, pour aspirer à la possession des biens immuables et mériter son bonheur. La mort, qui ne peut l'atteindre dans son essence, la menace dans sa position et finit toujours par briser son existence terrestre.

D'autre part elle est unie à Dieu d'une manière toute spéciale, par le moyen de la grâce habituelle. Cette seconde union l'introduit dans un ordre supérieur à la nature. Elle la met en contact avec les êtres les plus nobles et en relation avec les Personnes divines. Éclairée par les purs rayons de la vérité, elle acquiert des aptitudes que la science acquise ne donne point. Elle goûte une paix profonde et une délicieuse sérénité. Elle nourrit des espérances magnifiques et son amour pour Dieu lui donne un avant-goût des joies célestes.

Cette union, c'est la vie surnaturelle. On l'a nommée ainsi parce qu'elle est surajoutée à celle de la nature. Elle la couronne et en même temps elle sert de contrepoids à la vie des sens. Accessoire comme cette dernière, et susceptible d'accroissement et de diminution, elle peut durer à jamais, et elle peut s'éteindre et se perdre par un simple mouvement de la volonté libre.

Ainsi, dans son immortalité, l'homme est exposé à deux genres de mort. L'une l'attaque par le bas et sépare son âme de son corps et du monde terrestre. L'autre le blesse par le haut et le rejette loin de Dieu. La première est commune à toute la race. Qu'elle soit désirée ou redoutée, bien ou mal accueillie, elle est inévitable. C'est une peine, c'est-à-dire, la suite, l'effet et la réparation d'une faute, mais elle est indépendante de la volonté. La seconde au contraire est pleinement volontaire. C'est le péché, acte libre, pur mal et source de tous les maux. Car il est très vrai que l'âme qui commet le péché se suicide en un sens. C'est ce qui fait dire à l'Esprit-Saint que le pécheur est son propre ennemi. Il ne peut en venir là sans pervertir ses dispositions naturelles et sans violer cette loi fondamentale qui veut que tout être vivant s'aime et veille à sa conservation.

Il résulte de ces principes qu'il y a une triple vie dans le chrétien. Outre celle qui est inhérente à son âme et qu'on pourrait appeler centrale, il en possède deux autres qui sont comme ses prolongements en haut et en bas. Ces deux dernières, qui sont accessoires, sont comme des auxiliaires destinés à la mettre en relation avec les créatures d'une part et de l'autre avec le Créateur. Dieu d'un côté, et de l'autre ses œuvres, tels sont les deux pôles du monde où se déploie son activité et les deux aimants qui l'attirent. Il ne s'arrête guère en lui-même. Il sent trop son indigence et ses besoins, pour ne pas aller à la recherche des biens qui sont au-dessus ou au-dessous de lui.

De ces trois vies des sens, de la raison et de la grâce, la dernière est la plus parfaite et la seule capable d'assurer le bonheur. Elle commence au baptême. Mais la sève divine inoculée dans l'âme par ce sacrement, reste engourdie jusqu'au jour où la raison se lève. Alors seulement elle entre en circulation pour produire ses premiers fruits. Ces fruits sont incontestablement ce que la terre peut porter de meilleur. Ce n'est point ici le lieu de les cataloguer. Nous pourrons, dans le cours de ce travail, en mentionner quelques-uns des plus remarquables. Et puisque la grâce s'adapte à la nature avec laquelle elle s'harmonise si bien, il est nécessaire, pour entendre quelque chose à ses mystérieuses opérations, de connaître préalablement le sujet auquel elle s'applique, c'est-à-dire, l'âme avec ses facultés. Et comme les puissances de l'âme s'exercent tout d'abord sur la nature physique, c'est par là qu'il convient de commencer.

Nous parcourons ainsi successivement les trois étapes du voyage de la vie, pendant la période de la seconde enfance, et nous verrons le genre de culture approprié à chacune.

CHAPITRE PREMIER

Les débuts de la vie humaine.

1. DIEU ET L'HOMME.

Le commencement de la vie, pas plus que sa fin n'est au pouvoir de l'homme, le milieu seul peut être considéré comme lui appartenant. Ce n'est qu'au temps où la raison s'éveille qu'il a le choix de sa route.

Cette route est longue, si l'on mesure la distance à franchir, puisqu'il s'agit d'arriver jusqu'à Dieu. Cependant il n'y a aucun motif de se décourager, car cette route est frayée depuis l'origine du monde. Des foules innombrables l'ont suivie. La création tout entière y est entraînée par instinct.

Dieu n'est-il pas l'aimant mystérieux qui attire tous les êtres? N'est-il pas le port où l'homme doit aborder et la source vive qu'il cherche, même sans le savoir, et où, dans son insatiable désir du bonheur, il aspire à tremper ses lèvres?

Oui, Dieu nous attend; il nous appelle; il nous a ouvert une voie pour aller à lui, comme il en a pris une autre pour venir à nous. La voie de Dieu vers nous est une descente, une série d'abaissements qui commence dans l'Incarnation du Verbe et va aboutir, à la mort, à la sépulture et à l'enfer, pour s'arrêter enfin dans les anéantissements de l'Eucharistie. C'est par ce sacrement d'amour qu'il s'approche ostensiblement, afin de contracter avec nous une alliance éternelle.

Notre voie vers lui est en sens inverse. C'est une montée, une suite d'ascensions lentes mesurées mais progressives, qui ne doivent avoir d'autre terme que l'union béatifique dans le Royaume céleste.

Cette voie se présente devant l'enfant chrétien au moment où ses yeux s'ouvrent à la lumière de la vérité. C'est alors qu'il se détermine à choisir. Le choix n'est pas possible dans les premières années. L'âme n'est pas en état de se diriger elle-même. La vie morale est nulle. Elle ressemble à ces cours d'eau formés dans les entrailles du sol et qui restent longtemps emprisonnés dans des galeries souterraines; ce n'est qu'au sortir de la montagne qu'ils commencent à remplir leur mission, en répandant la fraîcheur dans l'air et la fécondité sur leurs rives. Ainsi en est-il de la vie humaine, il faut qu'elle sorte des ténèbres de la première enfance pour donner ses fruits. La période qui va de sept à quatorze ans doit donc être considérée comme le véritable point de départ.

Ce n'en est pas la partie la moins remarquable. Ce qui la distingue et la relève et lui donne un caractère tout spécial, c'est qu'elle mène sur les hauteurs de l'ordre surnaturel et jusqu'à la grande source de la grâce. En effet, dès qu'on touche le seuil de la seconde enfance, la divine Eucharistie apparaît dans un nimbe lumineux. C'est le point culminant qui éclaire et qui embellit son cours. « La Communion est une participation à la substance même de l'Homme-Dieu, s'incarnant en chacun de nous pour purifier notre âme et la nourrir. C'est l'union avec Dieu élevée, si l'on peut parler ainsi, à sa plus haute puissance, et parvenue au dernier degré qu'il soit possible d'atteindre dans les limites de l'ordre présent : au-delà, c'est le ciel. » (L'abbé GERBET. *Dogme général.*) Ce mystère est, pour le jeune âge, ce qu'est le soleil du printemps pour la terre qu'il fait reverdir. Il agit sur toutes les puissances internes et y détermine une merveilleuse germination de vertus.

L'enfant qui a entrevu les splendeurs du banquet sacré, peut-il demeurer dans un placide repos ? Une ardente et sainte ambition s'empare de lui, lorsqu'il sait qu'il est appelé à y prendre part ; il se montre plus appliqué au travail, plus assidu à l'étude, plus docile aux remontrances, plus zélé pour le bien, plus courageux dans l'épreuve, et de l'autel de son cœur s'élève l'encens d'une prière plus fervente et plus fréquente.

Il s'agit ici, évidemment, de l'enfant né au sein du christianisme, incorporé au divin Rédempteur et grandissant sous le regard maternel de son Église. Il en est d'autres, en grand nombre, qui ne sont pas aussi bien partagés, car les membres de la famille humaine sont dans des conditions très différentes. Ils ressemblent aux arbres des forêts : tandis que les uns prospèrent dans un sol riche et un milieu favorable, les autres végètent dans les rocailles ou exposés à l'âpreté des vents et à la rigueur des frimas.

Les enfants nés dans l'infidélité ont-ils tout ce qu'il faut pour réaliser leur destinée? Plongés dans une profonde ignorance, ne sachant d'où ils viennent, ni où ils vont, ni ce qu'ils ont à faire, ne trouvant personne pour leur enlever le bandeau étendu sur leurs yeux, ils sont exposés à plus d'un danger. Et lorsqu'ils arrivent à l'âge où chacun est tenu de s'orienter, ils se trouvent en face de chemins inconnus, qui presque tous aboutissent à des abîmes, et ils se voient livrés sans guide au péril des aventures.

Si le bonheur des êtres intelligents dépendait exclusivement de leurs efforts ou du concours des agents finis, ou s'il était abandonné au caprice des circonstances extérieures, on aurait de sérieux motifs de craindre. Heureusement il y a une Providence qui veille sur tous ses ouvrages et qui conduit chaque chose à sa fin par des moyens aussi doux qu'ils sont énergiques. Elle ne prétend pas moissonner où elle n'a pas semé. Mais, offrant à tous son assistance, elle attend simplement une fidèle coopération à ses grâces.

C'est cette vérité fondamentale que nous voudrions exposer tout d'abord, parce qu'elle est appelée à répandre une vive lumière sur le mode de culture qui convient à l'âme et sur le chemin de la vie à son début.

2. L'AGE DE RAISON.

Il y a, dans la vie des hommes, comme dans celle des peuples, des époques qui méritent une attention particulière. On ne peut s'empêcher de les remarquer. Elles exercent une influence visible sur le cours de l'existence et elles donnent la clef des événements qui la remplissent !

L'une des plus saisissantes est celle qui sépare la première de la seconde enfance. Elle s'appelle l'âge de raison. Une grande révolution s'accomplit alors dans la nature humaine. L'âme passe des ombres de la nuit à la clarté du jour et de la servitude ou du moins, de la captivité à l'affranchissement. C'est un moment solennel. Il assure à l'enfant le plus riche des domaines, celui de lui-même et de ses actes.

Les autres époques ont cela de commun, qu'elles doivent leur importance soit à l'apparition d'un élément nouveau, soit à l'adjonction d'une force étrangère qui s'introduit dans le jeu de l'organisme. Ici rien de pareil. C'est simplement la nature qui s'est développée. C'est l'éclosion d'une faculté, la plus élevée et la plus noble de toutes. C'est une sorte de floraison mystique qui commence à s'accomplir dans le secret de l'âme.

Quant au jour et à l'heure où cette transformation se fait, il n'est pas facile de les préciser. Il y a des natures plus précoces et d'autres plus tardives. Puis, ce travail s'exécutant dans les silencieuses profondeurs de l'être humain, nul ne s'en aperçoit, pas même celui qui aurait le plus grand intérêt à s'en assurer.

Toutefois quand il est consommé, on peut dire que l'enfant a fait un grand pas. Il a brisé les entraves qui le retenaient dans une sorte de prison. La barrière qui le séparait de la société est renversée. Il est devenu l'un de ses membres. Il va se frayer un chemin et se créer un apanage sur le territoire réservé à sa race. Dès lors tous ses pas seront comptés, tous ses actes seront pesés dans la balance : il en sera responsable.

La raison est une puissance qui donne à l'âme humaine une très grande autorité et une sorte de royauté, dit S. Jean Chrysostôme. « C'est un don bien précieux, dit S. Grégoire de Nysse, c'est un véritable et riche trésor, une possession sacrée et divine, que la raison qu'il a plu à Dieu de nous donner. » C'est une force qui l'élève au-dessus de toutes les choses corporelles et qui la fixe immédiatement au-dessous des spirituelles, dit S. Augustin. C'est elle, ajoute le saint Docteur, qui établit la distinction soit entre le vrai et le faux, ce qui est le propre de la logique ; soit entre la vertu et le vice, ce qui concerne la morale. C'est elle encore qui porte ses investigations jusque dans la nature des choses, ce qui appartient à la physique. Elle est donc la source de cette triple science qui constitue toute la philosophie. (*De spiritu et anima*. Chap. 37.)

Cette éminente faculté domine toutes les autres. Elle les éclaire, les dirige, les enrichit, et celles-ci concourent, chacune dans son genre, à ses opérations. Elle est la loi qui règle la conduite et qui rectifie tous les actes.

Sans elle l'homme serait moins bien doué sous bien des rapports que certains animaux. Il ne serait point homme. « Dieu nous l'a donnée, dit encore S. Jean Chrysostôme, pour qu'elle dissipe l'ignorance de l'esprit, règle le jugement, lui apprenne à ne pas se méprendre sur la valeur des choses ; il nous l'a donnée comme une lumière qui doit nous diriger, comme une armure qui nous défende contre les divers accidents de la vie. C'est par cette faculté précieuse que l'homme a bâti des cités, traversé les mers, fécondé la terre, fait un si grand nombre d'utiles découvertes, dompté les animaux les plus féroces. Par elle, il a fait plus encore, il s'est élevé à la connaissance de son divin Auteur. Par elle, il discerne ce qui est bien, ce qui est mal. Seul, de tous les êtres créés, il communique avec Dieu par la prière ; il pénètre des secrets cachés profondément et perce jusque dans les cieux. »

La raison apparaît la dernière, après toutes les facultés inférieures. Celles-ci sont déjà en pleine activité et remplissent leurs fonctions, lorsqu'elle commence à se montrer. Ce sont des ouvrières faites pour la servir. Elle est reine : elle occupe un trône, elle siège sur un tribunal de juge. C'est elle qui commande, qui dirige, qui gouverne, qui approuve et qui condamne. Elle donne des ordres à toutes les autres puissances qui sont faites pour l'assister. C'est elle qui les protège et les défend. Elle éloigne les erreurs, repousse les vices, empêche les écarts occasionnés par les sens, l'imagination et la convoitise.

Cependant sa royauté est purement relative. Au-dessus d'elle il y a une raison souveraine à laquelle elle doit se soumettre. Elle n'est que sa déléguée dans le gouvernement très limité de la vie individuelle.

Cette faculté se révèle déjà dans les premières années. Elle prélude lentement à son exercice. Comme le jour qui s'annonce par des lueurs moitié claires, moitié obscures et qui dissipe peu à peu les ténèbres de la nuit, pour finir dans la pleine clarté ; ainsi elle projette d'abord quelques rayons enveloppés de nuages, puis ces rayons augmentent d'intensité : ils percent les brouillards, dissipent les vapeurs et se répandent à flots. Le cercle de l'activité interne est élargi ; les horizons s'éloignent et s'illuminent ; tous les objets se distinguent. Il y a discernement du bien et du mal, du vrai et du faux ; il y a liberté ; c'est la vie de l'esprit.

L'enfant, une fois éclairé de la lumière naturelle, ne peut plus être confondu avec les êtres inférieurs. Il est élevé à la dignité de personne. Il occupe le terrain qu'illumine le soleil de la sagesse. La vérité, l'ordre, la justice apparaissent à son intelligence et lui font sentir la puissance de leur beauté. Le flambeau qui éclaire son intérieur lui permet d'orienter sa marche. Il est capable de se diriger lui-même à la clarté des premiers principes qui sont le fond même de sa nature intelligente ; il est libre.

Il est libre, c'est-à-dire qu'il a le choix de sa route, la décision dans ses conseils, la direction de ses volontés et conséquemment la responsabilité de ses actes. Dès lors l'estime ou le mépris, la louange ou le blâme vont le suivre et s'attacher à sa personne. Car ses actes sont quelque chose de lui : ce sont ses propriétés, formées de ses mains et faites à sa ressemblance. C'est pourquoi le ciel et la terre viendront les reconnaître et juger par elles s'il est digne d'honneur ou s'il ne mérite que la confusion.

Avec la raison commence une existence toute nouvelle et toute remplie de contrastes. Car l'homme vit par l'esprit et l'enfant par les sens. Or ces deux vies sont en perpétuel désaccord. L'une élève, l'autre abaisse. La première rapproche des pures intelligences, la seconde de l'animal. Elles suivent des voies contraires et s'en vont aux deux pôles opposés du monde moral. Pour l'une, c'est le royaume de la vérité qui sert de champs d'exploration, au lieu que l'autre reste confinée dans la sphère des choses matérielles.

Et voilà que ces deux vies se rencontrent dans la même personne, non pour s'associer et se mettre à l'unisson, mais pour inaugurer une ère de rivalité et provoquer des conflits auxquels la mort seule mettra un terme. Il faut nécessairement que l'une croisse et que l'autre diminue. De la prépondérance de l'une sur l'autre naissent les vertus ou les vices.

On le voit, l'âge de raison marque une date mémorable dans le cours des années. Il produit, dans l'existence individuelle, ce qu'un changement de gouvernement ou de dynastie occasionne dans un état. Il amène des mécomptes et des conspirations qui transforment le chemin de la vie en un champ de lutte. L'enfant chrétien, parvenu à cet âge, porte en lui une cause permanente de divisions, puisqu'il est à la fois chair et esprit : esprit uni à Dieu par la grâce, et chair rivée à la terre par tous les éléments qui entrent dans sa formation. Il appartient à ces deux mondes si différents ; à l'un par sa naissance, à l'autre par son baptême qui est aussi une seconde naissance. Il doit vivre dans les deux, sous peine de ne vivre qu'à moitié.

Cependant pour être à la hauteur de sa nouvelle condition, il est absolument indispensable qu'il suive la direction de la raison. Conséquemment il importe qu'il mette tous ses soins à l'éclairer. Car s'il tient de Dieu cette éminente faculté, c'est lui-même, comme l'a remarqué Cicéron, qui fait qu'elle est bonne ou qu'elle est dépravée.

3. LE PREMIER REGARD DE L'ESPRIT.

L'être moral ne marche point au hasard. Ayant conscience de sa force, de sa liberté et de sa responsabilité; sachant que ses destinées sont en ses mains, il est intéressé à calculer la portée de ses actes et à conformer sa conduite à la règle du vrai et du bien. Il regarde, il écoute et il délibère. Et où se porte son regard? quelle est la voix à laquelle il prête l'oreille et à quelle détermination finit-il par s'arrêter? Ces questions se posent naturellement au début de la vie raisonnable. C'est le moment de les examiner et d'en chercher la solution.

L'esprit humain est perpétuellement en mouvement, il se tourne de tous côtés, tantôt en haut, tantôt en bas; il est entraîné vers la droite ou poussé vers la gauche. Mais quel est son premier regard? Interrogez le voyageur qui avance sur sa route d'un pas assuré et demandez-lui pourquoi il a pris cette direction. Il indiquera devant lui le lieu de sa destination. C'est là que sa pensée s'est envolée tout d'abord, avant qu'il commence sa course. Regardez le navigateur qui quitte le port et s'engage en pleine mer, il a consulté les cartes marines pour y découvrir le point fixe où il devra débarquer; et pendant la traversée son œil cherche ce lointain rivage dans les vaporeuses obscurités de l'horizon. Ainsi en doit-il être de l'homme qui commence son voyage sur la mer du monde. Ce qui l'intéresse avant tout, c'est le but qu'il veut atteindre, c'est le terme où il arrêtera sa course et où il se reposera : c'est, en d'autres termes, sa fin dernière. Toujours c'est elle qui se présente en premier lieu à la pensée. C'est elle qui affecte l'esprit et qui détermine la volonté dans le choix des moyens à prendre, des démarches à faire, des mouvements à combiner et des actes à accomplir. Elle précède, pour ainsi dire, toutes les opérations humaines. Elle est la première dans l'intention et la dernière dans l'exécution, disent les philosophes.

Or, la fin dernière, c'est le bien vers lequel la nature tend de tout son pouvoir, et où elle trouve sa perfection et son repos. Et puisqu'il s'agit ici de la puissance intellective, il est évident que sa fin c'est la vérité. Tout esprit la cherche, lorsqu'il est sain, lorsqu'il a conservé ses dispositions natives. Il se porte instinctivement de ce côté.

Et où est la vérité? On pourrait répondre qu'elle est partout. Comme la lumière physique et matérielle remplit le monde des corps, la lumière spirituelle de la vérité est répandue dans tout le monde des esprits. Elle jaillit à flots de son foyer qui n'est autre que Dieu. Et les rayons qui en descendent, se divisent et s'atténuent pour se proportionner aux capacités très variées des intelligences, en sorte que les unes voient plus et les autres moins.

Mais c'est la tendance originelle de la raison de remonter toujours plus haut et de s'étendre jusqu'à l'infini, dit S. Thomas. *Intellectus noster ad infinitum extenditur*. En d'autres termes, l'homme aspire à connaître Dieu.

Dieu, qui est la vérité première et incréée, est donc la fin de toutes les intelligences.

La nature le dit dans son langage muet! La création est un livre qui porte, imprimés en grands caractères, le nom et les attributs de son Auteur. (*Rom.* 8. 12.). L'enfant qui ne regarde qu'en passant et d'une manière superficielle, ne voit rien. Il ne connaît que par les sens et les sens ne comprennent pas. Mais à l'âge de raison, l'esprit est capable d'agir, et sa puissance de pénétration suffit pour découvrir la cause dans les effets et l'artiste dans son œuvre. A cet âge, l'idée de Dieu lui vient de partout. Il l'a prise dans tout ce qui l'environne. Il l'a trouvée écrite sur la terre, sur les montagnes, sur les arbres, sur chaque fleur, sur chaque feuille, sur chaque brin d'herbe. Il la lit dans chaque rayon de lumière, dans chaque goutte de rosée, comme dans l'azur du firmament et dans ses constellations. Et s'il ferme les yeux pour ne plus la voir, l'univers élève la voix pour la lui faire entendre. Les vents la mugissent à son oreille, les fleuves la murmurent en passant, les flots la jettent au rivage, les oiseaux aux solitudes des bois et la tempête à tous les échos de l'air.

Et s'il vient à se replier sur lui-même, pour se livrer à la méditation, l'idée de Dieu reparaît plus lumineuse encore dans son intérieur. C'est une impression universelle qui l'attend partout, qui le poursuit jusque dans les ténèbres et lui donne une sorte d'intuition de la vérité, de la beauté et de la bonté infinies

La raison parle comme la nature. Elle s'est exprimée ainsi par l'organe de l'un de ses plus nobles interprètes: « Puisque tous les êtres, y compris même ceux qui sont dépourvus d'intelligence, se rattachent à Dieu comme à leur fin ; puisque, d'un autre côté, tous atteignent cette fin en ce qu'ils participent en quelque chose à sa ressemblance, les créatures intelligentes s'approchent de lui d'une manière plus spéciale, c'est-à-dire, au moyen de leur opération propre, qui consiste à le connaître. D'où il suit nécessairement que la fin d'une créature intelligente est de connaître Dieu. » (S. Thomas. *S. C. G.*, L. 3. Art. 25. 1°.)

Que doit-on conclure de là si ce n'est que l'enfant, parvenu à l'âge de raison, doit se tourner vers Dieu. Il y est porté et par la création et par sa conscience. Ce sont « les deux maîtres qui nous ont été donnés tout d'abord, dit S. Jean Chrysostôme, maîtres muets qui instruisent les hommes en silence. En effet, la création, en frappant la vue de celui qui la contemple, l'amène du spectacle de l'univers à l'admiration de son Auteur ; et la conscience, par la voix intérieure qu'elle nous fait entendre, nous enseigne tous nos devoirs. » (*OEuvr.* v. 489.)

La Révélation ajoute à ces premiers témoignages le poids de son autorité. Si l'on ouvre les Livres Saints, on y trouvera de pressantes et continuelles exhortations à chercher Dieu ; des promesses de vie pour ceux qui le cherchent, et des menaces de mort contre ceux qui se détournent de lui. « Cherchez le Seigneur et vous vivrez », dit le prophète Amos. (v. 6.) Dieu lui-même s'exprime ainsi par la bouche de son ministre : « Cherchez-moi et vous vivrez. » (Amos. v. 4.) « Si vous le cherchez, dit un autre Prophète, (Azarias) vous le trouverez, mais si vous le quittez, il vous abandonnera. » (II *Paralip.* 16. 2.)

Ailleurs, il est dit : « Disposez vos cœurs et vos âmes pour chercher le Seigneur votre Dieu. » (*Paralip.* 22. 19.) Et encore : « Si quelqu'un ne cherche pas le Seigneur, le Dieu d'Israël, qu'il soit puni de mort. » (II *Paralip.* 15. 13.) S'appuyant sur ces textes et sur beaucoup d'autres qui expriment la même idée, les théologiens enseignent que l'enfant chrétien est tenu, aussitôt qu'il a l'usage de son intelligence, de s'unir à Dieu par un acte positif de foi. Dès qu'il est capable de connaître les vérités de la religion, il est obligé de s'acquitter de ce devoir. S'il l'omet par ignorance et par la négligence des parents, la faute retombe sur ces derniers.

4. LE PREMIER ÉLAN DU CŒUR.

Si Dieu se révèle à l'intelligence, comme on l'a vu dans les pages qui précèdent, c'est pour attirer à lui la volonté, et par elle l'homme tout entier. Il a mis un si juste équilibre entre ces deux facultés de l'âme, que quel que soit l'essor de l'une, l'autre la suit et s'efforce d'atteindre le même niveau.

Si l'esprit se tourne spontanément vers la vérité, le cœur poursuit invariablement le bien. Et comme ces deux choses n'en sont qu'une dans l'unité divine, il faut bien reconnaître que les deux puissances vitales de l'âme ont la même fin, et cette fin c'est Dieu qui est à la fois la vérité essentielle et le bien de tout bien, comme l'a dit un saint Docteur. L'esprit est fait pour le connaître et le cœur pour l'aimer.

« L'homme est si peu fait pour lui-même, que tous les mouvements de son âme, quand ils ne dévient pas, vont du dedans au dehors et le portent vers un terme final qui n'est autre que Dieu. Ce que cherche l'intelligence, en quête de la vérité, c'est Dieu; c'est Dieu encore, c'est Dieu surtout que poursuit le cœur en quête du souverain bien. Bon gré mal gré, l'infini vit en nous; sa voix ne cesse de résonner à nos oreilles et de nous redire la parole qu'entendit Abraham : « *Egredere*, sors. (*Genès.* 12. 1.) Sors du présent et du créé, du faux et du passager, du sensible et des apparences; tu n'es pas plus ta fin que tu n'es ton principe : sors donc, monte et donne-toi.

Le plus généreux élan par lequel l'homme puisse répondre à cet appel se nomme l'amour. » (J. M. BUATIER. *Le Sacrifice*, p. 265.)

L'amour est dans toute la nature, dit S. Thomas. Il est commun à tous les êtres et les pénètre à des degrés divers, et c'est toujours vers Dieu qu'il se porte, lorsqu'on ne lui fait pas obstacle. Jetez un regard autour de vous; considérez tout ce qui respire et vous verrez que tout gravite vers les cimes. Tout travaille à s'élever, à s'embellir, à atteindre le plus haut degré de perfection possible.

Dans la multitude des plantes que le printemps voit naître et que l'hiver emporte, il n'en est pas une qui ne déploie son activité et qui n'use de toutes ses ressources pour atteindre le même but. Elles se disputent la possession du sol, elles absorbent ses sucs nourriciers, elles profitent des rayons du jour et de la rosée des nuits; elles cueillent aux vents qui passent les éléments qui leur sont utiles : tous les fluides de l'atmosphère servent à les enrichir. Et pourquoi tout ce labeur ? pour monter, à leur manière, l'échelle de la perfection et pour s'avancer vers Celui qui est à son dernier sommet.

Il en est de même des autres substances corporelles. Elles ont chacune leur mode de progression et leurs voies particulières. Ces voies convergent invariablement vers un même centre, sans pouvoir jamais l'atteindre. On doit dire que les êtres inférieurs s'en approchent simplement par la ressemblance.

Les esprits sont mieux partagés. Grâce à la faculté de connaître qui leur est propre, ils sont capables de parvenir au but. Le même courant, qui emporte toute la création vers son Auteur, les entraîne. Le même instinct de conservation les pousse à se rapprocher de Celui de qui ils viennent et par qui ils subsistent. Ils peuvent à la vérité faire de l'opposition, parce qu'ils sont libres, mais alors ils contrarient manifestement l'inclination générale de la nature.

On dira que l'enfant donne à sa famille les prémices de son amour. C'est la mère qui, se montrant tout d'abord à ses yeux, attire son attention, provoque son sourire et est l'objet de ses premiers appels. Mais on doit remarquer que la raison ne s'ouvre entièrement à la lumière qu'à une époque relativement tardive. Aussitôt qu'elle est capable de réflexion, sa tendance naturelle prend le dessus. L'âme s'élance vers le premier principe des choses. Elle suit la marche ordinaire des esprits. Cette marche a été supérieurement décrite dans une page que nous voulons reproduire.

« Comme nous avons quelques inclinations qui nous sont communes avec les animaux et qui ressentent tout à fait la bassesse de cette demeure terrestre dans laquelle nous sommes captifs; aussi, certes, en avons-nous d'autres d'une nature plus relevée, par lesquelles nous touchons de bien près aux intelligences célestes qui sont devant le trône de Dieu, chantant nuit et jour ses louanges. Les bienheureux esprits ont deux merveilleux mouvements: car, ils n'ont pas plus tôt jeté les premiers regards sur eux-mêmes, que, reconnaissant aussitôt que leurs lumières sont découlées d'une autre lumière infinie, ils retournent à leur principe d'une promptitude incroyable et cherchent leur perfection où ils trouvent leur origine. C'est le premier de leurs mouvements. Puis chaque ange considérant que Dieu lui donne des compagnons qui, dans une même vie et dans une même immortalité, conspirent au même dessein de louer leur commun Seigneur, il se sent poussé d'un certain désir d'entrer en société avec eux. Tous sont touchés, les uns pour les autres, d'une puissante inclination; et c'est cette inclination qui met l'ordre dans leurs hiérarchies, et établit entre leurs légions une sainte et éternelle alliance.

Or, encore qu'il soit vrai que notre âme, éloignée de son air natal, contrainte et presque accablée par la pesanteur de ce corps mortel, ne fasse paraître qu'à demi cette noble et immortelle vigueur dont elle devrait être toujours agitée, si est-ce néanmoins que nous sommes d'une race divine, ainsi que l'apôtre S. Paul l'a prêché avec une merveilleuse énergie, en plein

Conseil de l'aréopage, *ipsius enim et gemus sumus.* (*Act.* 17, 28.) Il a plu à notre grand Dieu, qui nous a formés à sa ressemblance, de laisser tomber sur nos âmes une étincelle de ce feu céleste qui brille dans les esprits angéliques; et si peu que nous puissions faire de réflexions sur nous-mêmes, nous y remarquerons aisément ces deux belles inclinations que nous admirions tout à l'heure dans la nature des anges.

En effet, ne voyons-nous pas que sitôt que nous sommes parvenus à l'usage de la raison, je ne sais quelle inspiration, dont nous ne connaissons pas l'origine, nous apprend à réclamer Dieu dans toutes les nécessités de la vie? Dans toutes nos afflictions, dans tous nos besoins, un secret instinct élève nos yeux au ciel, comme si nous sentions en nous-mêmes que c'est là que réside l'Arbitre des choses humaines. Et ce sentiment se remarque dans tous les peuples du monde dans lesquels il est resté quelque trace d'humanité, à cause qu'il n'est pas tant étudié, qu'il est naturel, et qu'il naît dans nos âmes, non tant par doctrine que par instinct. C'est une adoration que les païens même rendent, sans y penser, au vrai Dieu; c'est le christianisme de la nature, ou, comme l'appelle Tertullien, « le témoignage de l'âme naturellement chrétienne; *testimonium animæ naturaliter christianæ.* » Voilà déjà le premier mouvement que notre nature a de commun avec la nature angélique. » (BOSSUET. *1er sermon sur la Circonc.*)

Le cœur humain est attiré vers Dieu et néanmoins il ne saurait s'unir à lui sans une assistance étrangère.

Ce Dieu qui se laisse entrevoir dans ses œuvres, ne se laisse point saisir. Il est écrit que sa demeure est inaccessible. Il est dans le monde et en dehors du monde, dit S. Grégoire de Nazianze, il est dans le monde pour l'esprit qui l'entrevoit sous le voile des créatures, et il est au-dessus du monde pour le cœur qui le cherche.

A-t-il voulu éprouver ce cœur en éveillant ses désirs, puis le laisser languir dans la stérilité de ses efforts en se retirant? Evidemment non. Dieu a trop aimé l'homme pour l'abandonner sans secours dans son exil, comme l'autruche abandonne sa progéniture sur le sable du désert. (JÉRÉM. 4. 3.) Il l'a fait pour lui, puisqu'il l'a fait intelligent et il le ramène à lui par l'amour. Et de même que l'enfant, arrivé à l'âge de raison, est obligé de consacrer à Dieu son intelligence, ainsi est-il tenu de lui donner son cœur. En sorte que les prémices de sa vie morale et religieuse sont les actes de foi, d'espérance et de charité.

On conçoit que l'enfant élevé dans une famille chrétienne puisse aisément s'acquitter de ce premier devoir de connaître et d'aimer Dieu. Le précepte n'a rien d'onéreux pour lui. Tout ce qui l'entoure l'aide à l'accomplir : les hommes et les choses, le langage et la conduite, les enseignements et les exemples, comme les symboles religieux que son regard rencontre. Toutes les habitudes contractées dans la première enfance l'entraînent dans cette voie.

Et quand bien même tous ces stimulants feraient défaut, l'âme régénérée n'est-elle pas étroitement liée à Dieu? N'a-t-elle pas, pour le connaître, un double sens, celui de la vue dans la raison naturelle et celui de l'ouïe dans la foi surnaturelle? Tous deux sont encore fortifiés par la charité qui, en purifiant le cœur, illumine l'intelligence.

Quant à l'enfant né dans l'infidélité, le problème se complique et l'on se trouve en présence de difficultés qui paraissent insurmontables. Il faut pourtant essayer de répandre un peu de lumière sur ces obscurités et répondre à la seconde question qui a été posée, à savoir : quelle est la voix que l'être moral écoute.

5. L'APPEL DIVIN.

Une partie de l'humanité est incorporée au Christ dès son entrée dans le monde; l'autre lui reste étrangère. Celle-ci demeure plongée dans l'ombre de la mort et cependant c'est celle qui l'emporte par le nombre. Les enfants nés dans l'infidélité sont à plaindre. Éloignés des canaux qui font circuler la vie surnaturelle, soustraits à l'action bienfaisante du Christ sur ses membres, ils sont privés des secours que l'Église multiplie autour du berceau des chrétiens. Leur condition est, selon toute apparence, très malheureuse. Qui l'étudie avec attention, y découvre plus d'un problème embarrassant. Néanmoins, peut-on affirmer que cet état ne laisse aucun espoir de salut?

La porte du ciel n'est fermée à personne. La preuve en est dans la bonté infinie de Dieu, dans sa miséricorde, dans sa puissance et dans sa Providence. Elle est encore dans l'Incarnation du Verbe et dans la Rédemption. Elle est enfin dans la vocation de tous à la grâce et à la gloire.

La bonté de Dieu, qui ne le sait, qui ne le proclame dans toutes les langues, est sans bornes. De cette bonté procède un amour inconcevable, qui s'étend sur tout, qui enveloppe tout l'univers, qui se révèle par des dons toujours plus magnifiques. Une fois que les trésors de sa libéralité sont ouverts et commencent à s'épancher, ils ne cessent plus de se répandre. Ses grâces coulent comme les eaux des torrents, elles se tiennent, se suivent, se multiplient : elles forment une chaîne qui s'en va grandissant et s'élargissant de plus en plus, à moins qu'elles ne rencontrent un obstacle dans les âmes auxquelles elles sont offertes.

La miséricorde n'est pas moindre que la bonté. Celle-ci ne serait point parfaite, dit S. Fulgence (*Épist.* 7. 3.), si elle était surpassée par la malice des hommes. Rien n'est capable de la vaincre. Les malheureux, les déshérités, les criminels peuvent toujours se présenter devant son trône. Elle ne les repoussera pas. Ils sont nombreux dans tous les temps et dans tous les pays, et ils vivent tous à l'ombre de sa protection. C'est la partie de la race humaine qui constitue proprement son apanage. Elle se l'est réservée et elle met sa gloire à lui ouvrir les bras et à lui offrir un refuge. Le Prophète a pu dire en toute vérité que la terre est remplie de la miséricorde du Seigneur. (*Ps.* 37. 5.) Cet attribut divin, l'Écriture l'affirme, sera chanté dans l'éternité par des millions de bouches. Il n'est, au reste, qu'une des manifestations de la Toute Puissance. Dieu a laissé aux créatures qui participent à son autorité, la mission de juger, de corriger et de punir les coupables. Il s'est réservé le droit divin et le privilège royal de pardonner. (CORNEL. IX. 110. 2.)

Que dire de la Providence, qui d'une extrémité du monde à l'autre, agit en toutes choses avec force et dispose tout avec douceur? (*Sapi.* 3. 1.) Elle conduit l'homme, qui est le principal objet de ses soins. Et où peut-elle le conduire si ce n'est à sa fin dernière? Si la naissance a jeté l'homme loin de Dieu, la nature travaille à le rapprocher. Elle a conservé assez de droiture pour suivre la voie ouverte à tous. Elle porte dans son fonds une force impulsive qui la fait tendre vers lui. Si les êtres même privés d'intelligence sont attirés vers Dieu, comment Dieu pourrait-il repousser une créature douée de raison, ornée d'un reflet de sa face (*Ps.* 4. 7.) et illuminée d'un rayon de sa sagesse?

L'ordre n'est-il pas établi partout dans l'univers? dans les nations, dans la société générale et les sociétés particulières? Il est donc aussi dans chacun de ses membres. Il y est certainement, dit un philosophe chrétien (de Bonald), puisqu'il n'en est pas un qui n'en ait l'idée dans l'esprit, et l'expression dans le langage. Conséquemment, dès qu'elle jouit de sa raison, l'âme est portée à chercher sa fin et la voie qui y mène. « Le Verbe, qui éclaire tout homme venant en ce monde, a déposé dans tout cœur, même païen, un germe de vérité suffisant pour sauver l'homme qui n'arrêtera pas la croissance de ce germe. Qu'à cet homme droit et de bonne volonté l'Esprit, qui souffle où il veut, présente tout à coup la vérité tout entière, celle-ci sera reçue en toute simplicité, tout comme nous acceptons la lumière du soleil. » (P. de PRETTER. *Lett.*) Or, l'Esprit-Saint a coutume de visiter les âmes simples et droites, et ses visites sont toujours accompagnées de lumières célestes et de mouvements surnaturels.

Ajoutez à cela que le désir de la félicité est inhérent au cœur de l'homme; désir ardent, irrésistible; le premier, le plus fort et le plus constant des désirs. C'est un besoin impérieux, c'est le seul point sur lequel la volonté soit fixée d'une manière stable. Et puisque cette félicité est surnaturelle, on ne peut douter que le secours d'en haut ne soit offert à chacun pour la conquérir. Il n'est point admissible, en effet, qu'une sagesse infaillible assigne une fin sans fournir des moyens suffisants pour l'atteindre.

Que dire de la descente du Verbe parmi les hommes ? C'est le même Dieu qui agit dans la création et dans l'incarnation et toujours en faveur de l'humanité, laquelle, on peut le dire en un sens, est la fin de ses œuvres.

Dans le principe Dieu opère sur tous indistinctement et il le fait de loin, *a longé*. Dans la suite, son action se restreint et se rapproche : elle se concentre sur la race humaine avec laquelle il s'unit étroitement. Il finit comme il a commencé, c'est-à-dire, par son Verbe. Tout a été fait par lui : *omnia per ipsum facta sunt*. (JOAN. 1.) Et l'homme est toujours demeuré le premier objet de sa Providence spéciale. Il l'a aimé avant les siècles d'un amour éternel : *charitate perpetuâ dilexi te*. (ISAIE.) Et il l'a aimé jusqu'à la fin : *in finem dilexit*. (JOAN.) Dans la création il lui a donné la terre avec tous les ouvrages de ses mains : *terram dedit filiis hominum.* (Ps. 113. 16.) Dans l'Incarnation, il s'est donné lui-même avec tous ses mérites. *Tradidit semetipsum.*

L'homme suit, pour recevoir, le même ordre que Dieu a suivi pour distribuer. A son entrée dans le monde il n'y trouve tout d'abord que les biens communs. L'activité, qui déborde de sa nature, s'épanche sur les choses qui l'entourent et qui l'impressionnent. Souvent il s'y attache comme l'enfant aux hochets de son berceau. Non content d'en user, il veut en jouir et il s'égare. C'est le commencement de la servitude. Mais Dieu, qui l'a créé à sa ressemblance, ne veut pas qu'il soit esclave, et il l'attire ailleurs.

Dieu l'a appelé du néant à l'existence ; il l'a appelé de l'existence à la vie ; de la vie à la lumière de la raison, et continuant à poursuivre le cours de ses libéralités, il l'appelle enfin à la lumière surnaturelle de la grâce.

La première de ces vocations lui assigne une place dans le monde visible ; la deuxième le classe parmi les êtres animés ; la troisième l'introduit dans la société humaine ; la quatrième lui ouvre le monde supérieur et l'incorpore dans la famille des saints.

Toutes les quatre sont gratuites et communes à tous. Mais la dernière a cela de particulier qu'elle ne produit son effet dans les adultes, qu'autant que leur volonté s'accorde avec la volonté divine.

Or, on doit bien le reconnaître et l'expérience le montre assez, que cet accord n'est pas général. L'homme abuse de sa liberté. Trop souvent il agit en aveugle, en infidèle, en ingrat, en insensé. Il se rend indigne des faveurs qui lui sont offertes. Il neutralise, autant qu'il est en lui, les effets de la charité du Père céleste.

Comment une faible créature peut-elle résister à une puissance infinie et arrêter les effusions d'une bonté toujours pressée de se communiquer ? Mystère.

Il est certain que Dieu appelle. C'est une condition nécessaire pour la réalisation des destinées humaines. Il en est une seconde, également requise, du moins pour les adultes, c'est la docilité à écouter la voix du Ciel et à y répondre. Le salut n'est, ni l'œuvre exclusive du Créateur, ni l'œuvre exclusive de la créature. Il ne s'opère que par le concours simultané de l'un et de l'autre.

C'est Dieu qui commence. Il invite de diverses manières ; tantôt par lui-même, par des influences secrètes et des secours mystérieux qui remuent le fond de l'âme et qui éveillent et agitent l'esprit (S. THOMAS. 1. 2-113. 1.); tantôt par les anges ou les hommes, ou même les événements. Il se sert des Pères, des Prophètes, des Apôtres, des Pasteurs ; il emploie les miracles, les fléaux, les prospérités et les adversités. (S. GREGOR. *Magn. Homil. 36 sup. Évang.*) Sa voix se fait entendre de tous côtés : elle résonne au dedans par l'inspiration, au dehors, par les Écritures. Elle crie d'en haut par les promesses, et d'en bas par les menaces. Elle prévient par les bienfaits, ou elle suit par les calamités. (HUGO. Cardin. sup. *Genès.* Chap. 28.) Pas une âme n'échappe à ses sollicitations. Pas une n'est rejetée ni méprisée. Pour toutes Dieu est un ami qui a les bras ouverts pour accueillir celles qui se présentent. (*Idiota.* L. 1. *de Contempl.*)

Dieu appelle surtout par la voix de son Fils. Il l'a envoyé sur la terre avec sa bonté, sa douceur, ses amabilités, ses grâces infinies, pour attirer et pour gagner les cœurs. Il l'a envoyé, non pour juger le monde, mais pour le sauver (JOAN. 3. 17.), non pour perdre les âmes, mais pour les faire parvenir à la vie éternelle. (LUC. 9. 56.)

Jésus-Christ a déclaré qu'il était venu pour chercher et sauver ceux qui étaient perdus. (LUC. 19-10.) Ce ne sont pas les justes, qu'il est venu appeler, ce sont les pécheurs. (MATT. 9. 13.) Et parce que nul n'est sans péché, il les invite tous à venir à lui. Cette invitation qu'il a faite en général, au temps de sa présence visible parmi les hommes, continue à travers les siècles. Elle est portée par son Église à chacun en particulier. Comme le soleil épanche ses rayons de tous côtés et éclaire tous les corps, ainsi le Christ répand sa grâce sur toutes les âmes. Il est la vraie lumière qui éclaire tout homme qui entre dans ce monde. (JOAN. 1. 9.)

Si la création nous révèle en Dieu un premier amour, l'Incarnation nous en montre un second, plus profond et plus incompréhensible ; un amour qui va jusqu'au transport : *Sic Deus dilexit mundum!* Dieu a tant aimé le monde ! un amour qui va jusqu'à la folie de la Croix, jusqu'au mystère insondable de la Rédemption ! qui donc, après un dévouement à jamais incompréhensible, qui oserait soutenir ou seulement penser que Dieu est capable d'abandonner des êtres qui lui ont coûté le sang de son Fils ?

L'oracle de la vérité affirme positivement que Dieu veut le salut de tous les hommes (I TIM. 2-4.), quel que soit leur âge ou leur condition, leur pays, leur époque, tous sont compris dans le dessein général qu'il a de les faire parvenir au terme de leur création. Les coupables eux-mêmes n'ont pas sujet de perdre confiance, puisqu'il assure qu'il ne veut pas leur mort. (Ezech. 18-23.) Il ne veut pas qu'ils périssent, mais qu'ils reviennent à lui par la pénitence. (II Petr. 3. 9.) C'est pourquoi il est écrit que tous sont appelés, car c'est là le sens du mot *multi* de l'Évangile. (Matt. 20. 16.) C'est la masse, la multitude, l'universalité des enfants d'Ève, qui est conviée au banquet du bonheur.

On dira que cette multitude est déchue et qu'elle a perdu ses droits. Mais qu'importe si cette perte a été réparée. Là où il y a eu abondance de péchés il y a eu surabondance de grâce. (*Rom.* 5. 20.) *Ubi enim abundavit delictum superabundavit gratia.* Et Celui qui a mérité toutes les grâces et qui les distribue à son gré, a la clef des cœurs. Il sait le moyen d'y pénétrer, il en connaît toutes les issues, tous les secrets, tous les ressorts, il les sollicite doucement à s'approcher de lui, il pourrait s'en emparer de force et briser les chaînes qui les enlacent. Il ne le fait pas. Il les traite avec un grand respect, sans leur imposer aucune contrainte, il cherche à les persuader, il leur envoie des illuminations intérieures, des invitations réitérées. Il leur fait sentir qu'il existe d'autres trésors que ceux de la terre, d'autres plaisirs que ceux des sens. De là viennent ces troubles de la conscience, ces rêveries de l'imagination, ces inquiétudes vagues, ces désirs inconscients qui, à certaines époques, troublent le cours paisible de l'existence et jettent l'âme dans la mélancolie ou dans l'anxiété.

« Le Dieu qui a consenti à donner son sang pour tous les hommes, dit S. Chrysostôme, le Dieu qui, non content de s'être sacrifié une fois, renouvelle tous les jours le sacrifice de sa chair et de son sang pour nous être communiqués, que ne fera-t-il pas pour nous sauver ? »

Jésus-Christ a fondé son Église et il y a préparé tous les moyens de salut. C'est là qu'il dispense ses grâces et il veut que tous les hommes entrent dans son bercail. Il en fait une obligation pour tous, parce qu'il ne veut pas qu'un seul périsse.

Mais il y a des hommes qui ne connaissent pas le précepte positif du Rédempteur, et qui n'ont jamais entendu parler de son Église. Ceux-là seront-ils abandonnés de Dieu et irrévocablement condamnés à périr ? C'est le problème qui nous reste à examiner.

6. LE CHOIX DE L'AME.

Dieu parle à toutes les créatures raisonnables. Il les appelle toutes et il attend qu'elles s'approchent de lui spontanément, dit S. Jean Chrysostôme. (*Serm. 1. de Verbo apost.*)

Il en est qui n'entendent pas sa voix, parce que leur attention est toute occupée au dehors, ou qui voudraient y répondre et ne le font pas, parce que la cupidité les domine et les retient captives.

Dieu se montre, en quelque manière, dans le miroir de ses œuvres, mais « les uns, les philosophes, se sont évanouis dans leurs pensées; tout s'est tourné pour eux en vanité. A force de raisonner subtilement, plusieurs d'entre eux ont perdu même une vérité qu'on trouve naturellement et simplement en soi, sans avoir besoin de philosophie. Les autres, enivrés par leurs passions, vivent toujours distraits. Pour apercevoir Dieu dans ses ouvrages, il faut au moins y être attentif. Les passions aveuglent à un tel point, non seulement les peuples sauvages, mais encore les nations qui semblent les mieux policées, qu'elles ne voient pas la lumière même qui les éclaire. A cet égard les Égyptiens, les Grecs et les Romains n'ont pas été moins aveuglés et moins abrutis que les sauvages les plus grossiers; ils se sont ensevelis comme eux dans les choses sensibles, sans remonter plus haut et ils n'ont cultivé leur esprit que pour se flatter de plus douces sensations, sans vouloir remarquer de quelles sources elles venaient.

Ainsi vivent les hommes sur la terre; ne leur dites rien; ils ne pensent à rien, excepté à ce qui flatte leur passion grossière ou leur vanité; leurs âmes s'appesantissent tellement, qu'ils ne peuvent plus s'élever à aucun objet incorporel : tout ce qui n'est point palpable et qui ne peut être ni vu, ni goûté, ni entendu, ni senti, ni compté leur semble chimérique. » (FÉNELON. *Exist. de Dieu.* 1re Part. Chap. 3. 131.) Beaucoup d'hommes, l'expérience le montre, demeurent insensibles aux avances de la charité divine.

Néanmoins on peut croire qu'il y a d'heureuses exceptions et parmi les hommes et même parmi les enfants nés en pays infidèles.

Pour ces derniers, dès qu'ils jouissent de leur liberté, ils deviennent capables, selon toute apparence, de se tourner vers Dieu. Ne peut-on pas dire qu'ils y sont portés par leur instinct, par la lumière de la raison et par celle de la grâce ? Aussitôt que leur esprit peut se replier sur lui-même, réfléchir et délibérer, il semble qu'avant tout c'est leur fin qu'ils doivent considérer, puisqu'elle est la première dans l'intuition. Conséquemment ils sont tenus de penser à Dieu, sinon actuellement et formellement, du moins implicitement dans la mesure de leurs facultés et selon le mode de connaissance qu'ils peuvent avoir de lui.

C'est l'opinion de S. Thomas. « *Primum, quod tunc homini cogitandum occurrit, est deliberare de seipso et si quidem seipsum ordinaverit ad debitum finem; per gratiam consequetur remissionem originalis peccati.* (S. THOMAS, Summa theologica. 1. 2-89. 6.)

« *Primum enim quod occurrit homini discretionem habenti est, quod de seipso cogitet, ad quem alia ordinet sicut ad finem. Finis enim est prior in intentione et ideo hoc est tempus pro quo obligatur ex Dei præcepto affirmativo quo Dominus dicit : convertimini ad me et ego convertar ad vos, Zachariæ primo.* — Id. ibid. ad 3^{en}. (12. 89. 6. 3.) Elle est fondée sur cette parole du prophète Zacharie. (1. 3.) « Retournez-vous vers moi, dit le Seigneur des armées, et je me retournerai vers vous. » « Soyez aussi curieux pour trouver Celui qui vous a fait et à qui vous devez tout, que les hommes les plus grossiers sont curieux pour suivre un soupçon malin, pour contenter leur passion brutale, pour déguiser leurs desseins injustes et honteux; en voilà assez pour trouver Dieu et la vie éternelle. Faites que l'homme soit en ce monde, comme celui qui se trouverait à son réveil dans une île déserte et inconnue. Faites que l'homme, au lieu de s'amuser aux sottises qu'on nomme fortune, divertissement, spectacle, réputation, politique, éloquence, poésie, ne soit occupé que de se dire à lui-même : qui suis-je, où suis-je, d'où viens-je ? Par où suis-je venu ici, où vais-je, pourquoi et par qui suis-je fait ? Quels sont ces autres êtres qui me ressemblent et qui m'environnent, d'où viennent-ils ? Je leur demande ce qu'ils me demandent et nous ne saurions nous dire les uns aux autres ce que nous sommes, ni par où nous nous trouvons assemblés. Je n'ai nulle autre affaire, dans ce coin de l'univers, où je suis comme tombé des nues, que celle d'être étonné de moi et de mon état, de découvrir mon origine et ma fin. Je n'ai que quatre jours à passer dans cet état ; je ne dois les employer qu'à découvrir ce qui peut décider de moi. Je dois me défier de mon esprit que je sens vain, léger, inconstant, présomptueux. Je dois aussi craindre mes passions folles et brutales ; je n'ai qu'une seule affaire qui est de m'étudier, de m'approfondir et surtout de me vaincre, pour me rendre digne de parvenir à la vérité, supposé que je puisse parvenir jusqu'à elle ; il est vrai qu'en la cherchant avec gêne et travail, je passerai peut-être toute ma vie dans une peine stérile, sans pouvoir sortir de ces profondes ténèbres où je me vois comme abandonné, mais qu'importe ? Cette courte vie n'est que le songe d'une nuit : si peu que je suive ma raison avec courage, je dois être plus content de passer dans une si raisonnable et si importante occupation, avec la consolation d'agir sérieusement en homme, que de m'abandonner à la folie de mes passions qui se tourneraient en malheur pour moi.

Il n'y a que la légèreté d'un esprit mou et sans ressource contre sa passion qui me pût faire prendre le change si honteusement ; dès qu'un homme sera homme de la sorte, il aura bientôt les yeux ouverts. Tous les autres hommes passent leur vie dans la caverne de Platon à ne voir que des ombres. Pourquoi les hommes ne feront-ils pas, pour faire la découverte d'eux-mêmes, ce que fit le scythe Anacharsis, qui vint dans la Grèce chercher la vérité, et ce que faisaient les Grecs qui allaient en Égypte, en Asie, et jusque dans les Indes chercher la sagesse ? » (FÉNELON. *Lettre 6, sur la Religion.*)

Tout être raisonnable doit chercher avant tout la vérité. Celui qui la désire sincèrement et qui la cherche sérieusement, ne peut manquer de la trouver. Quelque nom qu'on lui donne et à quelque peuple qu'il appartienne, il est sur le chemin du salut. On peut dire qu'il se tourne vers Dieu.

Beaucoup de théologiens partagent le sentiment de l'Ange de l'École : ils prétendent que le devoir de se tourner vers Dieu oblige tout homme, à partir du premier instant de l'usage de la raison, parce que, selon eux, chacun doit disposer toute chose par rapport à la fin qui lui est propre, c'est-à-dire, par rapport à Dieu.

Si l'enfant né dans l'infidélité, se tourne vers Dieu, au premier instant de l'usage de la raison, Dieu lui donnera la grâce par laquelle la tache originelle sera effacée. Il sera donc justifié. S'il agit autrement il péchera mortellement. Tel est l'enseignement du Prince des théologiens.

S. Eucher exprime à peu près la même idée. En d'autres mots : « La première obligation de l'homme, dit-il, est de s'appliquer à connaître l'Auteur de son Être, de s'attacher à lui quand on a appris à le connaître, de rapporter à son service la vie qu'il nous a donnée, puisque, la tenant de sa bonté toute gratuite, elle lui appartient tout entière ; et que, l'ayant reçue sans l'avoir méritée, nous lui devons l'hommage d'une entière dépendance. Notre raison seule nous dicte que, comme nous avons été créés par lui, nous l'avons aussi été pour lui. C'est à cette conséquence naturelle que s'arrête quiconque réfléchit comment et pourquoi il est venu au monde. » (*Epist. ad valer.*)

L'un des plus célèbres orateurs chrétiens (Lacordaire), a suivi cette doctrine, lorsqu'il a ramené à trois les conditions nécessaires au salut, savoir : 1° pratiquer la vérité au degré où on la connaît ; 2° embrasser et pratiquer la vérité supérieure à celle où l'on est né, dès qu'il est possible de la connaître ; 3° mourir en aimant Dieu par dessus toute chose.

Il y a des théologiens qui soutiennent un sentiment tout opposé, alléguant soit la difficulté du précepte, soit le silence de l'Écriture sur ce point, ou encore la force des premières habitudes qui entraînent l'enfant vers les objets sensibles.

Cette question touche, par trop d'endroits à l'ordre des mystères, pour être résolue d'une manière adéquate. Néanmoins les docteurs de l'Église les plus autorisés semblent se ranger plutôt de l'avis de S. Thomas et glorifier avec lui les miséricordes infinies du Seigneur.

Avec ces derniers on aime à penser que les bontés du Christ Sauveur s'étendent sur une quantité d'âmes perdues dans les régions de la mort, et que bien des enfants, élevés d'une part dans les ténèbres de l'infidélité, et d'autre part éclairés d'un rayon d'en haut, tournent leur premier regard vers le Principe de leur être et sont par lui justifiés.

Quant aux infidèles qui vivent dans l'erreur et en dehors de l'Église catholique, s'ils sont de bonne foi et dans une ignorance invincible, on doit reconnaître que la porte du salut ne leur est pas fermée. « Lorsque l'homme fait tout ce qu'il peut faire, quand il va aussi loin qu'il peut aller pour se disposer à la grâce, il est comme nécessaire qu'elle lui soit accordée; non que Dieu soit contraint par sa créature, mais il est tenu par lui-même et par la nécessité de son être. Car il est nécessaire que Dieu soit; et si Dieu est, il est souverainement bon; et s'il est bon, il est libéral et incliné à donner; et s'il est porté à donner, il accorde ses dons à ceux qui sont disposés à les recevoir. » (S. Thomas. 1. 2-112. 3. c.)

Il est vrai que cette disposition même vient de lui originairement, mais elle vient aussi de la volonté créée qui accepte ou qui repousse l'inspiration céleste. (*Id.* 1. 62. 2. c. — 1-2. 109. 8. c.)

Au reste, toute créature raisonnable connaît Dieu naturellement. Or, qui connaît Dieu est capable de prier et par la prière d'obtenir la grâce. « Tous ont la grâce de pouvoir prier actuellement, dit S. Alphonse (*OEuvres compl.* T. 3. p. 198), sans avoir besoin pour cela d'une nouvelle grâce; et au moyen de la prière, on peut obtenir les autres secours nécessaires pour observer les commandements et parvenir au salut. »

On trouve la même doctrine dans S. Augustin. « Ceux-là, dit-il, ne doivent pas être regardés comme hérétiques qui, bien qu'ayant des croyances fausses et perverses, ne les soutiennent pas avec une animosité obstinée, alors surtout que n'étant pas les inventeurs audacieux et présomptueux de telles erreurs, il les ont reçues de parents déjà séduits; mais il importe qu'ils cherchent la vérité avec une prudente sollicitude, et qu'ils soient prêts, dès qu'ils l'auront trouvé, à rétracter leurs erreurs. En pareil cas, la séparation matérielle de l'Église n'est pas un obstacle au salut. »

« Le saint Docteur parle ainsi des hérétiques de bonne foi, qu'il suppose baptisés et croyant à certaines vérités du Christianisme.

Mais la sainte Église Romaine va encore plus loin et applique la même doctrine aux infidèles qui n'ont jamais entendu parler de Jésus-Christ, et elle a décidé que leur infidélité n'est pas un péché et qu'elle ne leur méritera pas de punition. » *(Letture cattoliche.)*

« Nous savons, écrit le pape Pie IX, dans son Encyclique *Quanto conficiamus*, du 10 août 1863, et vous savez que ceux qui sont dans l'ignorance invincible au sujet de notre très-sainte religion et qui, observant soigneusement la loi naturelle et ses préceptes gravés par Dieu dans le cœur de tous et disposés à obéir à Dieu, mènent une vie honnête et droite, peuvent, à l'aide de la lumière et de la grâce divines, acquérir la vie éternelle. Car Dieu, qui voit parfaitement, scrute et connaît l'esprit, l'âme, les pensées, les habitudes de tous, ne saurait souffrir dans sa souveraine bonté et clémence, que celui qui n'est pas coupable de fautes volontaires subisse les supplices éternels. »

S. Thomas avait déjà donné cet enseignement. « Si un infidèle, dit-il, élevé par exemple au milieu des forêts, sans jamais avoir entendu parler de la religion chrétienne, suit les préceptes de la loi naturelle, en fuyant le mal et en faisant le bien qu'il connaît, on doit tenir pour chose certaine que Dieu ne l'abandonnera pas, mais qu'il lui fera connaître ce qui lui est nécessaire au salut, soit par une révélation intérieure, soit en lui envoyant un prédicateur de la foi, comme il envoya Pierre à Corneille. »

Si les hommes n'avaient pas tous quelque moyen de s'approcher des fontaines du salut, Jésus-Christ n'en appellerait qu'une partie, et l'Évangile nous montre que ce n'est point à une partie, mais à la totalité qu'il adresse ses invitations, *venite ad me omnes*. Il invite en laissant à chacun une entière liberté. Il offre sa grâce à tous; il la donne à ceux qui s'y préparent. Elle ne pourrait s'enraciner dans un sujet qui ne montrerait aucune disposition.

On objectera que les enfants chrétiens la reçoivent à leur insu. Mais on doit observer qu'ils sont comme attachés, dès leur début, à l'ordre surnaturel. Ils sont nés, pour ainsi dire, dans son atmosphère, et l'Église, qui les reçoit au baptême, présuppose leur consentement dans celui de leur famille. Elle supplée aux dispositions qu'ils ne sont pas encore en état d'avoir. Dès qu'ils seront à même de poser des actes libres, ils devront ratifier ce qui a été fait en leur nom.

Quant aux adultes, la préparation à la grâce est toujours requise et l'on peut affirmer en général que c'est faute de cette préparation que la plupart des infidèles n'entrent point dans le Royaume du Christ.

CHAPITRE II

L'enfant en face de la nature.

1. LE CHEMIN DE LA VIE.

Le chemin qui mène la créature raisonnable à la perfection paraît rude à plusieurs. C'est une montée. Le vrai bonheur n'est qu'au terme. Car Dieu seul est le bien infini qui éteint tous les désirs et arrête tous les efforts. Dieu est le centre de toutes les félicités. Mais longtemps avant d'atteindre ce terme, on rencontre des biens de toute espèce qu'on recueille en passant, et l'on éprouve des plaisirs variés qui compensent les fatigues de la marche. Ces plaisirs et ces biens ont été semés à pleines mains sur la route ; et ils sont disposés dans un si bel ordre, que plus on avance, plus on voit qu'ils ont de la valeur. Les premiers qui se présentent sont dépassés par ceux qui les suivent ; et ceux-ci sont bien vite oubliés quand apparaissent les plus excellents. Ce sont comme des amorces jetées de distance en distance sur la voie, pour stimuler l'ardeur de ceux qui s'y engagent.

Dans cette infinie variété d'objets, qui revêtent des formes diverses, et dont chacun a sa beauté propre et son attrait particulier, le discernement est nécessaire. On ne saurait passer du médiocre au bon, du bon au meilleur et du meilleur au parfait, si l'on n'est bien éclairé. Ce qu'il faut avant tout c'est la lumière. Elle est indispensable dans le voyage de la vie terrestre. Si elle fait défaut, ou si trop d'ombre altère sa pureté, les méprises deviennent inévitables, et l'existence s'en va de déception en déception, pour aboutir à une ruine aussi amère qu'elle est irréparable. La lumière est un bien. C'est le bien fondamental qui fait ressortir tous les autres, qui leur prête leur coloris et les revêt, pour ainsi dire, de leur propre beauté. Dieu l'a versée à grands flots dans l'univers en général. Si le monde physique a son soleil qui envoie ses rayons dans toutes les directions, le monde moral est en possession de la vérité et le monde surnaturel est illuminé par la Révélation. Le chrétien, qui vit simultanément dans ces trois mondes, peut aisément trouver, dans chacun, le moyen de s'orienter. Il ne marche point dans les ténèbres, à moins qu'il ne ferme volontairement les yeux pour ne pas voir. Et dans chaque homme en particulier Dieu a allumé un double flambeau pour guider ses pas ; car, outre la lumière intérieure, qui appartient à la faculté de sentir, dit S. Augustin, l'homme jouit encore de la lumière intellectuelle par laquelle il raisonne. Et le chrétien, qui est l'homme élevé au-dessus de sa nature, en possède une troisième qui sert à compléter les deux autres et à les sanctifier : il a la foi.

Ces trois lumières ont chacune leur objet. Elles sont graduées comme les biens qu'elles servent à reconnaître. Il est écrit dans l'Évangile (MATT. 6. 22.), que les yeux sont la lumière du corps : *Lucerna corporis tui est oculus tuus.* C'est la lampe qui l'éclaire dans sa marche, qui dirige ses mouvements, qui préside à ses travaux. C'est un bien qu'on n'apprécie ordinairement que lorsqu'on l'a perdu. Mais c'est un bien commun aux êtres intelligents et à ceux qui ne le sont point ; et sous ce rapport on peut dire qu'ils se valent. Aux hommes Dieu a donné la raison. C'est elle qui les distingue des êtres inférieurs. C'est la lumière naturelle de l'âme. C'est le flambeau mystique, qui la dirige dans ses opérations, et qui l'aide à chercher la vérité et à discerner le bien du mal. Elle est commune à tous les membres de la famille humaine : les païens, les barbares, les sauvages, la possèdent comme les chrétiens, et à ce point de vue, on peut encore affirmer qu'ils sont également bien partagés.

Ce qui distingue les chrétiens des hommes ordinaires, ce qui les établit au premier rang et les rapproche des intelligences célestes, c'est la foi ; lumière éminemment supérieure aux deux autres, la foi transporte l'âme dans les plus hautes régions ; elle lui donne des ailes pour s'élever jusqu'au ciel et pour lui dévoiler les mystères de l'éternité.

A la clarté de ce triple phare, l'enfant de Dieu avance sans peine, car, sur la route qui conduit au séjour du Père des lumières, il rencontre des plaisirs gradués dans les mêmes proportions. Dieu, ayant créé l'homme pour être heureux, le prépare lentement à sa destinée. Il lui donne un avant-goût de la félicité, dans le lieu même de son pèlerinage. Que de jouissances dans tous les ordres, même dans les moins élevés ! Quelle harmonie entre les sens et les objets matériels qui lui sont appropriés : entre la vue et les couleurs, entre l'ouïe et les sons, entre l'odorat et les parfums ! que de plaisirs plus nobles et plus doux dans le domaine de l'imagination, de l'esprit et du cœur ! Mais les joies réelles, vives et profondes abondent surtout dans l'ordre de la grâce, parce que c'est celui qui dispose immédiatement à la béatitude céleste.

On n'est sevré des premières douceurs, que pour mieux goûter celles qui suivent, et l'on ne renonce à celles-ci que pour en trouver de plus délicieuses, qui font oublier et rejeter toutes les précédentes. Plus on monte en s'approchant du terme, plus la voie devient lumineuse, opulente et suave.

S'élever ainsi graduellement par les opérations des sens, par le travail de l'esprit et par l'exercice de la foi ; monter toujours, jusqu'à atteindre cet Infini, qui habite une lumière inaccessible, jusqu'à le toucher par la plus haute cime de la nature, par l'acte suprême de l'intelligence surnaturalisée, telle est la carrière de l'homme dans le monde présent. Mais pour la parcourir heureusement, on ne doit pas l'oublier, la lumière est indispensable.

On plaint les hommes qui ont perdu la vue ou qui n'ont jamais eu l'usage de cet organe, et c'est à bon droit. Les aveugles sont vraiment à plaindre. Ils ne peuvent plus se diriger ; ils ne peuvent plus travailler. Ils sont réduits à l'impuissance. Toutes les beautés de l'univers leur sont cachées, et les charmes de l'existence ont disparu presque entièrement pour eux. Ils sont comme des captifs, ne vivant qu'a moité dans une nuit perpétuelle.

Cependant il en est qui sont plus malheureux encore et qu'on plaint davantage, ce sont ceux qui sont privés de raison et tombés en démence. Les insensés ne sont plus des hommes. On les éloigne de la société, on les renferme dans des asiles où ils sont séquestrés. On les nourrit, comme on nourrit les plantes de la terre ; ils n'ont plus qu'une vie végétale. On les considère comme morts civilement.

Néanmoins, ce ne sont pas encore les plus infortunés. Il en est qui, sous certains rapports, sont dans une condition plus lamentable, ce sont ceux qui ont perdu la foi ou qui ne l'ont jamais eue. Ces derniers vivent encore avec les hommes, à la vérité, mais ils ne vivent pas avec Dieu. Ils ne lui parlent pas ; ils ne l'entendent pas ; ils ne le connaissent point. Ils sont morts pour lui. Le monde surnaturel s'est refermé devant eux, c'est fini. Ils sont condamnés.

Si l'on devait classer, dans l'ordre de leur dégradation, les malheureux qui vivent dans les ténèbres, ce sont les incrédules et les infidèles qu'il faudrait placer au dernier rang, puisque ce qu'il y a de plus précieux dans les biens de l'âme et dans les joies du cœur, leur est totalement inconnu. La foi sert plus que la science au progrès de l'âme, et le savoir vaut plus que la vue la plus pénétrante. Au reste, cette triple source de connaissances conduit à la sagesse, qui persévère jusqu'à la fin de la vie. C'est pourquoi le Saint-Esprit recommande à l'enfant de s'appliquer à s'instruire dès ses premières années. *Fili a juventute tua excipe doctrinam, et usque ad canos invenies sapientiam.* (*Eccl.* 6. 18.) Il le peut d'autant plus aisément qu'il est entouré de toutes parts de maîtres bien capables de l'assister. Il y en a au-dessous de lui, autour de lui, au dedans de lui, et au-dessus de lui.

Au-dessous de lui c'est la nature, qui instruit à sa manière, en reflétant la sagesse de son Auteur. Autour de lui c'est la société humaine, qui est prête à l'incorporer dans ses rangs et à lui infuser son esprit. Au dedans de lui c'est son âme, sur laquelle la Trinité divine a imprimé son image. Et au-dessus de lui, c'est Dieu avec toutes ses perfections. Tels sont les quatre champs de la science où l'âme humaine s'applique à la plus noble des cultures. Ils sont riches et féconds et ils paient largement les fatigues du laboureur.

Les deux premiers s'étendent à ciel ouvert sous les yeux de la multitude ; les deux autres ne sont accessibles qu'à la raison et à la foi. Mais tous sont faits pour tenter la curiosité. Tous exercent leur action sur la vie et y impriment leur trait particulier, en sorte qu'elle devient tour à tour sensitive et sociale, intellectuelle, morale et religieuse. Mais ces différents traits finissent par se fondre dans un ensemble harmonieux. Puis peu à peu les uns s'effacent et les autres s'accentuent. C'est ainsi qu'à la longue chaque existence humaine revêt sa physionomie propre.

Nous allons essayer de tracer l'itinéraire de l'enfant à travers ces quatre régions qui s'ouvrent devant lui et nous noterons quelques-uns des avantages, comme aussi quelques-uns des dangers qui s'y rencontrent.

2. LES PHÉNOMÈNES DE LA NATURE.

Le foyer d'activité qui est en nous change de place avec les années. Il met successivement en relief les diverses puissances de notre être, c'est ainsi que chaque âge de notre vie se distingue par quelque caractère qui lui est propre. Après la mobilité et la légèreté de la première enfance, l'imagination s'éveille pour inaugurer une nouvelle phase, pour ouvrir l'ère des illusions, des espérances et des rêves d'avenir. La raison va paraître, l'imagination est son aurore. Au moment où commence le deuxième septénaire, un double travail s'opère dans l'enfant : les sens l'attirent au dehors, l'esprit se replie au dedans, en sorte qu'il se fait dans la vie un mélange de sensible et d'intellectuel : l'apparent s'y confond avec le réel, l'imaginaire avec le vrai.

La nature physique s'offre tout d'abord au regard comme une énigme à déchiffrer. La nature est une œuvre divine. C'est celle qui s'étale le plus ostensiblement devant tous les yeux. La puissance infinie de son Auteur, sa sagesse, sa bonté, sa sainteté y ont laissé des traces assez visibles pour être aisément reconnues. Sa puissance en a fait un atelier de travail, sa sagesse une école, sa bonté un marché public et sa sainteté un temple grandiose. Mais il faut avoir un œil bien exercé pour y découvrir toutes ces choses. L'enfant n'en est pas capable. On dirait que ses yeux ne sont ouverts qu'à moitié. Son regard paraît trouble, il ne perçoit pas les objets tels qu'ils sont en réalité. Ces objets ne parviennent jusqu'à lui qu'à travers le cristal coloré de ses humeurs et il n'en a pas une notion exacte.

Toutes les choses ont deux aspects; l'un vrai, l'autre apparent. Le vrai seul répond à l'idée de celui qui les a faites. Il est en harmonie avec les raisons divines qui existent dans le Verbe ou dans la pensée de Dieu. Ce n'est pas celui-là qui se découvre le premier à l'enfant. Il n'aperçoit que le second, l'aspect apparent qui n'a rien de réel et qui change avec les dispositions intérieures. Car toujours les objets que nous voyons se métamorphosent en quelque manière dans notre âme. L'impression que nos sens en reçoivent se transforme au dedans de nous, et l'image qu'elle y peint emprunte son coloris à notre état d'âme; elle s'harmonise avec nos dispositions présentes. C'est le rôle de la raison de rétablir les choses dans leur réalité; mais la raison, on le sait, ne fait que poindre dans l'enfant. Ainsi les tableaux qui se découvrent devant lui, ne lui présentent que des images fantastiques en rapport avec ses sentiments. Et comme ces images lui plaisent et le trompent, sa vie est, à cette époque, une chaîne d'illusions charmantes, d'où naissent les plaisirs superficiels et fugitifs du premier âge. Il en est autrement dans les âges qui suivent. « Dieu a placé la nature aux côtés de l'homme, comme une amie qui reste toujours près de lui pour le guider et le consoler dans la vie, comme un génie protecteur qui conduit l'individu, ainsi que toute l'espèce, à une harmonieuse unité avec soi-même. La terre, comme planète, est le sein maternel qui porte toute la race : la nature éveille l'homme du sommeil où il reposerait sans conscience de lui-même, l'inspire et entretient ainsi dans l'humanité la force de sa vie. » (RITTER, *Géographie*.) Mais l'enfant ne comprend pas la nature. Le papillon, que le soleil du printemps fait éclore, se plaît au milieu des fleurs de la prairie. Il les visite les unes après les autres; mais il ne voit ni la beauté de leur forme, ni la délicatesse de leur tissu, ni les nuances variées de leur corolle. Il ne cherche qu'à s'enivrer de leur parfum et à se nourrir de leur miel.

Ainsi en est-il de l'enfant. Le monde où il prend ses ébats, ne lui révèle presque rien. Il n'a pour lui d'autres réalités que celles qu'il touche de la main, d'autres plaisirs que ceux qui affectent ses organes. C'est par le côté qui plait aux sens qu'il apprécie les objets. Sa vie est là tout entière éparpillée à l'extérieur : dans les yeux qui jouissent de l'éclat des couleurs, dans les oreilles qui s'ouvrent si volontiers aux harmonies de l'air, dans l'odorat qui se délecte des senteurs embaumées, et ainsi de suite.

Cette vie exclusivement sensitive, ne peut pas durer toujours, parce qu'elle est en opposition avec celle de l'esprit. Les sens excitent en effet et enflamment l'imagination et comme conséquence, diminuent d'autant les facultés supérieures. Or, comme celles-ci doivent se développer avec les années, puisqu'elles sont en définitive le pivot des actes humains, il est nécessaire que celles-là décroissent et rentrent dans le rôle d'auxiliaires, le seul qui leur convienne.

L'étude de la nature est assurément avantageuse. Il est utile à l'âme, dit le Docteur angélique (*C. G. L. 2. Chap. 3.*), de passer dans le monde, soit pour établir la vérité, soit pour éviter l'erreur. Il est même nécessaire qu'elle s'y arrête un temps, pour s'initier aux sciences, et principalement à la science de Dieu, sans laquelle les autres demeureraient incomplètes et stériles. Cette étude est d'autant plus importante que l'erreur et l'ignorance en cette matière, ont des effets déplorables. N'est-ce pas cette ignorance qui a amassé tant de nuages entre l'esprit humain et la vérité? N'est-ce pas d'elle que sont sortis les fruits empoisonnés de la superstition, les aberrations du polythéisme et les hontes de l'idolâtrie? C'est elle qui a déshonoré la Divinité et ses images.

Les hommes, plongés dans les ténèbres, ne voyant rien au delà des objets sensibles, les ont pris pour des dieux. Ils leur ont attribué des qualités qui ne pouvaient appartenir qu'à l'Éternel. (Sapt. 13. 1. 14. 2.) Les uns ont soustrait certaines choses au pouvoir du souverain Maître et ont supposé qu'il existait deux principes contraires. (Job. 22. 17.) Les autres ne sont assujettis à des êtres qui étaient faits pour les servir et ont avili ainsi leur dignité naturelle. Ces désordres et beaucoup d'autres sont issus d'une même cause, l'ignorance complète de la nature. Il est donc nécessaire autant qu'il est utile de l'étudier.

La considération des choses visibles élève doucement et sans effort à la connaissance de la Sagesse qui les a produites. (Ps. 103. 24. — Eccl. 1-10.) La vue de tant d'effets, dont la cause demeure cachée, fait naître un sentiment d'admiration, premier tribut d'hommage qui revient au Créateur. Ce sentiment se réveillerait fréquemment en nous, si nous avions conservé, dans leur intégrité originelle, la puissance de perception et la lucidité du jugement.

Plus nous remontons, par la culture intellectuelle et surtout par la pureté de conscience, à cet état de perfection, dont la faute adamique nous a tant éloignés, et plus cette terre, assombrie par la malédiction qui l'a frappée, s'éclaire et reprend ses charmes d'autrefois. Il faut s'approcher de Dieu pour bien apprécier son œuvre. Pour en juger sainement, il faut avoir senti de quelque manière l'action éminemment civilisatrice de la foi. L'homme sauvage demeure impassible au milieu des magnificences d'une nature grandiose : son œil ne voit pas la sublimité des scènes, qui si souvent se déroulent dans ses vastes solitudes ; son oreille n'entend pas la mélodie des vents dans la forêt, ni le fracas des eaux qui tombent du haut des montagnes. Les rythmes de l'harmonie universelle semblent lui être inconnus. Son âme reste fermée à ces émanations mystérieuses qui s'élèvent de la vallée, et qui sont faites pour impressionner si vivement les natures délicates.

Au contraire l'homme civilisé rencontre de toutes parts des sujets d'attraction. La terre est pour lui comme une galerie de tableaux attachants : elle semble avoir conservé, en bien des endroits, quelques vestiges du paradis terrestre. Les sites enchanteurs sont si multipliés sur la surface de notre globe, que des amateurs passionnés du beau consacrent une partie de leur existence à parcourir le monde, avides d'y chercher de fortes émotions et de s'y abandonner à une sorte de rêveries extatiques.

Les pays où a fleuri la culture intellectuelle, et plus encore ceux où la foi a exercé son action, ont eu leurs poètes, âmes sensibles et enthousiastes qui, après avoir goûté quelque chose de ces joies réelles, ont chanté les beautés de l'œuvre de Dieu.

L'admiration causée par la vue des grands spectacles, jointe au désir naturel de connaître, fait que l'âme s'élève, pour découvrir la cause cachée de ses étonnements et de ses transports. C'est de ce mouvement de curiosité, de cette avidité de savoir, qu'est née la philosophie, si favorable au développement des facultés intellectuelles. (S. Thomas. C. G. L. 3. Chap. 25.)

S. Jean Chrysostôme, chargé de l'instruction d'un grand peuple, s'arrêtait à lui faire admirer les merveilles de la création. Il lui montrait la voûte céleste avec ses myriades de flambeaux allumés pour éclairer la nuit. Puis, ramenant son regard sur la terre, il faisait ressortir la beauté des lacs, des fontaines, des rivières, des fleurs et des plantes qui sont les ornements du sol. « Les merveilles de la nature, disait-il, sont trop prodigieusement variées, pour pouvoir être exposées dans un discours, si long qu'il soit. Comment un homme, créature si bornée, essaierait-il de mesurer la sagesse infinie de Dieu ?

Quoiqu'il en soit, considère, ô homme, l'infinie diversité des plantes, tant celles qui portent des feuilles que celles qui n'en portent pas, et qui croissent, les unes dans les terres incultes, les autres dans les terres en labour, ou sur les montagnes, ou dans les plaines ; vois cette infinie variété de graines, de fleurs, de végétaux, d'animaux qui peuplent soit la terre, soit les eaux, ou la terre et l'eau indifféremment. Songe que toutes ces choses visibles ont été faites pour nous, le ciel, la terre, la mer et tout ce qu'ils renferment. Comme un roi construit un superbe palais, tout brillant d'or, tout resplendissant de l'éclat des pierreries, ainsi Dieu a bâti ce monde, et après l'avoir fabriqué, il y a introduit l'homme, afin qu'il ait l'empire sur tout ce que nous y voyons. Et ce qu'il y a de bien plus admirable, c'est que, pour former la toiture de cette maison, il a employé, non des pierres, mais une autre matière bien autrement précieuse. De plus, ce ne sont pas des flambeaux d'or qu'il a allumés dans les appartements; mais il a posé en haut de brillants luminaires, auxquels il a ordonné de parcourir toute la voûte de cet édifice; se proposant en cela, non seulement notre utilité, mais même notre plaisir. Quant au sol de l'édifice, il l'a pavé et enrichi de toute manière, comme on fait une table qu'on veut servir magnifiquement. Et ces choses, il les a données à l'homme, avant qu'il ait rien fait pour les mériter. » *(Opera II. 85. 6.)*

Cette nature si belle est la première page que la main du Créateur a écrite pour notre instruction. L'enfant ne peut ouvrir les yeux sans la voir. Elle l'éclaire à son insu. Elle lui fournit les éléments de cette encyclopédie vivante que toute créature raisonnable compose pour elle-même pendant la durée de son existence terrestre.

3. L'ATELIER.

La nature porte visiblement le cachet de la puissance créatrice; elle est pleine d'énergies, c'est un vaste atelier où tout remue, où des multitudes infinies sont dans une continuelle agitation. Tous ces ouvriers, classés par ordre, se partagent un même service. Ils se dépensent pour la même cause ; ils s'épuisent dans un labeur inconscient. Le but qu'ils poursuivent unanimement sans le connaître, c'est l'entretien, la défense ou simplement le plaisir du Maître auquel ils sont assujettis ; et ce maître c'est l'homme.

Dieu a donné la terre à l'homme, dit le Psalmiste. (*Ps.* 113. 16.) Il l'a établi sur tous les ouvrages de ses mains. (*Ps.* 8. 7.) Il l'a investi de son autorité, afin qu'il commande à tout ce qui respire. Semant la vie dans toute l'étendue de son domaine, peuplant tous les continents et les abîmes des mers et les océans de l'air, de légions de travailleurs, il les a tous soumis au pouvoir de la créature faite à son image.

Dans ce vaste laboratoire, le maître ne peut pas demeurer simple spectateur. Le tableau qu'il a sous les yeux lui indique assez clairement son devoir. Les foules affairées, disséminées partout, occupées, dès l'aube du jour et jusqu'à son déclin, à exercer leur industrie, semblent lui dire : vois ce que nous faisons et imite-nous. Et en effet tout ce qui a vie est en marche. Les choses même inanimées prennent part au mouvement général. Les rivières roulent leurs eaux sans s'arrêter nulle part. L'Océan a son flux et son reflux, qui ne le laissent jamais en repos. L'air a ses brises et ses rafales, ses tourbillons et ses tempêtes. Tous les espaces sont sillonnés, tous les chemins encombrés de multitudes qui ne cessent de s'agiter. Si loin que s'étende le regard, c'est partout le même spectacle.

Il est évident que le travail est voulu du souverain Législateur. Il est imposé à l'homme et c'est son bien : c'est la source de ses richesses, la condition de son perfectionnement et le principe de son bonheur. Puisqu'il est créé à l'image de son Auteur, l'homme est tenu de l'imiter dans la mesure de ses forces. Or Dieu est toujours en acte, il ne cesse jamais d'opérer, selon le mot de l'Évangile. Conséquemment, la créature faite à sa ressemblance ne peut pas se complaire dans l'oisiveté, sans être infidèle à sa vocation et sans déchoir.

« La loi du travail est la grande loi de l'éducation humaine. Nul n'est fait ici-bas pour ne rien faire. Toute créature intelligente et libre est essentiellement destinée à l'action. L'activité nourrit, exerce, fait la force et la vie. L'oisiveté, le *far niente*, c'est l'anéantissement, c'est la mort. » (Mgr Dupanloup. *L'Enfant.*)

Cuvier disait que, dans ses études de la nature, il n'avait pas trouvé dans tout le règne animal, une espèce, une classe, une famille, qui l'effrayât autant que la nombreuse famille des oisifs ; et celle-là ne se rencontre que dans la race humaine.

L'œuvre de la création n'est pas terminée. Dieu n'a pas voulu y mettre la dernière main afin de laisser aux hommes l'honneur de devenir ses associés et ses coopérateurs. « Il a donné la substance des choses, dit S. Chrysostôme, il en a abandonné les modifications au travail et à l'industrie de l'homme. Par exemple, il a fait croître le blé, c'est à l'homme à le changer en pain ; il nous donne la vigne, il ne nous donne pas le vin ; la laine qui sert à nous vêtir, c'est à nous à faire le vêtement, la pierre et non l'édifice. Puisqu'il créa l'homme à son image, il semble l'associer à l'œuvre de la création. C'est lui qui a produit les matériaux, c'est par les mains de l'homme qu'il achève la création et embellit la nature. »

L'enfant ne comprend pas, dans ses premières années, cette loi de la Providence. Bien loin d'imiter sa conduite, il est plus disposé à gâter son œuvre qu'à l'embellir : il renverse et ne relève pas ; il détruit au lieu d'édifier. Mais à mesure que son intelligence se développe, le travail cesse de lui déplaire. Il reconnaît son utilité, sa nécessité. C'est une dette qu'il doit payer à Dieu qui l'a amené dans le monde pour servir ses intérêts et qui lui a donné une intelligence et des sens pour agir. C'est une sorte de restitution qu'il doit à sa famille qui s'est si longtemps et si largement dépensée dans l'œuvre de sa formation. C'est de plus une compensation que la société attend de lui, après qu'elle l'a reçu dans son sein et lui a donné le droit de participer à l'héritage commun de l'humanité. Enfin, c'est pour lui une source de richesses matérielles et morales et une cause permanente de plaisirs sans mélange. L'enfant comprend qu'il est né pour travailler comme l'oiseau pour voler. Il a le sentiment de ce qu'il doit à lui-même et aux autres. La nature a mis en lui un principe d'activité qui demande à se déployer. Il voit que l'univers lui ouvre toute l'étendue de son territoire, et l'invite à y exercer son industrie. Il a honte de demeurer inoccupé.

Il est écrit que celui qui refuse de travailler perd le droit de sustenter une vie qui devient inutile. Il lui faut des œuvres. Elles sont pour lui ce que les parfums sont aux fleurs, ce que les fruits sont aux arbres.

Mais ici se présente un premier écueil. Le spectacle auquel l'enfant assiste journellement lui démontre la nécessité du travail. Cependant il est à craindre que, se réglant sur les exemples qu'il a sous les yeux, il ne se confonde avec les êtres inférieurs et ne se laisse conduire, comme eux, par l'aveugle instinct. Il est maître, eux sont sujets ; il est libre, eux ne le sont pas. Chez eux c'est la matière qui est le principe des opérations, chez lui c'est l'esprit. Or, ce qui est matériel est entraîné, comme par son propre poids, à descendre ; au lieu que ce qui est spirituel s'élève spontanément par l'essor de la pensée. Et comme les effets ressemblent toujours à leurs causes, il s'ensuit que les œuvres de la créature intelligente diffèrent totalement de celles qui ont une cause purement physique. Celles-ci restent dans le temps, où plutôt passent avec lui, tandis que celles-là entrent dans l'éternité pour s'y fixer à jamais.

C'est pour cela que les esprits éclairés réfléchissent avant d'agir. Connaissant l'importance de leurs actes et leur durée immortelle, ils ne se déterminent à les poser qu'à bon escient. Un sage des temps anciens avouait qu'il avait l'habitude de porter son regard sur l'au-delà des siècles qui s'enfuient, afin sans doute de ne rien faire qui pût compromettre son avenir. *(Ps. 76. 6.)* Et qui ne connaît le mot de cet angélique enfant qui, avant de commencer une entreprise, se demandait à lui-même à quoi elle lui servirait pour l'éternité ; *quid hoc ad Eternitatem ?*

Il arrive fréquemment que l'enfant agit sans réflexion et sans but. Faute de se connaître, ou privé d'une direction éclairée, il suit l'impulsion d'une nature volage. En face des êtres sans raison qui s'agitent à la manière des automates, il se lance dans le tourbillon, sans calculer les conséquences de sa conduite. Heureux encore quand cette dissipation ne tourne pas en habitude, et ne se prolonge pas jusqu'à l'âge de la virilité. Qu'il apprenne de bonne heure la loi du travail et les conditions de moralité des actes. Qu'il sache qu'étant une intelligence servie par des organes, comme l'a défini un philosophe, si l'emploi des forces physiques lui est indispensable, les facultés intellectuelles doivent cependant conserver toujours la direction et la prépondérance, car la qualité d'homme est une noblesse qui oblige.

Au-dessus de cette première noblesse, qui commence à l'âge de raison, il en est une autre qui la précède, puisqu'elle est acquise au baptême, c'est celle d'enfant de Dieu. A cause de cette haute dignité, l'enfant chrétien doit agir pour Dieu et avec Dieu.

Il doit agir pour Dieu, dans une intention pure et dans l'unique dessein de lui plaire et d'accomplir sa volonté. C'est la première condition requise pour que ses œuvres soient agréées du Père céleste. L'intention est comme le flambeau qui éclaire, comme l'œil qui dirige. « Votre œil est la lampe de votre corps, a dit le Verbe de Dieu ; si votre œil est simple, tout votre corps sera lumineux ; mais si votre œil est mauvais, tout votre corps sera ténébreux. » (Matt. 6. 22. 23.) « De même que l'œil simple et qui voit clair maintient toujours tout le corps dans une bonne direction, et qu'un œil double (qui voit les objets doubles) ou qui est toujours malade, ne découvrant sur sa voie que des ténèbres, s'expose à des chutes sans nombre : ainsi un cœur pur, dont les intentions ne se dirigent que vers Dieu, imprime une bonne direction à toutes les pensées, à tous les désirs, à toutes les démarches ; tandis qu'un cœur multiple, qui s'attache aux différents biens de ce monde, un cœur aveugle à l'égard de Dieu, corrompt et rend vicieuses toutes les pensées, tous les désirs et toutes les actions. » (D'Allioli.)

S. Paul a formulé la règle générale des actions chrétiennes, quand il a écrit : « soit que vous mangiez, soit que vous buviez, et quelque chose que vous fassiez, faites tout pour la gloire de Dieu. » (I Cor. 10. 31.)

« Un jour que S. Antoine s'affligeait de ce que son travail l'empêchait de se livrer à une contemplation continuelle, il vit un ange qui faisait une natte avec des feuilles de palmier, et qui cessait de temps en temps son ouvrage pour s'entretenir avec Dieu dans l'oraison. Après avoir ainsi entremêlé plusieurs fois le travail des mains et la prière, il dit à S. Antoine : « Faites la même chose et vous serez sauvé. » (Migne. *Dict. de myst.*)

Il doit agir avec Dieu, en lui demeurant uni par la grâce. C'est la grâce, en effet, qui anime les actions du chrétien, comme c'est elle qui vivifie son âme. Elle introduit dans nos œuvres un élément céleste. Elle les pénètre d'un parfum divin et les revêt d'une splendeur merveilleuse, qui les rend dignes d'entrer dans les trésors du Père céleste.

Il est facile, dans le jeune âge, de se maintenir dans cet état d'union avec Dieu. Ce qu'il faut, c'est de s'y établir si fortement, de s'y enraciner de manière à ne jamais en sortir. Mais que cette persévérance est rare ! Combien qui, parvenus à l'âge de l'adolescence, oublient et ce qu'ils doivent à Dieu et ce qu'ils se doivent à eux-mêmes. Ils se laissent dépouiller de ce qui fait la richesse de leur âme et ne s'en affligent pas ! ils continuent d'agir, mais leurs œuvres tombent à terre, comme des fruits sans valeur et ainsi l'époque la plus féconde de la vie se trouve désolée par la stérilité.

4. L'ÉCOLE.

La nature n'est pas seulement un atelier du travail, c'est une école où la Sagesse donne ses leçons. « Elle enseigne au dehors, dit l'Oracle, elle fait entendre sa voix dans les places publiques. » (*Prov.* 1. 20.) Il ne faut qu'un peu d'attention pour profiter de ses enseignements. S. Paul dit (*Hebr.* 11), que Dieu a parlé aux hommes, en divers temps et de diverses manières. Il emploie, pour les instruire, une quantité d'auxiliaires : les anges et les hommes ; les êtres animés et inanimés deviennent au besoin ses interprètes. Il a voulu que les grandes lois de la vie, qui sont imprimées dans la conscience de l'humanité, fussent encore marquées dans le tableau de l'univers.

Quand nous voulons ouvrir les yeux pour regarder autour de nous, nous voyons nettement définies la plupart de nos obligations. Il nous suffit, dans bien des cas, de suivre les exemples qui nous sont donnés dans les rangs inférieurs. Ce sont nos sujets qui deviennent nos maîtres. L'Esprit-Saint nous invite à aller auprès d'eux chercher des leçons de morale. « La fourmi nous enseignera l'amour du travail, l'abeille l'amour du beau et les avantages de l'association, comme dit le proverbe. « Paresseux, va vers la fourmi, cherche à imiter ses voies, et deviens plus sage qu'elle. Car, sans avoir de laboureur à ses côtés, sans y être obligée par personne, sans obéir à un maître, elle prépare sa nourriture pendant l'été, et durant la moisson se fait une réserve abondante. Ou bien va trouver l'abeille et apprends d'elle ce que c'est que de travailler; le fruit de ses travaux est recherché pour la santé et par les rois et par les simples particuliers. Son corps est faible, mais comme elle honore la Sagesse, elle surpasse les autres êtres. » *(Prov.* 6. 6-8. — *Prov.* 6. 6.) Ils nous enseignent tout à la fois la théorie et la pratique. Le monde visible devient ainsi, pour l'être intelligent, l'école élémentaire des sciences et des arts. Dieu l'a livré aux explorations des peuples, afin qu'ils en fassent l'objet de leurs études et qu'ils l'enrichissent des produits de leur industrie.

Tandis que l'astronome suit, d'un œil ravi d'admiration, le mouvement régulier des sphères suspendues dans l'espace, le géologue parcourt le globe terrestre et en suppute les trésors cachés, le botaniste et le chimiste, le médecin et l'industriel y trouvent également des mines à exploiter, le poète y puise ses inspirations et l'artiste des modèles à copier : le législateur lui demande des principes d'administration et le secret de ses harmonies; enfin le moraliste y cherche des règles de conduite. « Le spectacle de la création nous est très utile, non seulement pour arriver à la connaissance de Dieu, mais encore pour régler notre conduite. L'homme cupide, en voyant le jour céder la place à la nuit, et le soleil à la lune, aura honte de ne pas imiter le bon ordre qui règne parmi les éléments, et fût-il le plus fort, il ne convoitera pas les biens de ceux qui sont plus faibles. » (S. CHRYSOSTOME. OEuvr. VI. 120.) La nature est au service de tous les talents et favorise tous les genres de progrès.

C'est que les choses créées ont une propriété qui leur est commune : elles éclairent. Il y a en chacune d'elles une vertu révélatrice, une puissance réelle de manifestation. Ce sont des témoins véridiques, ce sont des voix qui parlent, ce sont des maîtres qui instruisent. Les plus viles en apparence méritent d'être observées. Elles possèdent un élément qui plaît, la vérité. Quelque degré qu'elles occupent sur l'échelle, elles se ressemblent sous ce rapport. On pourrait les comparer à des réservoirs, où se trouve déposée une goutte de ce miel céleste, si doux à toutes les intelligences.

La vérité est une lumière qui jaillit de tous côtés. C'est la beauté essentielle des choses visibles. La nature n'a pas d'attraits plus puissants, ni d'utilité plus incontestée. C'est la vraie cause de son empire et le secret de ses séductions. La raison de ce fait, c'est que les choses créées procèdent originairement de la lumière. C'est l'intelligence, c'est la splendeur incréée qui les a produites. Et puisque tout effet ressemble à sa cause, il faut bien qu'il y ait en elle quelque chose de la beauté divine. C'est cette beauté qui charme l'œil de l'observateur.

L'enfant ne lui donne tout d'abord qu'un regard distrait, ce n'est que peu à peu que son attention se réveille et qu'il y prend plus d'intérêt. Les paroles qu'il entend, les instructions qu'il reçoit, le milieu social où il grandit, développent sa faculté intellective. Dans l'état de réceptivité qui distingue cet âge, il commence à mieux voir les choses. Son regard s'arrête et se fixe : les objets qui l'entourent l'impressionnent ; les images s'accumulent dans son intérieur ; sa curiosité s'enflamme. Il interroge, il écoute, toujours plus avide d'apprendre.

Enfin, le monde visible s'ouvre devant lui comme un livre où Dieu lui-même s'est peint, ainsi que parle S. Paul, en une infinité de traits puissants, sévères ou gracieux. La terre, la mer, le ciel sont trois pages différentes, mais écrites par la même main, exprimant la même pensée et révélant le même esprit. Leur Auteur s'y manifeste si clairement, que la raison humaine, abandonnée à ses seules forces, est capable de le reconnaître.

Elle l'a fait. Les philosophes antiques, bien que privés des lumières de la Révélation, ont connu l'Auteur de la nature, en lisant son ouvrage. « La grandeur et la beauté de la créature peut faire connaître, et rendre en quelque sorte visible le Créateur. » (*Sapi*. 13. 5.) S. Paul, écrivant aux Romains (1. 70), leur dit : « Les perfections invisibles de Dieu, sa puissance éternelle et sa divinité, sont devenues visibles depuis la création du monde, par la connaissance que ses créatures nous en donnent. »

« Si le ciel et la terre sont si grands et si beaux, s'écriait S. Augustin, quel n'est pas l'Auteur de toutes ces choses ! *Si hæc tanta, quantus ipse!* — Quel est l'homme assez dépourvu de sens, dit Cicéron, qui, élevant les yeux au ciel, ne juge pas qu'il y a des dieux ? Et qui se persuadera que le cours des astres, qui s'accomplit avec tant d'ordre et de régularité, qu'à peine toute notre science et notre application le peuvent comprendre, sont l'effet d'un pur hasard. » (D'ALLIOLI. *Comment.*)

Les anciens solitaires, retirés dans les déserts de l'Égypte, s'instruisaient dans le livre de la nature ; ils le comprenaient bien, parce qu'ils avaient la pureté du cœur qui donne l'intelligence, et qu'ils ne cherchaient que la vérité. « Ceux qui cherchent le Seigneur remarquent tout, » dit le Sage. (*Prov.* 28. 5.)

On s'étonnait un jour de ce que S. Antoine n'eut pas de bibliothèque, pour occuper ses loisirs, dans la solitude où il s'était retiré. Le Saint répondit que la nature était le manuel dans lequel il avait coutume de lire la parole de Dieu. C'est le livre dont se servait habituellement S. Bernard, comme beaucoup d'autres saints Docteurs de l'Église. C'est encore dans ce livre, écrit de la main de Dieu, qu'on découvre les règles de la morale : la loi du travail et de la prévoyance qui vient d'être expliquée, la loi de l'ordre et de la justice, la loi du dévouement et de la bienfaisance, la loi du progrès et de la perfection.

L'enfant, qui veut s'initier à la science de la vie, trouve de toutes parts des modèles à copier. La nature lui fournit des guides très propres à lui ouvrir la voie.

Elle lui montre tout d'abord la beauté de l'ordre, dans les cieux et dans les mondes étincelants qui constellent l'immensité ; dans l'air, le cours des vents et la marche des nuées ; dans la succession des jours et des nuits, dans les saisons qui tour à tour embellissent et dépouillent nos régions. L'ordre est dans la terre, dans la disposition des continents, des montagnes, des rivières, des forêts ; dans les classes si variées de végétaux et d'animaux. Il est dans la mer et les peuples qui se jouent au fond de ses abîmes. D'un bout à l'autre de la création l'ordre règne en souverain. Il règne malgré les obstacles, malgré les ennemis, malgré les licences effrénées et les excès de tous genres des libertés aveugles. En vain on essaie de le troubler, il subsiste toujours le même. On travaille inutilement à le bannir, il résiste à tout, il reprend ce qu'on lui enlève et reconquiert la place qu'on lui dispute. Ses contradicteurs finissent invariablement par avouer l'impuissance de leurs efforts et par se ranger sous ses lois. Preuve évidente qu'une invisible Sagesse plane au-dessus de l'univers, en en surveillant toutes les parties, en en dirigeant tous les mouvements, sans rien abandonner au hasard ou à la fatalité.

L'ordre est la marque des œuvres de Dieu. C'est le sceau du Verbe Créateur. Il est imprimé sur tout ce qu'il a fait. Il devrait resplendir dans l'homme, qui est le meilleur de ses ouvrages, et qui résume en lui les perfections de tous les autres.

La nature est donc bien capable d'instruire l'enfant qui la contemple. Elle lui montre que « là où règne l'ordre, tout est d'une beauté parfaite, inaltérable ; où il ne règne pas, tout est plein de difformité, tout est dans le trouble et la confusion », dit S. Grégoire de Naziance.

Le monde physique ne jouit pas toujours d'une tranquillité parfaite. Il passe par des alternatives de calme et d'agitation. Le ciel a ses orages, la mer ses tempêtes, la terre ses révolutions souterraines et ses éruptions volcaniques. En aucun temps le monde n'est à l'abri de ses secousses subites et formidables qui l'ébranlent jusque dans ses fondements.

Ces phénomènes qui effraient les peuples, les obligent à rentrer en eux-mêmes, à reconnaître leur néant et à lever les yeux vers l'Arbitre suprême des choses, pour lui demander grâce. C'est la figure des accidents auxquels toute vie humaine est exposée. Ils annoncent les épreuves, les tentations et les revers qui peuvent y survenir et la bouleverser, tout en indiquant les moyens à prendre pour ne pas succomber.

Puis, ces modifications profondes, ces continuelles transformations produites par le travail du temps, laissent assez entendre que tous ceux qui passent ici-bas, ne peuvent demeurer toujours dans le même état. Il faut qu'eux aussi se transforment et se renouvellent d'année en année. C'est la loi commune. Elle s'applique à tous les voyageurs de la terre.

C'est encore la nature qui apprend l'art tout divin de la bienfaisance. Qu'est-ce en effet que ce colossal édifice de l'univers, si ce n'est l'effet d'un acte extérieur de Dieu, c'est-à-dire, un don de Dieu et une manifestation de son amour et de sa munificence? En tirant les êtres du néant, Dieu a simplement suivi l'impulsion de son cœur. Il a voulu communiquer à d'autres les biens qui sont à lui et qui sont en lui comme dans leur cause. Sa bonté est une source débordante. Tout ce qui sort de cette fontaine intarissable, est parfaitement bon et tout est donné gratuitement. Donner tout et ne rien recevoir, c'est la béatitude de Dieu et c'est en même temps le signe de sa grandeur et de son abondance ; c'est la preuve de sa plénitude et de sa bonté infinie..

L'enfant, qui commence à épeler l'alphabet de la nature, et qui voit toutes ses merveilles étalées sous son regard, finit par élever sa pensée et élargir son cœur. Il a le sentiment de ce qui convient. Il comprend que, pour se rapprocher de Dieu, il faut lui ressembler. La réflexion le conduit à admettre ce qui est écrit dans les Livres Saints : Qu'il y a plus de bonheur à donner qu'à recevoir. (Act. 20. 35.) Il voit que toutes les choses créées se rendent utiles, et s'empressent de communiquer ce qu'elles ont reçu. Le ciel donne ses lumières, l'air ses fluides bienfaisants, le feu sa chaleur, la terre ses fruits variés, la mer toutes ses productions, les animaux leur travail et jusqu'à leur substance. (CORNEL. 17. 375.)

Cette unanimité dans les dispositions, cette inclination universelle, qui porte des êtres sans raison à se donner, indique à l'enfant la voie qu'il doit suivre. L'égoïsme lui apparaît comme un vice odieux. C'est une plante parasite qui ne grandit que dans les cœurs demeurés sans culture. Il n'a pas de peine à se convaincre que, pour être digne de lui-même, digne aussi de son Créateur et de ses propres sujets, il doit donner, et donner à la manière de Dieu, c'est-à-dire, sans arrière-pensée, sans vue intéressée, comme sans ostentation ; qui n'oblige les autres que dans l'espoir d'un retour, agit comme un mercenaire ; et qui se plaît à divulguer les services qu'il rend, perd le mérite attaché à la bienfaisance.

Ajouterons-nous que c'est dans ce livre de la nature que l'enfant va chercher le moyen de parvenir à la perfection. Toutes les créatures le lui enseignent ; toutes, dit S. Thomas, se portent vers Dieu, comme vers leur fin dernière ; et comme elles ne peuvent s'approcher de lui que par la ressemblance, elles font tous leurs efforts pour s'améliorer de plus en plus, afin d'être toujours plus près de lui.

C'est ainsi que doit agir la créature intelligente. Toute son application doit être de ressembler toujours plus parfaitement à Dieu. L'image de Dieu est imprimée dans l'âme humaine ; mais elle est sujette à bien des altérations, et à des retouches qui la modifient totalement. On peut toujours y ajouter et y retrancher, donner aux traits plus d'expression, aux tons plus de coloris, à tout l'ensemble plus d'unité et plus de fidélité. Ce doit être là le travail de l'enfance comme de tous les âges.

Beaucoup d'autres enseignements ressortent de la contemplation de la nature, mais pour qu'ils soient compris, il faut que le temps, l'étude et l'habitude de la réflexion aient donné à l'intelligence, un développement qu'elle ne peut pas avoir au début.

Sans poursuivre ces considérations, nous pouvons affirmer que la nature est très propre à instruire l'enfant quelque peu observateur. Elle est comme le premier abécédaire que la Providence a placé devant ses yeux. Les objets visibles sont réellement capables de l'éclairer. C'est là leur première mission. Tous les corps sont doués d'une puissance d'irradiation qui s'adresse à l'âme. Il n'en est pas un qui ne puisse l'aider à découvrir l'une ou l'autre face de la vérité.

Et lorsqu'à la lumière naturelle de l'esprit s'adjoignent les clartés surnaturelles de la foi, cette même nature, qui ne dit presque rien à l'enfant, qui trompe et égare l'incrédule, tient au croyant un langage singulièrement révélateur. Le fidèle bien instruit y découvre des vestiges nombreux du grand mystère de la Trinité. La puissance du Père s'y montre visiblement, dans la grandeur et la magnificence de ses œuvres, et dans cette prodigieuse multitude de forces qui s'attirent, se repoussent, s'unissent, se divisent, se mélangent en une infinité de combinaisons diverses.

La sagesse du Fils ne s'y montre pas moins comme on vient de le voir, dans la belle coordination de toutes ces puissances, dans le système harmonieux de leurs rapports, dans le concert des êtres qui concourent au maintien de l'équilibre du monde, enfin dans l'unité au sein de la variété.

La bonté du Saint-Esprit s'y révèle également et nous allons voir comment tout cet ensemble qui se rapporte à l'homme, est un présent de l'amour.

On entrevoit les desseins de la Providence, qui a placé la créature raisonnable devant ce vaste tableau du monde visible et qui l'éclaire toujours davantage. Elle a voulu l'élever graduellement jusqu'à la cause première qui est aussi la fin dernière des choses.

Cependant ce serait une grave erreur de vouloir se renfermer dans la sphère de la nature, comme si elle suffisait à l'esprit humain. Cette erreur a pris pied dans la société humaine et elle tend à se propager en raison directe de la décroissance de la foi. Le naturalisme plaît à plusieurs ; il s'accorde avec la constitution paresseuse de la nature déchue, qui préfère ramper sur le sol que de s'élever dans les régions supérieures de la vérité.

D'autre part, il serait tout-à-fait déraisonnable de prétendre expliquer tous les phénomènes sensibles. Si chaque chose créée est un mot, un signe représentant une réalité invisible, il n'y a pas, dans les langues humaines les plus compliquées et les plus obscures, il n'y a pas, disons-nous, un idiome aussi difficile à interpréter, que le langage énigmatique de l'univers. Aussi les plus grands génies ont travaillé dans tous les temps à le déchiffrer et à en indiquer le sens. Chaque siècle y découvre de nouveaux sujets d'étonnement ; et l'on peut dire qu'il y restera toujours des profondeurs inexplorées ! Cependant tous les mots de cette langue symbolique ont un sens : ils représentent tous, à leur manière, quelque trait d'une perfection unique, et d'une incomparable beauté. Ce sont autant de révélations de Dieu.

5. LE MARCHÉ PUBLIC.

L'étude attentive de la nature aboutit invariablement à cette conclusion, qu'elle est l'œuvre non seulement de la puissance et de la sagesse de Dieu, mais encore de sa bonté. Plus on la considère, plus on reste convaincu de l'inconcevable libéralité de son Auteur. Pour ne parler que de la terre, qui tient si peu de place dans l'ensemble des mondes, on constate à première vue qu'elle renferme, à elle seule, une étonnante variété de biens. Ses immenses régions sont fournies avec un luxe inouï. On peut les visiter l'une après l'autre, elles se distinguent toutes par des caractères qui leur sont propres; mais elles ont encore cela de commun, qu'outre les richesses qu'on rencontre en chacune et qui varient d'après les zones et les latitudes, on découvre partout l'abondance. Et lorsque l'on croit avoir tout vu, des nouveaux explorateurs mettent au jour des trésors qu'on ne soupçonnait pas.

Lorsque les savants ont voulu dresser l'inventaire des biens créés, ils ont dû avouer leur impuissance. Ils se seraient perdus dans un champ aussi vaste. Ils ont été contraints de recourir à des divisions et à des subdivisions, à des triages et à des classifications. Ils ont partagé les substances corporelles en règne organique et inorganique. Ce partage, une fois arrêté, il a fallu recommencer à distribuer les règnes en embranchements, les embranchements en classes, les classes en ordres, les ordres en familles, les familles en tribus, les tribus en genres, les genres en espèces, les espèces en variétés et les variétés en individus.

Une vie d'homme suffirait à peine à dresser ce catalogue et en noter toutes les particularités. Néanmoins, on n'a pas tout catalogué, loin de là. Chaque siècle amène de nouvelles découvertes, et nul ne saurait dire ce qui reste encore à retirer des entrailles de la terre et des profondeurs de l'Océan.

Ce qui montre mieux encore la fécondité de la nature et la prodigalité de son Auteur, c'est que les êtres qui fourmillent de tous côtés, sont des indigents qui n'apportent rien avec eux, des pauvres avides de s'enrichir, des affamés tourmentés de besoins ; et néanmoins tous trouvent à se rassasier. Ils passent d'année en année et de siècle en siècle, en multitudes infinies, et tout ce qui leur est nécessaire est préparé d'avance. « La terre, dit Louis de Grenade, est la mère commune de toutes choses et le magasin universel où se forment et se rassemblent tous les effets de la nature. » (*Guide*. L. 1. Chap. 3.) C'est comme un grand marché toujours ouvert aux passants. Chacun vient y choisir ce qui est à sa convenance et l'emporte. Quelque grande que soit la multitude qui s'y présente et quelque variés que soient les goûts, tous y trouvent ce qu'ils cherchent, tous obtiennent ce qu'ils demandent, et les provisions semblent ne jamais diminuer. Des foules innombrables, des peuples infinis ont passé dans ce marché du monde ; des générations qu'on ne saurait compter, s'y succèdent depuis des milliers d'années et néanmoins, il demeure approvisionné comme au premier jour.

Qui n'admirerait cette maternelle sollicitude de la Providence, qui offre gratuitement le nécessaire et même le superflu à tous ses invités au banquet de la vie! L'enfant ne remarque pas cette généreuse intervention de la bonté divine, dans la conservation des créatures. Il use des biens de la nature, sans penser à baiser la main qui les lui offre. Ses yeux se récréent dans la variété des formes et ainsi des autres sens. La sensualité rencontre à chaque pas de nouveaux excitants. Mais c'est là un danger réel. Elle finirait par prendre le dessus et par imprimer sur la vie le cachet de l'animalité, si elle n'était réprimée par la sagesse des éducateurs. Avant sept ans, l'enfant demeure comme étranger dans son domaine.

Mais quand arrive l'âge de raison, tout change. Le jour se fait dans l'âme, et du même coup la nature s'illumine, comme au rayonnement d'un grand astre apparaissant à l'horizon. L'enfant se trouve alors transporté sur les hauteurs. Il n'est pas au sommet. C'est la foi, bien éclairée, qui l'y fera parvenir, mais il a quitté les basses régions. Il voit mieux parce qu'il voit de plus haut, parce qu'il a en lui un rayon de la lumière du Verbe qui éclaire tout homme venant en ce monde. Dès lors, la nature revêt à ses yeux un aspect nouveau. Les formes se dessinent plus nettement, les figures se colorent, les corps s'animent et des milliers de voix se font entendre de tous côtés, montant de la terre ou descendant des cieux, pour parler à l'esprit, dans un langage muet mais très intelligible : et toutes ces voix chantent la bonté du Créateur.

A mesure que l'entendement s'ouvre, les biens créés se découvrent davantage. Ils deviennent comme autant de sources de jouissance et de points d'attraction pour l'âme.

Ici encore se trouve un écueil qui a causé plus d'un naufrage. Au lieu de remonter à Dieu, cause première et unique source de tout bien, l'âme, se laissant influencer par l'imagination, s'arrête aux objets sensibles. Ils devaient lui servir d'échelle pour s'élever, ils sont une barrière qui lui ferme la route des ascensions. Le cœur humain toujours avide, toujours insatiable, tant que l'infini de Dieu n'a pas comblé l'infini de ses désirs, sent naître et grandir en lui les ardeurs de la cupidité. La seule présence des objets créés suffit pour l'éblouir et lui faire perdre de vue sa fin dernière.

Parce que l'homme a un corps, le monde visible lui est nécessaire. Il ne lui suffit pas parce qu'il a une âme. Les biens qu'il lui offre peuvent l'aider et le charmer sur la route du voyage, ils ne sont pas capables de le faire parvenir au terme. La nature ne donne que les premiers moyens de perfection. Les derniers et les plus efficaces lui manquent.

Bien plus, depuis la chute, l'homme trouve souvent dans le monde plus d'obstacles à son avancement que de secours pour s'améliorer. Ses aspirations les plus vraies n'y sont pas satisfaites. Ce qu'on appelle les biens de la terre ne sont pas ses biens Ils n'apportent pas à ses facultés le moindre accroissement; ils ne jettent pas un flot de plus dans le cours de son existence. Si l'âme est libre de les contempler, elle n'a pas le pouvoir de changer leur nature et de se les approprier. Le pain de la terre n'est pas son pain; le velours et la soie ne sauraient la vêtir; l'or et les diamants ne sont pas ses parures. Au sein de l'opulence elle est trop souvent pauvre et affamée. La nature physique ne possède point, dans ses trésors, un seul lambeau capable de couvrir sa nudité.

Les êtres, qui sont moins qu'elle, s'élèvent rapidement dans un milieu qui leur est favorable. Pourvus du nécessaire, ils grandissent et atteignent sans peine la limite fixée par le doigt du Dieu Tout-Puissant; et tandis qu'ils réalisent leurs destinées sans rencontrer d'obstacles, elle se sent arrêtée de toutes parts. Elle végète au milieu de toutes les floraisons. Alors qu'au-dessous d'elle tout se dilate et prospère, elle s'étiole et se voit dépérir.

Dieu aurait-il trompé la plus noble de ses créatures ? L'aurait-il fixée sur cette terre, pour que tout la séduise et que rien ne lui profite ? S'il l'a vraiment aimée, comme il n'est pas permis d'en douter, il faut qu'il existe, à côté des vaines ombres qui la déçoivent, des réalités qu'elle puisse saisir. Elle doit trouver, au-dessus des biens fictifs et mensongers qui l'entourent, des biens véritables, créés exclusivement pour elle.

Ces biens existent; ils abondent; ils sont multipliés sans mesure. Mais il faut les chercher où ils sont, non dans la nature physique, mais dans l'âme et autour de l'âme et au-dessus de l'âme.

C'est ce que l'enfant commence à faire, lorsqu'il arrive à l'âge de raison. Néanmoins l'étude de la nature physique ne doit pas être négligée; car, pour tout homme qui s'y applique sérieusement, ce travail conduit à d'excellents résultats. L'esprit y puise une estime sincère et une crainte filiale, qui honorent l'Auteur d'un si merveilleux ouvrage. Le cœur s'éprend d'amour pour la bonté infinie, qui réunit éminemment en elle les perfections qu'elle a communiquées à toutes ses productions. (Sapi. 13. 4. — Rom. 1-10.) L'âme y acquiert une ressemblance plus parfaite avec Dieu, puisqu'elle transporte en elle les images des créatures, qui ne sont en définitive que des similitudes du Créateur.

6. LE TEMPLE.

La nature, on l'a vu, est une école élémentaire où l'enfant commence à s'initier à la science. C'est un atelier de travail, où il trouve des exemples à suivre. C'est encore un marché public où règne l'abondance dans tous les temps. Enfin c'est un édifice élevé à la gloire de Dieu. C'est l'idée que les Saints Livres nous en donnent et c'est à ce dernier point de vue que nous allons la considérer.

« Le Seigneur a tout fait pour lui » pour sa glorification et la manifestation de ses attributs. *Universa propter semetipsum operatus est Dominus.* (Prov. 16. 4.) Dans cette construction grandiose, à l'aspect si imposant, aux proportions si vastes, l'âme religieuse ne peut manquer de voir un temple consacré au Très-Haut. Son ampleur, sa beauté architecturale, sa voûte immense, les milliers de lustres qui s'allument le soir dans l'azur, les parfums qui s'exhalent de chaque brin d'herbe, les fleurs semées à profusion sur les tapis de verdure, tout rappelle l'image d'un lieu consacré à la religion. Et, dans ce sanctuaire, que de voix, claires, limpides ou puissantes, jettent leurs flots d'harmonie à tous les échos! Tout ce qui respire semble vouloir entrer dans ce concert universel, pour acclamer l'Auteur de toutes choses. Les êtres inanimés eux-mêmes, ont un langage à eux pour publier ses louanges.

Cependant il fallait un prêtre pour présider au culte, et pour porter au pied du trône de Dieu l'hommage des êtres, qui sont incapables de s'élever jusqu'à lui. Dieu, en conséquence, a introduit l'homme sur la terre. Il lui a donné une intelligence pour le connaître, un cœur pour l'aimer, une volonté pour exécuter ses ordres, et un corps pour le servir. Il a orné son âme de la grâce et il l'a revêtu de sa puissance, en lui assujettissant toute la nature.

Adam, au paradis terrestre, était le pontife du Seigneur. Son sanctuaire était le monde, et il n'avait d'autre autel que les parterres fleuris de son jardin. C'est de là que montaient vers l'Éternel, ses prières et ses offrandes avec les senteurs embaumées de l'Éden.

Mais bientôt trompé par l'esprit de mensonge, il s'est détourné de Dieu et a été infidèle à sa vocation. Il n'a pas compris l'honneur qui lui avait été fait. Sa désobéissance l'a fait déchoir et sa race a subi le contre-coup de sa chute.

La terre a été maudite à cause du péché, et néanmoins elle n'a pas perdu sa destination primitive; seulement les peuples en s'y dispersant ont méconnu cette destination. Leur vue s'est obscurcie au point de ne plus reconnaître le caractère du lieu qu'ils occupaient. Il a fallu bâtir avec le bois, la pierre et le marbre, des monuments spécialement destinés à le leur rappeler.

Aux temps anciens la terre était couverte de temples. Tous, à l'exception d'un seul, celui de Sion, étaient profanés par un culte sacrilège. Depuis que Jésus, le Prêtre éternel, est venu dans le monde, elle est couverte d'églises. Au reste le Très-Haut n'habite pas dans des temples faits par la main des hommes. (Acн. 7. 48.) Il est, à la vérité, présent dans toutes les parties de l'univers : il y est par son essence, sa puissance et sa connaissance. C'est une vérité de foi. Il n'y a pas un seul endroit, pas un coin de l'espace, qu'il ne remplisse de son immensité. Il n'y a pas un seul être créé auquel il ne soit intimement uni. Dieu est au fond de toutes choses et c'est nécessaire pour la conservation des créatures. S'il se retirait de la moitié du monde, cette moitié en se séparant de lui, disparaîtrait à l'instant et rentrerait dans le néant.

Non seulement il est présent dans la nature, mais il y parle et ne cesse jamais d'y opérer. « Toutes les choses qui s'y trouvent sont des effets de sa libéralité, des ouvrages de sa Providence, des rayons de sa bonté, des témoignages de sa miséricorde, des effets de sa charité et des bouches qui publient sa magnificence. Considérez combien Dieu vous envoie de prédicateurs, pour vous donner le moyen de le connaître. « Toutes les choses qui sont sur la terre ou dans le ciel, dit S. Augustin, ne cessent point de m'exhorter, Seigneur, à Vous aimer. » *(Confess.* L. 10. Chap. 9.) Elles tiennent à tous le même langage, afin que personne ne se puisse légitimement excuser de satisfaire à un si juste devoir. » (LOUIS DE GRENADE. *Guide.* 30.)

Dieu se cache dans le monde, mais non si complètement qu'on ne puisse l'y découvrir. Il faut dire plutôt qu'il s'y montre à demi, car, les ouvrages de ses mains ne sont que des voiles, diaphanes pour les uns, opaques et obscurs pour les autres. Leur beauté est un reflet de la sienne ; leur éclat un rayon de sa splendeur ; leurs qualités, des ombres de sa perfection infinie. C'est lui qui nous attire par les charmes qu'il leur prête. « Il n'est pas loin de chacun de nous, car c'est en lui, dit l'Apôtre que nous avons la vie, le mouvement et l'être. » (*Act.* 17. 22. 28.) Il nous enveloppe de toutes parts, nous pénètre de sa présence, et néanmoins, nous sommes réduits à le chercher avec la main et à tâtons (*Act.* 17. 27), comme un aveugle cherche un objet qu'il a perdu.

Et que de fois la Divinité s'est revêtue d'une forme sensible, pour se manifester aux hommes! Sans parler de ses visites fréquentes et familières dans l'Éden, au temps de l'innocence, il lui a plu d'entretenir, avec l'élite de ses sujets, des relations presqu'ininterrompues. Les Livres de l'Ancien Testament, ne sont-ils pas remplis du merveilleux récit des théophanies? Et l'Évangile est-il autre chose que l'histoire de l'Emmanuel, ou du Dieu demeurant avec nous?

L'enfant ne sait point, si l'on ne le lui apprend, qu'il est dans le temple de Dieu. Même après qu'on le lui a démontré il l'oublie très vite. Il lève les yeux vers le ciel et, dans ces magnifiques draperies d'azur où sont racontées les gloires du Créateur, il ne découvre rien qu'un spectacle créé pour le plaisir des yeux. La nature est pour lui toute remplie de mystères. Si un rayon d'en haut descendait dans son âme, il comprendrait que ce vaste édifice de l'univers n'est pas destiné exclusivement à l'homme, mais qu'il est fait avant tout pour célébrer les grandeurs de Dieu et, avec le Prophète, il s'écrierait dans son admiration : « qu'elle est grande la maison du Seigneur ! » (Baruch. 3. 24.) Il entendrait le langage des créatures, les harmonies de la terre, les chants de la mer et de ses grandes eaux, la symphonie des brises et des autans et toute la musique de la nature, comme l'appelle Orphée. Il verrait, dans les hymnes de l'alouette qui monte et va se perdre dans les nues, et dans les trilles du rossignol, qui tressaille ou qui pleure, la nuit, dans la feuillée, des invocations à Celui qui, aux petits des oiseaux donne la pâture. (*Ps.* 146. 9.)

Les âmes les plus unies à Dieu avaient l'intelligence de ces choses. S. Meinrad, qui s'était retiré dans la solitude d'une forêt, pour s'appliquer uniquement au service du Seigneur, sortait, au printemps, de sa cabane « pour admirer la puissance de Dieu dans le réveil de la nature ! Avec quel bonheur il unissait ses actions de grâces à l'hymne que chaque créature chante toujours, mais plus joyeuse en ce temps, à son Créateur. Quand les roches grises du Mythen et les glaciers du Glarnisch commençaient à s'illuminer des premiers rayons du soleil, quand les feuilles humides frissonnaient sous l'haleine du matin, la voix du solitaire s'élevait grave et sainte dans le silence ; aussitôt lui répondait le merle caché dans les sapins, le pinson perché sur la cime des hêtres, le rouge-gorge se balançant sur la branche du mélèze, et pendant que ce pur concert s'élevait vers le ciel, chaque plante offrait ses parfums, la forêt encensait Dieu de ses vapeurs embaumées. » (*Les petits Bollandistes. Vie des Saints.*)

On a dit que les êtres, même privés de raison, ont un vague sentiment de la présence de Dieu. Il est de fait que tous révèlent quelqu'un de ses attributs. Leur existence seule est, pour Dieu qui les a créés, un continuel cantique de louanges, et pour l'homme qui en use, un moyen qui le porte à la reconnaissance envers son bienfaiteur. C'est pour cela que les enfants de la fournaise, si visiblement protégés par Dieu, invitaient à le bénir, toutes les créatures au ciel et sur la terre. (Daniel. 3.57.) « Ouvrages du Seigneur, bénissez le Seigneur : louez-le et relevez sa souveraine grandeur dans tous les siècles. Anges du Seigneur, bénissez-le. Eaux, bénissez-le. Puissances et vertus, soleil et lune, étoiles du firmament, pluies et rosées, vent, feu, chaleur et froid, glace et neige, nuit et jour, lumières et ténèbres, éclairs et nuages, bénissez-le. Que la terre le bénisse avec ses montagnes, ses plantes, ses fontaines, ses mers et ses poissons, ses oiseaux et ses animaux ; que tous enfin le louent et le bénissent. »

C'est ainsi que tous les éléments semblent se concerter, pour emplir du bruit de leurs acclamations le grand temple de la nature.

Il est bien juste que l'enfant apprenne, dès ses premières années, à entrer dans ce concert et à en prendre la direction. Mais il faut au préalable, qu'il connaisse la vraie destination du lieu où il passe, et la nature du Dieu qu'il est appelé à glorifier. C'est par l'étude, la réflexion et la prière dit, Richard de saint Victor, qu'il arrivera à acquérir cette science fondamentale.

CHAPITRE III

L'enfant dans la société.

1. TRIPLE SOCIÉTÉ.

L'homme n'est pas fait pour vivre dans l'isolement. Seul il ne pourrait subsister. Il est trop indigent pour se suffire, trop faible pour se passer d'appui. Il ressemble à ces végétaux sans vigueur qui s'attachent au tronc des grands arbres, ou s'enracinent dans les vieux murs, parce qu'ils n'ont pas assez de consistance pour s'élever d'eux-mêmes et se soutenir au-dessus du sol. L'homme cherche instinctivement à se rapprocher de ses semblables. Sa nature et ses goûts, autant que ses besoins, le portent à s'allier avec eux.

Dieu l'a voulu ainsi. Il n'est pas bon, dit-il, que l'homme soit seul. Seul, il n'entrerait pas dans l'existence, puisqu'il doit son origine à l'état social. Seul, il ne répondrait point aux vues de Celui qui l'a créé à son image. Car Dieu est, dans l'ineffable mystère de la Trinité, le type de toute société.

La naissance l'a par ailleurs fixé au sein d'une famille qui, en l'élevant, lui a imprimé sa forme et lui a laissé le goût de sa propre organisation. Il est fait à cette chaude atmosphère du groupe familial, qui est devenue pour lui presque une nécessité. Un changement radical dans le régime de ses premières années serait difficilement accepté. On ne renonce pas à des habitudes contractées depuis longtemps, sans s'imposer de rudes sacrifices et sans éprouver des regrets. C'est pourquoi « l'on dit d'ordinaire : le jeune homme suit sa première voie; dans sa vieillesse même il ne la quittera point. » *(Prov. 22. 6.)*

« Quoique l'esprit de division se soit mêlé bien avant dans le genre humain, dit Bossuet, il ne laisse pas de se conserver au fond de nos cœurs un principe de correspondance et de société mutuelle, qui nous rend ordinairement assez tendres, je ne dis pas seulement à la première sensibilité de la compassion, mais encore aux premières impressions de l'amitié. De là naît ce plaisir si doux de la conversation, qui nous fait entrer comme pas à pas dans l'âme les uns des autres. Le cœur s'échauffe, se dilate; on dit souvent plus qu'on ne veut, si l'on ne se retient avec soin; et c'est peut-être pour cette raison que le Sage dit quelque part, si je ne me trompe, que la conversation enivre, parce qu'elle pousse au dehors le secret de l'âme, par une certaine chaleur, et presque sans qu'on y pense. Par là nous pouvons comprendre que cette puissance divine, qui a comme partagé la nature humaine en tant de particuliers, ne nous a pas tellement détachés les uns des autres, qu'il en reste toujours dans nos cœurs un lien secret, et un certain esprit de retour pour nous rejoindre. C'est pourquoi nous avons presque tous cela de commun que, non seulement la douleur qui était faible et impuissante demande naturellement du soutien, mais la joie qui, abondante en ses propres biens, semble se contenter d'elle-même, cherche le sein d'un ami pour s'y répandre, sans quoi elle est imparfaite et assez souvent insipide ; tant il est vrai, dit S. Augustin, que rien n'est plaisant à l'homme, s'il ne le goûte avec quelqu'autre homme dont la société lui plaît : *Nihil est homini amicum sine homine amico.* » (BOSSUET. IV. 347.)

La société est une réunion d'êtres intelligents, liés par la nature et le sang, comme dans la famille, ou par la communauté des intérêts, des droits et des devoirs, comme dans la nation ; ou enfin par les liens surnaturels de la grâce et de l'adoption divine, comme dans l'Église.

Dieu est évidemment le premier et le plus ferme soutien des créatures. C'est avec lui que l'homme était uni à l'origine. Les Livres Saints nous montrent, dans cette union, qui existait au temps de l'innocence, le modèle des alliances qui ont été contractées dans la suite. Rien de plus beau que cette société, la première qu'on rencontre sur la terre, c'est Dieu qui l'a établie ; c'est sa grâce qui en forme le lien. On peut dire qu'elle est le modèle de toutes les autres sociétés. C'est elle, d'ailleurs, qui assure leur stabilité.

Attaché tout d'abord à Dieu, son principe et sa fin, Adam s'attacha ensuite à la femme qui lui fut donnée pour compagne et pour aide. Dès lors une nouvelle société prit naissance, à laquelle il fut dit : (*Genès.* 1. 28.) « Croissez et multipliez-vous, remplissez la terre et vous l'assujettissez. » Telle est l'origine de la famille. C'est Dieu qui l'a établie et les œuvres de Dieu sont parfaites.

Le groupement des familles a amené la création des cités, et celles-ci, en s'étendant par les colonies et en s'appropriant une même région, ont formé les états et les nations particulières.

Cependant le péché, en séparant l'homme de Dieu, a altéré tous les rapports des hommes entre eux. Toutes les sociétés, domestiques, civiles et politiques ont subi le contre-coup de la rupture.

Elles ont continué de subsister, mais en dégénérant et en perdant beaucoup de leur première dignité. Les liens se sont relâchés, et le trouble a commencé à jeter le désordre dans tous les organismes. La paix a fui loin des familles, parce que la tyrannie du père s'y est installée avec l'esclavage de la mère et des enfants. L'institution divine a été dénaturée par la polygamie et le divorce.

Les nations, à leur tour, se sont divisées et insurgées les unes contre les autres, au point de transformer la terre en un vaste champ de bataille, tant il est vrai que la paix du monde dépend de l'union des hommes avec le Créateur. On ne peut se séparer de Dieu, sans s'isoler et sans être comme étranger au milieu des créatures qui lui appartiennent.

Le Verbe incarné est descendu du ciel pour restaurer toutes choses. Dans sa sagesse infinie, il a commencé par porter le remède à la source du mal. Le péché s'élevant, comme un mur de division entre le Créateur et la créature, il s'est appliqué tout d'abord à le détruire, ce fut là l'une des fins principales de son entrée dans le monde. C'est pour réaliser cette grande œuvre de destruction qu'il a entrepris tant de travaux et qu'il s'est résigné à subir tant d'humiliations et de souffrances. C'est ainsi que l'alliance, contractée à l'origine, a été rétablie au milieu des temps.

En second lieu, il a réorganisé la société domestique. Il lui a rendu son unité altérée par la polygamie et son indissolubilité détruite par le divorce. Il a élevé cette institution divine jusqu'à l'ordre surnaturel. « Elle était un simple contrat, il en fit un sacrement, c'est-à-dire, une partie essentielle de la religion ; il alla prendre, dans le sang du Calvaire, une grâce de choix qu'il déposa, comme une sainte parure, sur le front des époux, et plus encore comme une force sanctifiante dans leur cœur. Dès lors leur union n'a plus rien de banal, car elle est exclusive de toute autre ; plus rien l'éphémère, car elle est indissoluble ; plus rien de profane, car elle est consacrée ; et l'amour humain lui-même, cette chose exquise sans doute, mais si fragile, ne craindra plus les ruines du temps, car il est tout imprégné de l'amour éternel.

A cette première grâce Jésus-Christ en ajoute une seconde, en s'offrant lui-même comme modèle aux époux. Le mystique mariage qu'il a contracté sur la Croix avec l'Église, et qui se poursuit à travers les siècles, indissoluble, immaculé, toujours fécond, mais toujours douloureux, voilà désormais l'idéal du mariage chrétien. A ceux qui entrent dans cet état Jésus dit : voyez comme j'ai aimé l'Église mon épouse ; je me suis dévoué pour elle jusqu'à la mort ; pour elle encore je m'immole tous les jours, et la vertu de mon sang ne cesse de circuler en elle et de la vivifier. Je n'ai rien qui ne lui appartienne lui ayant tout donné, mon nom, mes mérites, mes sacrements et ma Personne. Enfin je l'assiste de mon Esprit et je la gouverne jusqu'à la consommation des siècles. — Voyez aussi comme elle répond à mon amour : toute son occupation est de m'imiter, toute son ambition de me ressembler ; elle multiplie à ma gloire les actes de vertu ; elle me loue, elle me chante, elle m'honore, elle m'obéit, et sa fidélité n'a pas une tache, comme son visage n'a pas une ride ; elle porte mon nom dans le monde entier et m'enfante d'innombrables générations aux prix de ses labeurs, de ses souffrances et de son sang. Faites de même ! Tel est le type divin du mariage. Il est incomparable.» (L'abbé J. M. BUATHIER. *Le Sacrifice.* p. 372.)

Jésus-Christ a fait plus encore, il a passé la plus grande partie de sa vie terrestre à Nazareth, dans une famille qu'il a élevée à la plus haute perfection, et destinée à servir de modèle à toutes les autres.

Enfin il a reconstitué la société universelle, ou plutôt il lui en a substitué une autre, à laquelle il a légué tout ce qu'il avait et qu'il a voulu sanctifier par la réalité et la perpétuité de sa présence. Et l'Église catholique est ouverte à toutes les nations. Les races les plus opposées viennent y fraterniser et s'y confondre dans une seule et même communauté.

A cette triple société domestique, civile et religieuse, le Christ a donné une même loi et un même Esprit. Cet Esprit est celui qui fait l'éternelle société des trois Personnes divines et qui cimente toutes les unions saintes et durables parmi les hommes. Cette loi, c'est la charité, qui lie et qui soude ensemble tous les membres du corps social. L'enfant, né pour vivre avec ses semblables, n'est pas libre de disposer entièrement de lui-même. Il appartient à ce triple système de gouvernement qui vient d'être indiqué. Dieu et l'Église le réclament aussi bien que la famille et la nation. Il a une place à prendre parmi ceux de sa race. Il a un ministère à remplir, une contribution personnelle à payer : en même temps il a besoin d'amasser pour lui-même. Il faut qu'il recueille avant de répandre, qu'il moissonne avant de semer.

C'est ici surtout que la Providence vient à son secours en lui donnant, dans l'usage de la parole, un moyen aussi facile qu'efficace d'atteindre ce double but.

La parole est, par sa nature et dans l'intention du Créateur, l'expression de la vérité et le véhicule de la lumière. Or, elle ne cesse jamais de circuler : elle passe dans tous les rangs, depuis les plus élevés jusqu'aux plus infimes. L'enfant lui emprunte tous les jours. Il écoute plus qu'il ne parle. Il croit ce qu'on lui dit. Il a la foi : une foi crédule, naïve, aveugle, une foi humaine. C'est ainsi qu'il acquiert quelques notions, plus ou moins précises, qui deviennent la base de ses connaissances rationnelles. « L'enfant, écrit Charles Sainte-Foi, a besoin de tout apprendre, car l'homme est un être social, et se distingue de l'animal en ce que celui-ci n'a besoin de personne pour apprendre ce qu'il doit savoir, tandis que l'homme ne saurait rien si on ne lui apprenait à parler, et si l'humble docilité et la sainte obscurité de la foi n'avaient précédé le noble orgueil et les belles splendeurs de la science. L'enfance, c'est l'âge de la mémoire et de l'imagination ; le temps de la réceptivité aussi bien pour l'âme que pour le corps. Les fibres de celui-ci sont encore molles et tendres. Le système osseux a peu de consistance, et le cerveau est une substance sur laquelle les impressions se gravent aussi facilement que l'image du cachet s'imprime sur une cire liquéfiante. » On ne saurait prendre trop de soins pour profiter de circonstances aussi favorables à la culture morale. Le langage est un des moyens les plus efficaces. Il sert singulièrement au développement de la raison. Chaque parole qui tombe dans l'esprit y produit l'effet d'un éclair. Elle élargit les horizons de la pensée et fournit un aliment à l'activité intellectuelle.

2. AVANTAGES DE LA SOCIÉTÉ.

Les espèces végétales ont besoin, pour prospérer, de certaines conditions atmosphériques. L'air ne leur suffit pas toujours : elles réclament tantôt la lumière et la chaleur, tantôt la pluie et la rosée. C'est pour cela que les cercles polaires, toujours enfermés dans des barrières de glace, restent perpétuellement stériles, tandis que les régions équatoriales, où les feux du jour alternent avec la rosée des nuits, présentent partout à la fois, une luxuriante végétation.

Il y a aussi pour les hommes, des milieux favorables à leur perfectionnement moral, comme il y en a qui leur sont nuisibles. La nature humaine, au moins dans le début, veut être stimulée par des êtres intelligents. Elle ne saurait s'épanouir au désert. Il lui faut le mouvement et l'action et les multiples influences du corps social.

« L'animal naît parfait, et n'a rien à apprendre, pour sa conservation, des animaux de son espèce ; l'homme naît perfectible et a tout à recevoir de la société de ses semblables, car il ne peut se conserver au physique ni au moral, que dans sa perfection relative ; et de même que le gland périt s'il ne devient chêne, l'enfant périt s'il ne devient homme. » (De Bonald. *Démonstrat. philosoph.* p. 46.)

La société est composée d'êtres spirituels. Chaque esprit a sa manière de penser et d'agir. Il a ses idées qui s'extériorisent dans le langage et qui, par la parole, se répandent comme un fluide vivifiant, pour former l'atmosphère morale dans laquelle les âmes se nourrissent.

On a beaucoup discuté sur la nature des corps, sans pouvoir résoudre les problèmes qui s'y rattachent. Ce que l'on a constaté, c'est leur action réciproque, c'est l'influence qu'ils exercent les uns sur les autres. Il se dégage de leur être quelque chose qu'il est malaisé de définir : c'est comme une vapeur subtile, comme une force imperceptible, comme une irradiation qui s'étend et va frapper les corps d'alentour ; c'est une véritable manifestation. La fleur envoie au loin son parfum, comme l'étoile sa lumière, comme le feu sa chaleur.

Les corps agissent et réagissent les uns sur les autres, ils rendent témoignage à la vérité, en annonçant leur présence. Ils ont, pour ainsi dire, une voix et cette voix est si juste, si constante, si invariable, qu'il suffit d'en saisir une fois les accents, pour être renseigné sur leur nature et leurs propriétés. C'est là-dessus que sont basées les sciences naturelles.

Les esprits sont bien autrement remarquables. Ce ne sont pas de simples similitudes de la cause créatrice : ils participent à la fois à sa réalité et à sa vitalité. Ce sont de merveilleuses imitations ou plutôt des images animées de l'intelligence qui les a produites. Imparfaites d'abord et incomplètes, elles cherchent instinctivement à se perfectionner : elles aspirent à remonter à leur principe, à ressembler à leur modèle. De là, ce désir insatiable de la vérité absolue quand elle est absente, et cette joie intime et profonde de la vérité acquise et possédée.

Les âmes acquièrent plus ou moins d'énergie, selon leur genre d'alimentation ; si elles ne recevaient jamais que la vérité, elles seraient saines et robustes. Le contraire a lieu quand elles se repaissent d'illusions et de mensonges ; elles s'affaiblissent alors et contractent des infirmités précoces. De là, le devoir des parents et en général de tous les éducateurs, de veiller sur les fréquentations des enfants et de les éloigner avec soin des cercles dans lesquels la vérité n'est pas respectée.

Le commerce des hommes offre assurément des dangers. Nous en parlerons bientôt. D'autre part, il présente des avantages incontestables. Chaque être intelligent est comme un astre entouré de ses satellites.

Il porte en lui un foyer de lumière qu'il lui est impossible de dissimuler entièrement. Sa clarté peut bien s'obscurcir par moments et se perdre dans les nuages dont on l'enveloppe, tôt ou tard elle perce les voiles et se répand sur tous ceux qui l'entourent. Tout homme a ses jours et ses heures d'illumination. Les uns donnent avec abondance, les autres avec parcimonie et chacun reçoit dans la mesure de ses capacités. Il se fait ainsi une communication permanente et vraiment prodigieuse d'idées et d'opinions qui deviennent le partage de la multitude. Les esprits éclairés ne perdent rien à jeter au vent la bonne semence de la vérité; les indigents, qui se bornent à glaner, ne tardent pas à s'enrichir à leur tour.

« Nous n'apportons, en venant au monde, aucune notion de vérité dans notre esprit, mais seulement des facultés pour recevoir et cultiver toutes les vérités qui nous seront offertes.

La société du genre humain, à laquelle nous nous mêlons bientôt, nous offre de toutes parts le trésor des vérités, des idées, des connaissances qu'elle recèle. Nous les aspirons avec une merveilleuse facilité, nous les assimilons à notre intelligence toute prédisposée à les recevoir; et, par le travail que nous leur faisons subir à notre tour, nous les fécondons, et nous en versons les nouveaux fruits autour de nous avec plus ou moins d'abondance.

Mais ce travail de fécondation n'aurait pas lieu si, préalablement, la société ne nous avait fourni l'élément premier de la vérité, que nous n'aurions jamais pu trouver en nous-mêmes. Nous n'avons pas la puissance de *produire* de notre propre fonds la vérité, mais seulement, si j'ose ainsi dire, de la faire *provigner* dans notre esprit. Les plus grands génies, ceux qui ont enrichi le domaine de la vérité sur la terre, — Newton, — Bossuet, — Pascal, — n'avaient pas une idée dans leur vaste esprit qui, de près ou de loin, ne provînt de leur association au genre humain ; je dis plus : leur vigoureuse fécondité tenait beaucoup, peut-être, à mille circonstances du temps et de la position où ils ont vécu ; si bien qu'isolés de ces circonstances, ils n'auraient pas produit des œuvres aussi marquantes, comme, privés de tout contact avec le genre humain, ils n'auraient rien produit, et fussent restés avec le vide naturel de leurs grandes facultés vierges. » (A. Nicolas. *Études philosophiques*. T. 1. p. 148.)

Les agents de la nature inférieure n'agissent directement que sur les organes ; les impressions qu'ils produisent ne laissent dans l'esprit que des images et des sensations ; l'homme va droit à l'âme. Il y a, dans les modulations de sa voix, comme dans le feu de son regard et dans toute sa physionomie, quelque chose qui s'adresse à l'entendement et qui contribue à le développer. Tous les jours et presque à toute heure, il se fait des révélations qui élargissent la sphère de l'intelligence et qui étendent l'horizon de la pensée. Les connaissances s'accroissent ainsi perpétuellement. Elles s'accroissent par le sens de l'ouïe qui perçoit et qui sait interpréter toute la gamme des sons articulés ; elles s'accroissent plus encore par le sens de la vue, qui saisit la pensée et tous les sentiments de l'âme dans le jeu de la physionomie. Car si la substance de l'esprit humain est invisible, il n'en est pas de même des modifications qu'il subit dans ses opérations internes. Celles-ci passent dans le vêtement de chair qui l'enveloppe. Le corps ne cache pas autrement l'esprit qui l'anime, que le nuage qui s'étend à l'horizon, ne cache le lever du soleil. Comme l'aiguille qui marche sur le cadran d'une montre indique le mouvement de ses rouages et de son ressort, ainsi la mobilité des traits, les gestes, la démarche, les allées et les venues dénotent le travail de la puissance occulte qui en est le principe. Toutes les passions les plus douces comme les plus violentes, les plus nobles comme les plus grossières, passent rapidement du dedans au dehors, en sorte qu'il suffit d'ouvrir les yeux et de considérer avec quelqu'attention le tableau vivant de la société, pour descendre dans les abîmes du cœur humain et pour comprendre ce dont il est capable. L'homme a beau s'observer lui-même, il ne parvient pas à se connaître — on ne voit pas bien ce qui est trop près des yeux — il lui faut la présence de ses semblables, pour lui servir de miroir et lui permettre d'analyser les mystères de sa nature.

Un autre avantage, et non des moindres, résulte encore du commerce avec le monde; on y rencontre des occasions nombreuses de développer ses facultés morales. « Le penchant de la sociabilité a quelque chose d'éminemment moral, il met en mouvement plusieurs facultés précieuses; il ouvre l'âme et fait épanouir plusieurs sentiments honorables. Avons-nous jamais bien remarqué ce qui se passe en nous, lorsque nous nous trouvons jetés au milieu d'une grande réunion d'hommes, particulièrement lorsque cette réunion renferme des personnes de conditions différentes, et qui n'ont, avec nous, aucun point de contact qui puisse donner lieu à la collision des intérêts?» Il y a, dans ce que nous éprouvons, une impression vague, mais profonde, qui apprend à chacun de nous à se reconnaître comme un membre de l'humanité, et qui lui fait trouver, dans ce titre, quelque chose de noble, de touchant, de solennel. C'est une impression du même genre que celle que l'on ressent en se voyant au milieu de sa famille; elle est moins vive, mais elle a plus d'étendue. Alors tout ce qui intéresse la dignité de notre nature se fait mieux comprendre et sentir; on se sent fortifié par cette grande et vaste alliance; les émotions généreuses prennent un ascendant plus rapide et plus sûr. Si, dans l'un de ces jours, que nos institutions sociales, par une disposition aussi sage que bienfaisante, ont consacrés à un repos général, vous vous mêlez inconnu au milieu de la foule, dans les promenades publiques, confondu avec ces bonnes gens, aspirant le même air, contemplant le même ciel, comme vous participez à la même nature et à la même destination! Votre cœur, ne semble-t-il pas se dilater? Ne goûte-t-il pas un certain bien-être? Ne s'ouvre-t-il pas à des dispositions douces et sereines? Si ce paisible cortège se déploie au milieu des scènes augustes et simples de la nature, s'il se dirige vers quelque monument grave et majestueux des arts de la civilisation, s'il entoure les statues des grands hommes, s'il pénètre dans un temple, si, en un mot, quelque pensée morale ou religieuse vient encore planer sur cette assemblée, les émotions que cette pensée eût produites dans votre âme ne prennent-elles pas un nouveau caractère de force et d'élégance? Telle serait l'influence naturelle que nous retirerions constamment du commerce général de la société humaine, si elle n'était altérée par les dispositions hostiles qui naissent de nos rivalités, du désir secret que nous avons de subjuguer ou d'envahir.» (DEGERANDO. *Du perfectionnement moral.* T. 2. p. 230.)

Dans cette multitude d'êtres qui ont chacun leurs idées, leurs préventions, leur caractère, leurs qualités et leurs défauts, leurs aspirations et leurs répugnances, leurs convictions et leurs passions, on ne peut se mouvoir sans rencontrer à tout instant des barrières et des obstacles de tout genre. On ne jouit de la paix qu'au prix de beaucoup de sacrifices. On est contraint de se faire violence à soi-même, de se renoncer, de modifier ses goûts, de subir bien des contradictions, de se rendre souple, flexible, condescendant, sous peine de se heurter à des oppositions et de rompre l'harmonie. C'est dans ce travail que s'accomplit la formation de l'homme.

3. VERTUS SOCIALES.

La société humaine est faite sur le plan d'un édifice, où les pierres sont taillées et façonnées de manière à s'adapter les unes aux autres et à ne laisser aucun vide. Les hommes, pierres vivantes selon l'expression du Prince des Apôtres, sont ainsi dans l'édifice moral. La nature fait d'un côté ce que l'art opère de l'autre. Elle distribue inégalement ses dons. Elle forme des caractères différents. Les uns ont plus de force physique ou plus de ressources temporelles; les autres l'emportent par l'intelligence, le talent, le génie; d'autres brillent davantage par le cœur, le sentiment, le caractère. En sorte que ce qui manque d'un côté est surabondamment compensé de l'autre.

C'est cette inégalité qui crée les rapports entre tous. Les hommes sont faits les uns pour les autres, comme les membres d'un même corps. Les riches sont pour les pauvres et les pauvres pour les riches; c'est la loi de Dieu, que chacun prenne soin de son prochain. (*Eccl.* 17. 12.) *Mandavit illis unicuique de proximo suo.*

Après cela tous sont pétris de la même substance, ils ont la même habitation, une origine commune et une même fin, et le don de la parole, pour communiquer ensemble et mettre toutes les pensées et les volontés à l'unisson. C'est ainsi que tout concourt à établir la fraternité.

Pour entrer dans le corps social et pour répondre aux exigences de la position qu'il doit y occuper, il convient que l'enfant se soumette à une formation préalable. La famille et l'école ont commencé. L'œuvre n'est pas finie, elle a besoin de se compléter par le commerce avec le monde et par l'observation attentive des usages établis et des modes qui s'imposent.

L'instruction ne suffit pas, l'habileté, les talents, les aptitudes, le génie même ne donnent pas toujours ce qui est requis pour servir les intérêts de la communauté et pour entretenir de bons rapports entre ses différents membres. La vertu elle-même doit souvent se contraindre, pour se plier à tous les caractères et pour s'accommoder aux circonstances variables des temps et des lieux. On peut être doué de qualités éminentes et avec cela être un sujet de trouble et de division pour autrui. « Avec de la vertu, de la capacité et une bonne conduite, dit La Bruyère, on peut être insupportable. Les manières que l'on néglige comme de petites choses, sont souvent ce qui fait que les hommes décident de vous en bien ou en mal. » Ce n'est pas la vigueur de l'esprit qui soude ensemble les éléments du corps social, c'est la bonté du cœur. L'éclat trop vif de la lumière fait qu'on détourne les yeux et qu'on s'éloigne, la modestie et les manières affables ne manquent jamais de charmer.

Il est une science justement appréciée et qui rehausse singulièrement le mérite de ceux qui la possèdent, c'est celle qui consiste à discerner de suite ce qui convient et ce qui blesse, soit dans le langage, soit dans la conduite. Faute de ce discernement, on tombe à son insu dans une quantité de travers qui rendent ridicule ou méprisable.

La bienséance a ses lois qui s'apprennent par l'usage et par l'observation ; lois assez compliquées, parce qu'elles varient avec les rangs, les classes, les personnes et les régions. Il faut souvent beaucoup de tact et de goût pour savoir en faire une juste application. Néanmoins c'est en s'y conformant qu'on réussit le plus sûrement à plaire. Le monde veut qu'on les connaisse et qu'on les suive ; il pardonne facilement beaucoup d'erreurs et beaucoup de faiblesses, il ne pardonne pas les procédés incivils. Manquer de bienséance auprès de certaines personnes haut placées, c'est les injurier. Au reste, tout homme, fût-il dans la dernière des conditions, conserve toujours le sentiment de sa dignité personnelle et s'attend à des égards. La susceptibilité est plus commune qu'on ne pense, et ce n'est que par une attention soutenue dans son langage et dans ses manières, qu'on parvient à éviter ce qui blesse.

Tous les vices, en général, sont odieux, cependant on doit remarquer que plusieurs sont de nature à inspirer une plus forte répulsion. L'orgueil, par exemple, est essentiellement antipathique, surtout lorsqu'il se manifeste trop ouvertement au dehors. Un air altier, un regard méprisant, un ton rude, des manières arrogantes, sont les signes certains d'un esprit superficiel et plein de suffisance. La vanité, qui dénote l'indigence de l'âme, ne provoque que la pitié. Ce qui déplaît davantage, c'est la manie de critiquer, de censurer, de blâmer à tout propos. La causticité du langage, l'habitude de tourner tout en raillerie, produit le même effet que la détraction, c'est un ferment de discorde.

Il serait trop long d'énumérer toutes les causes de division qui tendent à affaiblir ou à briser les liens de la vie sociale. Mieux vaut s'étendre sur les moyens à employer pour entretenir la concorde et faire naître les sympathies.

Le premier est sans contredit la charité. Comme la charité incréée est le lien de la société divine des trois Personnes adorables, ainsi la charité créée unit très étroitement les créatures entre elles, en les ramenant toutes et en les rattachant au premier principe de leur être. Voici l'ordre que Dieu a établi, dit Bossuet. (IV. 348.) « Il ordonne que l'amour et la charité s'attachent premièrement à lui, comme au principe de toutes choses ; que de là, elle se répande, par un épanchement général, sur tous les hommes qui sont nos semblables ; et que, lorsque nous entrerons dans des liaisons et des amitiés particulières, nous les fassions dériver de ce principe commun, c'est-à-dire, de lui-même, sans quoi, je ne crains point de vous assurer que jamais vous ne trouverez d'amitié solide, constante, sincère.

Cet ordre de la charité est établi, chrétiens, dans ces deux commandements qui sont, dit le Fils de Dieu, le mystérieux « abrégé de la loi et des prophètes : tu aimeras le Seigneur ton Dieu de tout ton cœur, et tu aimeras ton prochain comme toi-même. » (Luc. 10-27.) Et afin que vous entendiez avec combien de sagesse Jésus-Christ a renfermé, dans ces deux préceptes, toute la justice chrétienne, vous remarquerez, s'il vous plaît, que, pour garder la justice, nous n'avons que deux choses à considérer : premièrement sous qui nous avons à vivre, et ensuite avec qui nous avons à vivre. Nous vivons sous l'empire souverain de Dieu, et nous sommes faits pour lui seul : c'est pourquoi le devoir essentiel de la nature raisonnable, c'est de s'unir saintement à Dieu, par une fidèle dépendance ; mais comme, en vivant ensemble, sous son empire suprême, nous avons aussi à vivre avec nos semblables en paix et en équité, il s'ensuit que l'accessoire et le second bien, que nous ne devons chérir que pour Dieu, mais aussi, qui nous doit être, après Dieu, le plus estimable, c'est notre société mutuelle. Par où vous voyez manifestement qu'en effet toute la justice consiste dans l'observance de ces deux préceptes, conformément à cette parole de notre Sauveur : « Toute la loi et les prophètes dépendent de ces deux-commandements. » *In his duobus mandatis lex pendet et prophetæ.* » (MATTH. 22. 40. — BOSSUET. IV. 348.)

« Que c'est beau et édifiant, écrivait le P. Hausherr, à la comtesse Droste-Vischering, quand une épouse de Notre-Seigneur dès les premiers jours de sa vocation, par sa modestie, sa condescendance, sa complaisance envers tout le monde, par ses prévenances, sa douceur, sa charité et son amabilité dans ses paroles et dans le ton de sa voix, par sa sérénité et l'égalité de son humeur, en un mot par tout son être, fait voir que l'amour de Notre-Seigneur règne en elle, et qu'il l'a entièrement transformée ! » (L. CHASLE. *Sœur Marie du Divin Cœur.* p. 29.)

C'est par beaucoup de vigilance et d'attention sur soi-même, par la pratique constante du renoncement et par des efforts persévérants, qu'on parvient à prévenir les saillies de la nature et par faire disparaître tout ce qu'il y a en elle de défectueux et de rebutant.

Ces moyens mêmes seraient insuffisants si la grâce de Dieu ne venait s'y joindre et leur donner sa divine efficacité. Aussi, c'est parmi les serviteurs de Dieu qu'on rencontre les plus beaux modèles de sociabilité.

La charité perfectionne le cœur humain, elle le dilate en l'échauffant, elle l'élargit et lui donne une vaste capacité, de manière que personne n'en est exclu. Sa puissance effective se fait sentir en haut et en bas et se répand à la fois de tous côtés. La charité rectifie tous les mouvements du cœur, elle élève ses aspirations, elle donne à ses sentiments une exquise délicatesse, et une prompte perception de ce qui est dû à chacun.

De là, le tact, les égards, les prévenances, l'honnêteté, la déférence et ces manières obligeantes qui charment et qui attirent.

Le grand art de se concilier les sympathies, c'est de savoir s'effacer devant le monde. La modestie est toujours aimable. On l'estime avec raison dans toutes les personnes avec lesquelles on entretient des relations; on l'apprécie surtout dans celles qui se distinguent par leurs qualités ou leur mérite. Il y a plus de profit à écouter qu'à parler; c'est pour cela, disait un Sage, que la nature n'a donné à l'homme qu'une langue, tandis qu'elle l'a gratifié de deux oreilles. Mais ce qui est peu convenable et souvent ridicule, c'est de parler souvent de soi, comme si l'on craignait d'être oublié.

Le savoir-vivre est nécessaire pour entretenir l'union qui doit exister entre les hommes. C'est une demi-vertu qui adoucit les aspérités de la nature, qui élimine ce qu'il y a de trop rude dans le caractère et les humeurs, ce qu'il y a d'incorrect ou de choquant dans le langage et dans les manières.

La politesse joue un rôle important dans la société. Elle charme, elle séduit, elle gagne les cœurs; elle est accueillie partout, elle se fait ouvrir toutes les portes et se concilie sans peine tous les caractères; elle trouve accès dans tous les rangs et auprès de toute espèce de personnes. Mais elle ne s'acquiert pas sans travail.

Les livres enseignent la théorie de la civilité, la pratique s'apprend surtout dans l'éducation, et dans le contact avec le monde. Un œil observateur s'aperçoit de suite que la rusticité ne réussit nulle part. Il faut, pour gagner la bienveillance, prendre un soin particulier de son extérieur. Le maintien, l'attitude, le geste, la démarche, ne sont point des choses indifférentes, qu'on puisse négliger impunément, quand il s'agit de se présenter devant le monde. Il est évident qu'on ne peut pas s'astreindre à étudier tous ses mouvements et à composer son visage, à la manière des comédiens. L'afféterie est une sorte de déguisement, qui touche de près à la duplicité.

La politesse ne se borne pas seulement à réformer le dehors. Ce n'est pas un masque destiné à dissimuler l'état réel de l'âme et ses dispositions intimes; elle ne serait plus alors que de l'hypocrisie. Il faut qu'elle entre dans les mœurs et dans les habitudes de la vie. L'esprit et le cœur doivent se soumettre à ses règles. On n'est considéré comme vraiment poli, que lorsqu'on est plein d'égards et de prévenance pour les autres. S'oublier, se renoncer, se mettre même à la gêne, pour obliger les personnes avec lesquelles on est en relations, est le signe non équivoque de la politesse chrétiennement entendue. C'est cette politesse qui contribue le plus efficacement à l'harmonie de la vie sociale.

4. DANGERS DE LA SOCIÉTÉ.

L'Océan reçoit dans ses vastes réservoirs toutes les eaux qui lui sont amenées de l'intérieur des terres : les eaux limpides de la plaine et les eaux bourbeuses de la montagne, les eaux des fleuves paisibles et majestueux et celles des torrents rapides, des lacs et des rivières. Tous ces tributaires vont se confondre dans la masse commune, pour former cette nappe immense qui se tient enfermée dans ses rivages. Ainsi la société humaine ne cesse d'accueillir dans son sein des membres qui lui viennent de tous les côtés. Ces membres ayant chacun leur caractère, y introduisent les éléments les plus disparates : les uns lui apportent des qualités heureuses, les autres ne lui donnent que des défauts. C'est ainsi que le bien et le mal s'y rencontrent. La science y brille à côté de l'ignorance et la vertu à côté du vice. Ce sont partout des contrastes et des oppositions, et par suite des conflits incessants; ce qui fait que le corps social présente un aspect bizarre, qu'on ne retrouve nulle part ailleurs : c'est un ensemble qu'on ne parvient pas à fixer; c'est une physionomie éminemment mobile, où tous les traits s'altèrent insensiblement et changent d'un jour à l'autre.

Deux esprits différents y dominent, l'esprit de vérité et l'esprit de mensonge, et chacun a son parti d'adhérents et de défenseurs. C'est l'Église et le monde : le monde avec sa triple concupiscence et les fruits empoisonnés qui en proviennent, avec les illusions qui l'aveuglent, les passions qui l'égarent, les haines qui le divisent et les crimes qui l'épouvantent; l'Église avec la charité, la paix, et tous les efforts tentés pour amener l'union de tous les esprits dans la même foi et de tous les cœurs dans le même amour. Ce sont deux peuples qui se regardent et ne s'entendent pas; ils vivent ensemble et ne peuvent s'accorder; ils sont toujours en contact l'un avec l'autre et jamais unis, car chaque p... ses lois, ses coutumes et ses mœurs, qui sont entièr... différentes.

C'est la volonté de Dieu que les bons habitent à côté des méchants, les justes au milieu des pécheurs; comme il faut que le bon grain croisse avec l'ivraie et le lys parmi les épines.

L'Église se trouve au milieu du monde qui l'enserre de tous côtés et qui emploie, pour l'asservir et la corrompre, tous les moyens dont il peut disposer. Il fait tous ses efforts pour y faire pénétrer son esprit et y faire adopter ses maximes. Mais l'Église est plus forte que le monde : elle en triomphe, elle le domine; elle est le flambeau qui l'éclaire, elle est le sel qui l'empêche de se corrompre entièrement; elle est la puissance qui lui enlève ses plus zélés partisans, pour les justifier et les conduire à Dieu.

Ainsi, le mélange est un bienfait accordé aux incrédules, puisqu'ils peuvent en profiter pour se convertir. Mais en même temps, c'est un danger pour les fidèles qui sont obligés de subir l'influence malsaine du mauvais exemple. L'histoire de l'humanité prouve combien ce danger est sérieux.

Dans tous les rangs, depuis les plus bas jusqu'aux plus élevés, on rencontre des choses qui répugnent et qu'on ne saurait approuver. Le vice est répandu un peu partout et il est contagieux plus que la vertu. Il n'y a pas de condition, il n'y a pas d'âge qui en soit entièrement préservé. Et quand l'œil cherche un milieu parfaitement salubre où il n'y ait rien à reprendre, il ne le trouve nulle part.

Telle est la société qui se présente à l'enfant au moment où il y fait son entrée et où il commence à y former des liaisons. Elle n'a rien de rassurant en apparence. Si l'on ne la regarde que d'une manière superficielle, on a tout lieu de concevoir certaines appréhensions, et l'âme en ressent une impression pénible. Cependant une observation plus attentive change la nature de cette impression.

La vertu est modeste et n'aime pas à se montrer, au lieu que le vice est bruyant et plein d'ostentation. De là vient le jugement faux que l'on porte sur la condition réelle de l'humanité. « Ne croyez pas, dit S. Augustin, que le nombre des justes soit si peu considérable ; il y en a beaucoup, seulement ils sont cachés sous le nombre encore plus grand des méchants. En jetant les yeux sur l'aire, on pourrait croire qu'il y a plus de paille que de grain. L'œil connaisseur ne s'y trompe pas : qu'ensuite le van sépare ce mélange, et vous allez voir une masse de blé que l'on n'apercevait pas sous la paille. Voulez-vous, dès maintenant, reconnaître ceux qui sont bons, soyez bon vous-même et alors vous les trouverez. »

Une fois en relation avec le dehors, l'enfant est amené à former des liaisons. Un penchant invincible le pousse à s'attacher. Or, s'attacher pour lui, c'est presque toujours se mettre en servitude, c'est subir volontairement une influence victorieuse, c'est se livrer à un courant qui entraîne, on ne sait où, et dont il est parfois bien difficile de s'affranchir.

Les chefs de famille et tous ceux qui en tiennent lieu ne doivent pas l'oublier, il faut qu'ils aient l'œil ouvert et qu'ils veillent de près sur les allées et les venues, sur toutes les démarches, sur toutes les fréquentations, sur toute la conduite de ceux qui sont confiés à leur garde. C'est à eux à les arrêter dès le début et à les diriger dans le choix de la route à suivre et des compagnons de jeux et de travail. A cet âge, qui n'a pas encore assez de discernement et qui manque tout-à-fait d'expérience, les fréquentations ont une extrême importance. Elles peuvent souvent décider de tout l'ensemble de la vie.

L'âme humaine est susceptible de tant de variations, qu'il est nécessaire de faire attention à tout ce qui l'approche, afin d'écarter d'elle les agents nuisibles ou du moins, de neutraliser leur action. Car elle se met en harmonie avec tout ce qui l'entoure et ses dispositions changent avec les circonstances dans lesquelles elle se trouve.

Il est notoire que les premières liaisons ont une grande influence sur tout le cours de la vie. Elles sont bonnes ou mauvaises, rarement indifférentes; si elles n'améliorent pas, presque toujours elles pervertissent.

C'est pour cela que le Saint-Esprit a voulu mettre les hommes en garde contre le danger des mauvaises compagnies. Il loue et déclare bienheureux celui qui n'est pas entré dans l'assemblée des impies, et qui ne s'est pas arrêté sur la route des pécheurs.

Et les Livres Saints sont remplis d'avertissements destinés à la préservation de l'enfance et de la jeunesse. L'enfant qui méprise les conseils de la sagesse et qui croit pouvoir s'exposer impunément au danger, devient tôt ou tard victime de sa folle présomption.

CHAPITRE IV

L'enfant en face de son âme.

1. L'AME HUMAINE.

L'âge de raison trace une ligne de démarcation très réelle entre deux existences différentes. C'est la limite extrême où finit le calme de l'innocence, où commence la lutte entre la chair et l'esprit. A partir de cette époque, le cours de la vie, jusque-là si paisible et si monotone se trouble : il devient capricieux et tourmenté. On sent venir les obstacles. On constate des efforts et des résistances. On en conclut, non sans raison, que dans l'union des deux substances qui constituent la nature mixte de l'homme, il y a bien des antipathies et des oppositions. Elles ne sont que trop réelles.

Pour en découvrir la cause, il est nécessaire de pénétrer dans l'âme et d'en explorer les diverses régions. La lumière y est entrée avec la raison. Bien que sa clarté soit encore faible, comme celle d'un crépuscule matinal, elle suffit pour un premier examen.

La nature aussi bien que la société, est faite pour l'homme. Elle lui offre des biens variés et appropriés à tous les âges comme à toutes les conditions. Elle est pleine de figures qui plaisent, de vérités qui éclairent, de lois qui apprennent à gouverner, et de traits qui moralisent. Mais toutes ces choses ou presque toutes sont enveloppées de voiles obscurs, qui ne permettent pas à un regard superficiel de les reconnaître. Elles restent des mystères. Ce n'est que dans l'âme intelligente et réfléchie que ces mystères s'expliquent.

L'enfant, en bas âge, est témoin de beaucoup de phénomènes qu'il ne comprend pas. Il vit entouré d'énigmes dont il n'a pas le mot. Il a beau promener sa curiosité de toutes parts et jeter des interrogations à tous les objets qu'il rencontre, il ne fait que multiplier les problèmes sans les résoudre. Mais à l'âge de raison, il est capable de se replier sur lui-même; et en réfléchissant, il trouve au dedans de lui, la clef des énigmes. Il cesse alors d'être un étranger dans son domaine.

L'âme qui se connaît est à même de comprendre la nature et ses harmonies. Elle est elle-même un champ d'observation plus élevé, plus étendu et plus merveilleux que le monde matériel. Il y a, entre les deux, certains traits similaires et certains côtés qui les rapprochent; et cela doit être puisque ce sont deux œuvres d'un même artiste, deux copies d'un original unique.

L'âme est aussi un univers. Elle a, comme la terre, ses régions variées et ses produits : plaines immenses où voyage la pensée, déserts arides, abîmes profonds, gouffres ténébreux, plages désolées par les tempêtes, champs féconds et fleuris, contrées heureuses et calmes, pays enchantés et sommets ravissants; tout ce que la terre offre de plus grand et de plus terrible, de plus doux et de plus violent s'y rencontre dans un ordre supérieur.

Ce sont deux créations distinctes placées aux deux extrémités de l'échelle, l'une en bas, l'autre en haut. La première est faite pour le service de la seconde. C'est celle-ci qu'il importe surtout de connaître.

On peut dire de l'âme ce qui a été dit de la nature. C'est un atelier mystérieux où tout est en mouvement, où le travail ne cesse jamais et d'où sortent à tout instant ces produits variés qui s'appellent les actes humains et qui constituent la richesse de la vie ou son fardeau.

C'est aussi une école intérieure où la vérité se manifeste plus nettement que dans les objets matériels. S. Bonaventure enseigne, dans son itinéraire mystique, les six degrés par lesquels on arrive à la connaissance de Dieu, source de toute vérité. L'esprit humain monte les deux premiers en s'appliquant à l'étude de la nature et c'est par la considération attentive de l'âme qu'il s'élève au troisième et au quatrième. La nature, en effet, ne présente que des vestiges de la Divinité, au lieu que l'âme est son image; et cette image est d'autant plus fidèle qu'elle est plus pure et plus riche en vertus.

Mais c'est mieux encore qu'une école, c'est un temple. Elle est ainsi qualifiée dans les Livres Saints. « Avez-vous jamais connu l'intérieur d'une belle âme, d'une âme où Dieu est présent, où Dieu est installé, pour me servir de l'expression d'un Père? (Clem. Alex. Strom.) Avez-vous pénétré la partie la plus intime de ce sanctuaire mystérieux, admiré la délicatesse des travaux qu'y exécute continuellement Celui que les Docteurs appellent le souverain des artistes? Avez-vous suivi la formation, le développement de ces pensées qui s'élèvent vers les cieux comme les colonnes aériennes, de ces sentiments où se jouent, comme dans un cristal pur, les formes variées de la lumière céleste? Avez-vous entendu le battement de ces poitrines si pleines de Dieu, que S. Grégoire de Nazianze ne craint pas de dire qu'elles sont devenues les organes respiratoires de l'Esprit-Saint? Si jamais vous avez été témoins de ces merveilles, je vous le dis en toute vérité, vous avez vu le plus beau temple de Dieu. Aussi, S. Augustin, s'écrie quelque part : où est le temple de Dieu : *quod est templum Dei?* Est-il renfermé par des murs de pierre? A Dieu ne plaise, répond-il avec une sorte d'indignation : *Parietibus includitur? Absit.* — Ce monde est peut-être le temple de Dieu; car il est grand et digne de celui qui l'a fait, mais encore il ne suffit pas à contenir l'immensité de Dieu; où est donc le temple de Dieu? le temple qui contiendra la majesté souveraine? c'est l'âme juste : *Ubi capitur? In animâ justâ.* C'est elle qui porte Dieu : *ipsa illum portat.* » (Mgr LANDRIOT.)

L'âme est un monde qui reste fermé pendant les premières années. Il commence à s'ouvrir à l'âge de raison, mais comme s'ouvrent ces régions polaires que le navigateur distingue à peine dans les brumes d'une atmosphère nébuleuse. Il faut beaucoup d'attention, de travail et d'efforts pour s'y reconnaître. L'enfant, qui fait ses premiers pas dans la vie humaine, en est d'autant moins capable, qu'une longue habitude le retient dans la captivité des sens.

Deux ordres de choses très différentes constituent la richesse de l'âme : d'une part les impressions qui lui viennent du dehors, c'est-à-dire, tout ce qui lui arrive par le canal des sens : ce que l'œil voit, ce que l'oreille entend, tout ce qui affecte les organes corporels, lui est immédiatement transmis. Elle reçoit successivement des impressions variées qui vont reconstruire au dedans d'elle et dans un très-bel ordre ce qui est au dehors. Les choses matérielles se spiritualisent pour reprendre une existence nouvelle plus pure et plus vivante dans la mémoire. Celle-ci saisit ce qui l'entoure, arrête ce qui passe devant elle, fixe ce que le temps voudrait jeter aux fleuves de l'oubli et se l'approprie.

A ce vaste océan d'images et de souvenirs, qui se dilate tous les jours davantage et qui s'agite à tous les souffles de la pensée, l'âme communique quelque chose d'elle-même. Il y a en elle un monde idéal, plus parfait, à certains égards, que le monde réel. Elle le porte avec elle et peut s'y retirer en tout temps. Et de fait, elle vit autant et souvent beaucoup plus dans cet asile intime, qu'au sein des réalités de l'existence terrestre. Parfois elle éprouve l'impérieux besoin de se dérober aux distractions et aux affaires, pour se retrouver elle-même et pour chercher en elle ce que les choses visibles ne peuvent lui donner. Qu'on applique à ces retours de l'esprit, à ces excursions de l'âme tel nom qu'on voudra, qu'on les appelle songes, rêveries ou illusions, elles ont leur place dans la vie de l'humanité : elles sont l'une des causes de ses joies et de ses douleurs et aussi l'une des conditions les plus essentielles à son progrès. C'est principalement dans ces retours sur elle-même, qu'elle prend l'habitude de la réflexion. Elle y acquiert une nouvelle énergie. Elle crée en elle-même un jour plus lumineux et se dispose ainsi à pénétrer dans une sphère encore plus élevée.

L'âme raisonnable possède d'autre part un certain nombre de vérités immuables. C'est comme un fonds commun mis à la disposition des intelligences. Sur elle s'est déployé, en une immense nappe de lumière, un rayon de la face de Dieu comme s'exprime le Psalmiste. *(Ps. 4. 7.)* Elle se joue dans cette clarté céleste ; elle est comme enveloppée dans cette vapeur de la vertu du Très-Haut, qui n'est autre que le réfléchissement de sa Sagesse ; c'est là qu'elle puise les principes de la science, les lois de l'ordre, les règles de la morale, en un mot tout ce qui peut contribuer à son perfectionnement. Elle y entrevoit même l'Infini et dans cet infini sa fin dernière.

Les clartés que l'âme reçoit ainsi sont une révélation naturelle de la vérité. Or, la vérité, en s'identifiant en quelque manière avec la créature raisonnable, l'élève à une haute distinction. Elle lui donne ce jugement sûr, ce dictamen de la conscience, qu'on peut bien étouffer pour un temps, mais qu'on ne parvient jamais à détruire totalement.

Ainsi l'âme peut-être comparée à un miroir à deux faces : tandis que l'une est tournée vers ciel, pour recevoir et pour réfléchir le rayonnement de la Sagesse incréée, l'autre s'incline vers la terre, pour s'approprier les images des choses qui passent.

Telles sont les deux parties du monde intérieur ouvert à l'activité intellectuelle. Il est utile de les explorer. C'est un terrain fécond où sont cachés les germes de la grandeur humaine. Plus on s'éloigne des choses sensibles, où les forces vitales se relâchent et s'affaiblissent en s'éparpillant, plus on est près de cette délicieuse retraite où Dieu convie sa créature bien-aimée, pour se révéler à elle plus distinctement. Tout ce qui aide l'âme à se replier sur elle-même, lui est avantageux. On a remarqué que la solitude qui prévient la dissipation de l'esprit et le malheur qui le rappelle à lui-même mûrissent vite les caractères et les trempent fortement.

L'enfant, qui ne voit que par les yeux du corps, demeure totalement indifférent par rapport à son âme. Elle est devant lui, comme le soleil devant l'aveugle qui devine sa présence sans jouir de son éclat. Toute son attention est tournée vers la nature physique. Il se plaît à la considérer. Il y trouve des jouissances qui varient avec l'âge et qui se multiplient avec les années. Il s'imagine volontiers qu'il y est pour un long temps, dont il ne veut pas prévoir le terme inévitable. La terre est, dans son estimation, sa véritable demeure ; et la grande, presque l'unique occupation de la vie, devrait, d'après lui, consister à l'embellir. Ce n'est qu'à l'âge du discernement, lorsqu'il est capable d'user de ses connaissances, que ses yeux se dessillent et qu'il commence à avoir d'autres sentiments. Et même à cet âge, que peut-il savoir, à moins qu'il n'ait reçu une éducation chrétienne ? Que sait l'homme, en dehors de la révélation, concernant la partie principale de son être ? Eclairé sur beaucoup d'autres points, il n'a d'ordinaire sur celui-là que des notions plus ou moins vagues. Il ne doute pas à la vérité de l'existence de son âme. Comment en douterait-il quand il constate chaque jour et à tout instant les preuves de cette existence. Ses pensées, ses raisonnements, ses hésitations, ses désirs et ses affections, en un mot toutes ses opérations internes sont des faits réels, évidents, indiscutables. Il en conclut logiquement que leur principe ne peut être qu'une substance immatérielle, unique, identique, intelligente et libre, en d'autres termes une âme humaine.

L'enfant de sept ans la connaît à peine. Son intelligence n'est ni assez ouverte pour recevoir toute la vérité, ni assez puissante pour se replier aisément sur elle-même. Sa raison qui commence, qui n'avance qu'en chancelant, va se heurter de toutes parts à d'insurmontables difficultés. Elle n'a pas en elle des moyens suffisants pour aborder tous les problèmes qui se rencontrent sur ce terrain et sa foi n'est pas assez éclairée pour les résoudre.

Néanmoins c'est cette substance spirituelle qui demande la plus large part de son attention et de ses soins. Il ne doit pas s'y arrêter indéfiniment, puisqu'elle n'est pas le terme de la vie, mais simplement l'un des degrés qui y mènent. Qu'il s'efforce d'y pénétrer, de l'étudier et de la connaître, il aura gagné beaucoup.

La connaissance de l'âme est l'une des plus intéressantes et des plus avantageuses. Elle surpasse éminemment toutes les autres connaissances naturelles. Les anciens la regardaient comme la plus utile des sciences. On y rencontre, il est vrai, de grandes difficultés. Elle exige un travail mental qui paraît toujours aride au jeune âge et qui répugne au plus grand nombre. Il s'agit en effet de réunir au dedans de soi les forces vitales qui aiment à se répandre au dehors. Il s'agit d'arrêter la mobilité de l'esprit, de fixer ses pensées fugitives, de concentrer sur un point qui ne tombe pas sous les sens, tous les efforts de l'entendement, comme on concentre les rayons solaires au moyen d'une lentille bi-convexe, afin d'obtenir une plus grande somme de lumière et de chaleur. Cette opération intellectuelle, qui n'est autre que la réflexion, est la véritable clef de la science psychologique.

« L'âme humaine, dit S. Grégoire le Grand (*Moral.* 161), expulsée, par la faute du premier homme, des joies du paradis, a perdu la vue des choses invisibles et elle est demeurée assujettie aux impressions des sens, et elle est d'autant plus aveugle qu'elle se répand davantage au dehors. Il en résulte qu'elle ne connaît que ce que les sens lui apportent, ce qu'elle va palper, pour ainsi dire, avec les yeux du corps. Car l'homme, qui devait être spirituel jusque dans sa chair, s'il avait voulu observer le commandement de Dieu, est devenu, par le péché, charnel même dans son esprit, de manière qu'il ne voit plus que les images des corps qui occupent sa pensée : le ciel, la terre, les eaux, les animaux, toutes les choses visibles, voilà ce qu'il a sans cesse devant les yeux. Et pendant que son esprit s'égare avec plaisir sur ces objets, la subtilité de son regard intérieur s'en va s'affaiblissant et s'alourdissant toujours. Et parce que l'âme ne peut plus s'élever sur les hauteurs, elle se résigne volontiers, tant elle est infirme, à ramper par terre.

Mais lorsque, par de grands efforts, elle essaie de sortir de cette condition humiliante, c'est beaucoup si, rejetant toute image corporelle, elle arrive à penser à elle-même, à se connaître. En s'occupant ainsi d'elle-même, elle se prépare une voie qui mène à la contemplation des choses éternelles. »

Il est certain que, l'âme étant au-dessus des corps, l'étudier, c'est s'élever, c'est passer d'un monde inférieur dans un monde supérieur, et par conséquent, c'est se rapprocher de Dieu : c'est voir Dieu, non plus dans ses vestiges et ses similitudes, comme on le voit dans la nature physique, mais c'est le contempler dans son image.

Nous ne voulons pas nous attarder ici dans de longues dissertations sur cette matière. Elle est trop abstraite pour être au goût de la masse des lecteurs. Elle a d'ailleurs été traitée dans une quantité d'excellents ouvrages. D'autre part, nous ne pouvons pas non plus garder un silence absolu sur un sujet de si grande conséquence et qui tient tant de place dans le cours de l'existence humaine, ce serait une lacune.

Puisqu'il s'agit de décrire la culture de l'âme, il est nécessaire de la considérer dans son cadre qui varie avec les âges, dans les milieux différents qu'elle traverse, dans les sites qu'elle rencontre et les modifications qu'elle subit. A sept ans l'activité vitale est parvenue à son centre et s'est emparée des plus hautes facultés. C'est dans ce milieu obscur que nous allons essayer de pénétrer afin de suivre de près le jeu si complexe des opérations intellectuelles et morales.

2. LE GOUVERNEMENT DE L'AME.

Les créatures corporelles et les spirituelles forment deux mondes distincts. L'homme est placé entre les deux comme un lien qui les rapproche et les rattache l'un à l'autre. Étant corps et âme, il a des relations des deux côtés, en haut et en bas. Ses puissances sont groupées dans une remarquable coordination. Elles ont chacune leur place et leur emploi, comme les membres d'une société harmonique. Dans cette merveilleuse combinaison, il est aisé de reconnaître l'image de la société divine, dans l'unité de la nature et la Trinité des personnes. La condition de l'âme peut être à juste titre assimilée à celle d'une société.

Toute société bien organisée repose sur un principe d'autorité. Si cette base, sur laquelle elle s'appuie, n'est pas bien affermie, elle-même n'aura pas de stabilité. Il faut une tête dans un corps, un chef dans un groupe, un roi dans un royaume. Lorsque disparaît la puissance qui imprime une direction, l'anarchie commence avec la confusion, le désordre et le bouleversement.

Si, dans tout gouvernement, l'autorité est indispensable, la lumière ne l'est pas moins. C'est la compagne inséparable du pouvoir : c'est sa force et le garant d'une administration équitable. On ne distingue pas, dans l'épaisseur des ténèbres, la voie qu'il faut suivre, et ce n'est pas au milieu des ombres qu'on parvient à tracer un chemin droit. Dans le nombre des facultés humaines, il en est une qui est divinement éclairée, c'est la raison. A elle donc revient le droit de diriger les autres. Elle les domine toutes, sans excepter la volonté qui est née pour l'écouter. Elle les éclaire toutes et les fait participer à sa propriété dans la mesure qui leur convient. Elle occupe les plus hauts sommets de l'âme. Elle y a son trône et son tribunal. Elle y promulgue ses lois, y prononce ses jugements et y fait exécuter ses ordonnances. Dès son entrée en exercice, elle se révèle comme une puissance de premier ordre et elle inaugure une sorte de gouvernement qui mérite d'être étudié avec attention. Tout limité et tout restreint qu'il paraisse, ce gouvernement est une reproduction et une imitation de cette vaste administration de l'univers, à laquelle la Providence divine préside. La raison humaine participe à l'œuvre de la raison divine : ce que celle-ci opère dans le monde en général, celle-là s'applique à le réaliser dans son domaine particulier.

L'Âme raisonnable, comme les gouvernements réguliers, est investie d'une triple puissance législative, judiciaire et exécutive. Tout d'abord elle a, grâce à la lumière naturelle de la raison, le moyen de connaître la vérité.

Mais de plus, par la syndérèse, elle discerne le bien du mal et elle est capable de formuler des règles de conduite. Elle juge, dans le for intérieur de la conscience, de la légitimité et de l'illégitimité de chacun de ses actes pris en particulier ; et ces actes, qui sont réalisés par la volonté, elle les approuve s'ils sont bons et les condamne dans le cas contraire. Elle a donc en sa possession tous les éléments essentiels à une administration équitable.

Dans les gouvernements de ce monde, où tout est en formation et où rien n'est parfait, il arrive que des partis se forment et s'insurgent contre l'autorité légitime : les forces ennemies se coalisent et font naître des révolutions qui bouleversent les états et qui ébranlent les trônes les plus solidement établis. Souvent la ruine est la conséquence de ces soulèvements populaires.

Des phénomènes analogues se produisent journellement dans la vie individuelle. La raison, qui devrait avoir toujours et partout la préséance, est souvent contrariée, molestée, et parfois même supplantée par l'imagination qui s'arroge injustement tous les droits. La sensualité s'éveille, les passions remuent, se soulèvent, se déchaînent comme des vents de tempête. C'est la rébellion des puissances inférieures : c'est la lutte ouverte des sujets contre leur reine, lutte formidable qui trop souvent aboutit à la défaite et à la ruine morale.

Bien des existences, hélas ! s'écoulent au milieu de ces commotions internes. Il est nécessaire qu'une force supérieure y entre pour prévenir les orages ou pour les calmer. Cette force c'est la vertu. Cette énergie interne est la santé de l'âme : c'est son appui, son auxiliaire et son plus bel ornement. Elle apparaît au moment où la lumière naturelle commence à briller. Elle imprime le cachet de la bonté sur l'homme et sur ses actes, c'est là son caractère et le signe auquel on la reconnaît.

L'homme est bon, lorsqu'il suit, non l'instinct de la nature déchue, mais les principes de la droite raison. Sa bonté n'est rien autre que la conformité de sa conduite avec la loi naturelle. Or, la conduite, c'est-à-dire, tous les actes de l'homme dépendent de sa volonté libre. Ils sont bons, lorsqu'elle est droite ; et elle est droite quand il existe entre elle et la raison un accord parfait. Au contraire ces actes sont mauvais, lorsque leur principe a perdu sa rectitude et est en dissonance avec la règle.

Il importe donc avant tout de rectifier ces deux facultés principales. « Toute la conduite de l'homme, dit Bossuet (XII. 1), dépend du bon usage de ces deux puissances. L'homme est parfait, quand, d'un côté, il entend le vrai, et que de l'autre, il veut le bien véritable, c'est-à-dire, la vertu. Mais comme il ne lui arrive que trop souvent de s'égarer en l'une ou l'autre de ces actions, il a besoin d'être averti de ce qu'il faut savoir, pour être en état, tant de connaître la vérité, c'est-à-dire, de bien raisonner, que d'embrasser la vertu, c'est-à-dire, de bien choisir.

De là naissent deux sciences nécessaires à la vie humaine dont l'une apprend ce qu'il faut savoir pour entendre la vérité, et l'autre ce qu'il faut savoir pour embrasser la vertu.

La première de ces sciences s'appelle *logique*, d'un mot grec qui signifie *raison*, ou *dialectique*, d'un mot grec qui signifie *discourir*; et l'autre s'appelle *morale*, parce qu'elle règle les mœurs. Les Grecs l'appellent Éthique, du mot qui signifie *les mœurs* en leur langue. Il paraît donc que la logique a pour objet de diriger l'entendement à la vérité, et la morale, de porter la volonté à la vertu. »

Quant à cette dernière faculté, qui est le principe immédiat des actes humains, elle est souvent arrêtée et contrariée par deux sortes d'obstacles, qui l'éloignent de la rectitude de la raison : l'un est l'attrait du plaisir qui la sollicite à s'attacher aux choses sensibles; l'autre est la difficulté qui se rencontre généralement dans la pratique du bien. C'est pourquoi il est nécessaire qu'il intervienne une nouvelle force, en dehors et au-dessus de la nature, pour en harmoniser toutes les parties. C'est ce qu'on appelle la grâce de Dieu.

Introduit dans la constitution humaine, ce don céleste lui communique une vigueur surnaturelle, suffisante pour assurer le triomphe de l'ordre et le règne de la paix. La grâce est une force accidentelle, surajoutée à la force principale. En perfectionnant l'âme, elle exalte toutes ses puissances, en sorte que la vie dépasse les limites qui lui étaient marquées par la nature. Elle s'étend plus loin, elle s'élève plus haut, elle entre dans le monde divin, et ses œuvres portent un cachet qui les fait agréer du Ciel.

Mais ce n'est pas le lieu d'en parler ici. Il convient d'exposer tout d'abord le mécanisme de la vie naturelle et d'en examiner séparément et successivement les grands ressorts.

3. LE SIÈGE DE L'AUTORITÉ.

Rien n'est plus beau dans la nature physique, rien ne plaît autant que la lumière. C'est elle qui anime et réjouit le sens le plus subtil, le plus voisin de l'âme, le sens de la vue. Aussi elle a été répandue avec une étrange profusion : elle est partout, elle jaillit de tous les points à la fois : la terre, la mer, le firmament, tout en est rempli. C'est grâce à ces innombrables foyers que les œuvres du Tout Puissant se manifestent dans leur magnificence. Ce sont eux qui montrent aux êtres animés la route qu'ils doivent suivre, et qui les aident à diriger leur marche.

Le monde moral est organisé comme le monde matériel. Les lumières y abondent : elles y sont multipliées et variées à l'infini. Toutes les intelligences sont éclairées. Elles s'allument les unes aux autres comme des flambeaux, et une fois allumées, elles grandissent et deviennent des astres resplendissants qui ont hâte de communiquer ce qu'ils ont reçu. Et au-dessus de ces astres, il y a un soleil, que l'œil de chair n'aperçoit nulle part, mais qui domine tous les temps et remplit l'éternité de sa splendeur. C'est lui que les Prophètes ont salué comme la grande lumière du monde ; c'est lui qui, d'un seul de ses rayons, illumine tout homme qui entre dans la vie.

La raison humaine emprunte sa clarté à ce soleil invisible, qui n'est autre que le Verbe de Dieu. Elle est une image de la Raison incréée. Comme celle-ci entretient l'ordre et l'harmonie dans l'univers, celle-là préside au gouvernement de la vie individuelle. Elle est comme un reflet créé de la Sagesse divine et elle participe à sa double puissance d'illumination et de régularisation. Dans cette sphère immense, dont l'âme est le point central, elle envoie ses éclairs de tous côtés, et elle met de l'ordre dans toutes les parties. C'est le flambeau que le Créateur y a placé pour en éclairer les profondeurs, et la loi qu'il y a gravée pour y établir le règne de la justice.

La raison est la plus noble des facultés de l'homme. Elle est comme une reine, nous l'avons dit, dans l'ensemble des autres puissances. C'est elle qui commande, et lorsque son autorité n'est pas reconnue, elle se retire. C'est elle qui gouverne : elle qui approuve et qui condamne. Elle est élevée si haut qu'elle est capable de pénétrer jusque dans les cieux et de parvenir à la connaissance de l'Éternel. Elle peut même communiquer avec lui par la prière.

Dans l'enfant, la raison ne fait que commencer. Elle ressemble alors à une petite étincelle qui sort de l'ombre, ou à une lueur vacillante qui ne donne qu'une clarté douteuse. Quand on l'examine à cet âge, on ne voit en elle qu'infirmité et défaillance et l'on est porté à plaindre la créature qui n'a pas d'autre guide pour se diriger et d'autre arme pour se défendre. Mais, comme tout ce qui participe à la vie, elle est susceptible d'accroissement. Étant du nombre des choses qui sont perfectibles, elle peut grandir jusqu'à atteindre des proportions étonnantes. Deux sortes de causes favorisent son expansion ; les unes externes, comme les influences étrangères, les relations sociales, le contact et le commerce avec les personnes éclairées ; les autres internes, telles que le travail, l'étude, l'observation et surtout la réflexion.

Lorsque cette faculté, naturellement extensible, a atteint tout son développement, elle devient un centre d'activité d'où débordent les sciences, les arts et l'industrie, et, ce qui vaut mieux encore, les grandes pensées, et les œuvres de vertu qui servent à glorifier Dieu et à édifier la société des hommes.

L'âme douée de raison, est forte et libre, mais non indépendante. Elle doit rester dans l'assujettissement. Il suffit qu'elle essaie de se soustraire au joug pour déchoir. Sa puissance est dans sa lumière, mais sa lumière lui vient d'en haut. C'est un don du Verbe de Dieu. C'est pourquoi il est nécessaire qu'elle soit étroitement unie à son principe et qu'elle se conforme à ses enseignements. Elle abdique dès qu'elle se met en contradiction avec la vérité. Ses lumières se changent en ténèbres et son pouvoir s'évanouit ; il ne lui reste que la plus lamentable faiblesse.

Il est des hommes qui ne l'ont pas compris. C'est pour cela même qu'ils se sont égarés. Fiers de posséder cette merveilleuse prérogative, qui les séparait des autres créatures terrestres et qui les élevait si fort au-dessus d'elles ils se sont imaginé qu'ils pouvaient se suffire à eux-mêmes ils se sont engagés sur le chemin de la vie, persuadés qu'ils avaient assez de clairvoyance pour se diriger sans boussole, assez d'énergie pour se passer d'appui étranger, assez de constance pour atteindre sûrement le but. Hélas! la raison les a trahis : sa lumière s'est éclipsée et sa force s'est évanouie. Ils ont marché dans les ténèbres; ils ont roulé de précipice en précipice; ils se sont avilis au point de devenir semblables aux bêtes qui sont privées d'intelligence; c'est l'esprit de vérité qui l'affirme. Ils sont même descendus au-dessous des animaux. On les a vus se prosterner dans la poussière, au pied des êtres les plus vils et leur rendre le culte suprême de l'adoration. On les a entendus s'adresser à un fragment de pierre ou de bois, à un légume de leur jardin et leur dire : tu es mon Dieu, c'est toi qui m'as créé!

Oui, la plus noble des facultés de l'homme est tombée dans ces écarts inimaginables, non seulement dans la classe des illettrés et des ignorants, mais parmi ceux qui étaient réputés les plus savants, parmi les philosophes et les sages! Les honteux désordres du paganisme et de l'idolâtrie sont là étalés sur les tableaux de l'histoire, pour montrer ce que peut la raison humaine, lorsqu'elle est livrée à elle-même. Ses défaillances sont d'autant plus à craindre, qu'elle n'est riche que d'emprunts, et elles sont d'autant plus profondes, qu'elle même est établie sur les sommets de l'âme.

Dieu n'a pas abandonné la vie, d'où il prétend tirer sa gloire, aux vacillements de cette lumière sujette à tant d'éclipses. Il en a donné une autre, moins remarquée, mais plus sûre, plus fixe et incapable d'induire en erreur, c'est la foi.

La raison et la foi viennent du même principe. Ce sont deux dons de Dieu, l'un naturel, l'autre surnaturel. Ils s'harmonisent parfaitement; ils s'entr'aident et se complètent. Mais il y a entre eux cette différence essentielle, que le premier est inhérent à la nature et participe conséquemment à sa condition changeante. Il est sujet, comme elle, à de profondes modifications, à des progrès et à des décadences, à des améliorations et à des corruptions. Le second, au contraire, est distinct de la nature : il est au-dessus d'elle, il la domine et la soumet à son autorité. L'homme a le pouvoir de l'accepter ou de le rejeter, mais dès qu'il le reçoit, il devient son sujet, son captif, et c'est cette captivité qui le sauve.

Nous exposerons plus tard l'enseignement de l'Église sur cette matière, nous n'avons à nous occuper ici que du rôle de la raison dans l'ordre de la nature.

4. LES PREMIERS PRINCIPES.

La raison a deux auxiliaires naturels, auxquels elle a perpétuellement recours dans ses opérations. Ce ne sont pas des puissances spéciales; ce ne sont pas non plus des actes particuliers. C'est quelque chose d'intermédiaire entre l'acte et la puissance, c'est l'habitude.

Ce terme, si fréquemment employé dans l'École, désigne une forme permanente annexée à une puissance, pour la déterminer à agir et pour faciliter son action.

Lorsque la raison supérieure commence à se replier sur elle-même et à réfléchir, elle est aidée par deux agents qui lui servent de point d'appui et qu'on peut considérer comme les bases de son activité. Ce sont comme deux centres de lumière qui rayonnent, l'un dans l'ordre spéculatif, l'autre dans l'ordre pratique. Le premier est son point de départ pour aller à la recherche de la vérité et pour établir ses théories scientifiques ; le second lui sert à diriger sa marche dans la poursuite du bien. Privée de ces deux formes, la raison demeurerait sans force, sans initiative, et sans aucune autorité. C'est par leur moyen qu'elle est disposée à agir et qu'elle est inclinée à la fois vers ce qui est vrai et ce qui est bon.

Arrêtons-nous à la première de ces habitudes. Elle comprend un certain nombre de vérités nécessaires et naturellement connues, comme, par exemple : deux plus deux font quatre ; le tout est plus grand que la partie, etc. Ces vérités ont un tel caractère d'évidence, elles brillent d'un si vif éclat, qu'aussitôt aperçues elles sont admises. L'entendement humain ne peut leur refuser son adhésion. Il s'en empare, s'y attache, se les assimile si complètement qu'il ne peut plus s'en dessaisir sans se dénaturer lui-même. Son énergie et toute sa vitalité résident, en quelque manière, dans ces axiomes. Telle est l'origine des connaissances naturelles.

D'où viennent ces vérités et pourquoi demeurent-elles cachées à l'enfant qui vient de naître ? L'expérience démontre que les premiers objets qui se présentent à la vue sont matériels et particuliers. Cependant par le moyen des sens extérieurs, ils affectent la sensibilité, et par la sensibilité les autres puissances secondaires. L'imagination en reproduit les formes ; la mémoire recueille et conserve ces images dans son vaste réservoir. Toutes ces figures et ces espèces rassemblées sont des matériaux préparés pour l'entendement. C'est pour lui un champ à éclairer et à défricher. Il descend sur ce terrain avec la lumière qui lui est propre pour le remuer et y chercher son objet, non point le particulier, qui est l'objet des sens, mais l'universel.

Grâce à sa faculté d'abstraire, les notions qui lui sont fournies par la sensation, se généralisent. Il leur communique un caractère d'universalité. Sans s'arrêter aux accidents, il envisage l'être dépouillé de tout ce qui le particularise ; il fait jaillir la lumière du chaos des images. Comme l'abeille qui voltige dans les prés fleuris et va puiser son miel au fond des calices embaumés, ainsi la raison va demander ses aliments aux espèces primitivement recueillies par les sens. « Dans la condition où nous sommes pendant la vie présente, dit le Docteur angélique *(C. G.* I. 3), toute connaissance qui passe dans notre intelligence commence par un sens. C'est pourquoi tout ce qui ne tombe pas sous l'un des sens ne peut être saisi par l'esprit de l'homme, si ce n'est en tant que la connaissance de ces choses est recueillie par le canal des sens. » De là ce principe si connu des scholastiques : *Nihil est in intellectu quod non prius fuerit in sensu.*

Ces vérités évidentes et nécessaires sont appelées principes, parce qu'elles ouvrent la voie qui conduit à la science : elles sont le point de départ de tous les raisonnements. « Nous appelons principes, certaines propositions qui tiennent le premier rang d'estime et d'autorité, et certaines grandes et importantes vérités qui sont comme l'origine et les mères de toutes les autres. Un principe, dit Aristote (5 *Metaph.* Chap. 1), est ce qui est le premier au regard d'une chose ; en sorte ou qu'elle en découle comme de sa source, ou qu'elle en est composée, ou que c'est par lui qu'elle arrive à être connue. Le principe est ce par quoi une chose commence et qui sert de fond, de base, de soutien à tout ce qui la concerne, et ensuite, dit toujours le même philosophe, ce qui est en elle de principal et de plus grande conséquence. » (S. Jure. *L'hom. spir.*)

L'imperfection de la nature humaine fait que son intelligence n'a pas naturellement en elle toutes les choses intelligibles, mais seulement quelques-unes par lesquelles elle est amenée aux autres. (S. Thomas, I. 60. 2 c.) Mais ces quelques vérités, en petit nombre, sont des sources où sont renfermées beaucoup d'autres vérités. L'intelligence va des unes aux autres, des connues aux inconnues, des principes aux conclusions.

Les principes sont semblables à des semences qui éclosent lentement sous l'action fécondante de la chaleur et des pluies. Pour les multiplier et les rendre productifs, il faut y concentrer toutes les forces de la vitalité mentale. Les esprits sérieux et méditatifs sont plus aptes que les autres à acquérir des connaissances approfondies et variées. C'est le propre du génie de pénétrer au fond des choses et de saisir, dans les principes, toute la chaîne de leurs conclusions.

Les vérités nécessaires constituent le fond de toute créature raisonnable, c'est ce que l'École désigne sous le terme de *habitus principiorum*, c'est le *sens commun*. « Il y a un grand nombre de vérités purement intellectuelles, qui sont indémontrables et irréfutables, dit un savant apologiste chrétien (Auguste Nicolas) ; et ces vérités sont les premières de toutes dans l'ordre des sciences ; car ce sont les axiomes, les premiers principes sur lesquels toutes les connaissances humaines sont bâties, et que le raisonnement est obligé de tenir pour vrais, sur l'unique autorité du sens commun, sans quoi lui-même ne pourrait faire un pas, puisque ce n'est que là qu'il prend les majeures de tous ses syllogismes. »

Lorsque l'entendement se conforme aux règles de la logique, il peut, par l'analyse et la synthèse et par les autres opérations qui lui sont propres, accroître considérablement la somme de ses richesses intellectuelles. Car ce qu'on désigne par le mot de principes, ce sont des sources que le travail fait déborder, et d'où s'écoulent, par voie de conséquences, beaucoup d'autres vérités qui s'y trouvent enfermées. C'est ainsi que la raison se développe elle-même par sa propre activité ; c'est ainsi qu'elle pose les fondements et qu'elle élève l'édifice des connaissances naturelles.

Ces connaissances sont de deux sortes. Les unes sont simplement théoriques : elles servent à éclairer et à perfectionner l'intelligence. Les autres sont pratiques et deviennent la loi de la volonté et la règle des mœurs.

De même que la Raison incréée contient à la fois les types éternels des choses et les lois immuables qui régissent l'univers; ainsi, dans la raison humaine, il n'y a pas seulement des vérités spéculatives, mais il s'y trouve encore des principes moraux, fixes et invariables, d'où sont sorties toutes les lois qui conduisent la société à la vertu et au bonheur. La connaissance de ces principes s'appelle *syndérèse* et leur application *conscience*. Nous reviendrons bientôt sur ces deux facultés.

L'enfant n'est pas, dans ses premières années, en état d'acquérir des connaissances rationnelles. Il n'a rien pour s'élever sur les hauteurs du raisonnement. Ses forces internes sont encore éparpillées dans l'organisme, et les mouvements qui se produisent en lui sont un obstacle qui empêche l'action de l'intelligence. Aussitôt que cet empêchement a disparu l'enfant connaît. (S. Thomas *C. G.* ii. 76.)

Les vérités nécessaires portent en elles leur évidence. Il n'en est pas de même des vérités secondaires qui en sont déduites par manière de conclusions. Entre les deux, il y a de l'espace; il y a assez d'intervalle pour permettre à la raison de s'égarer. Au lieu de suivre la ligne droite, il se peut qu'elle dévie, en prenant des voies obliques, en s'écartant à droite ou à gauche. Alors elle aboutit à des conclusions qui ne sont pas dans les prémisses. La plupart des erreurs viennent originairement de là. C'est pour s'en garantir que la logique a tracé ses règles. Ceux qui sont chargés d'enseigner les autres ne peuvent pas les ignorer.

Tout ce qui vient d'être exposé se rapporte au travail de la raison spéculative dans la recherche de la vérité. Il est temps de descendre sur le terrain de la pratique, et d'étudier les lois qui dirigent l'homme vers le bien. C'est ici que nous allons rencontrer la seconde habitude, celle qui confère à la raison une sorte de pouvoir législatif.

5. LE POUVOIR LÉGISLATIF.

Dieu, qui est sagesse et vérité, et qui connaît les choses qu'il a faites, les gouverne toutes et les conduit à leur fin. Il a tracé pour chacune la voie qu'elle doit suivre et il a mis dans la nature une disposition qui la porte à entrer dans cette voie.

L'homme a cette inclination qu'il tient de Dieu. Il éprouve une tendance naturelle vers le bien, une aversion pour le mal. Ce qui le distingue des êtres inférieurs, c'est qu'il a le discernement entre les deux. Il sait quels sont les rapports qui l'unissent à son Créateur et quels sont ceux qui le lient à ses semblables. Par suite de cette connaissance, il a une notion plus ou moins nette de ses droits et de ses devoirs. Il y a en lui des sentiments innés, qui le poussent tantôt à recourir à Dieu, principe de son être et source de tout bien ; tantôt à rechercher son propre avantage, ou encore à venir en aide à son prochain.

De là naissent et le besoin de religion commun à toutes les créatures raisonnables, et l'amour de soi-même, qui devient pour plusieurs une passion dominante, et la sympathie qui se manifeste surtout en présence de l'infortune et du malheur des autres.

A ces sentiments et à beaucoup d'autres du même genre, qui constituent ce qu'on appelle le sens moral, se joignent des principes que la raison n'hésite jamais à accepter et qu'elle accepte sans preuves, tant ils portent en eux-mêmes un caractère d'évidence. La connaissance de ces principes n'est rien autre que cette seconde habitude de la raison pratique dont il a été question précédemment, et à laquelle on a donné le nom de *syndérèse*. « Toutes les vérités morales relèvent de cette faculté. Le raisonnement ne peut ni les démontrer, ni les réfuter, pas plus que le sentiment ne peut démontrer ou réfuter une proposition de mathématique. Les notions de justice, de moralité, de devoir, de conformité à l'ordre, au bien, sont le résultat exclusif de l'impulsion de notre cœur. L'organe de ces vérités et le guide de leur application, c'est le sens moral dont le siège est au cœur. Je défie le plus fameux logicien de me démontrer, par exemple, qu'à l'insu de tout l'univers, et s'il se pouvait par un seul acte de ma pensée, je ne dois pas augmenter mon bien, en prenant une partie de celui d'autrui qui en a surabondamment ; que je ne dois pas profiter d'une occasion secrète de me venger et de rendre le mal pour le mal.

Il en est encore ainsi des vérités de goût ; et celui qui, en voyant un trait de générosité ou une belle statue, demandera, qu'est-ce que cela prouve ? n'aura pas affaibli la certitude morale du bien et du mal qui en résulte. Il en est de même du sens commun, qui est à la vérité intellectuelle, ce que le sens moral est à la vérité morale. Ce ne sont pas, en effet, les vérités de morale et de goût seulement qui échappent à l'analyse du raisonnement. Il y a un grand nombre de vérités purement intellectuelles sur lesquelles il ne peut rien, qui sont indémontrables et irréfutables. » (Auguste Nicolas. *Études philosoph.*)

« Les principes se *sentent*, dit un grand géomètre, les propositions se concluent, le tout avec certitude, quoique par différentes voies; et il est aussi ridicule que la raison demande au sentiment et à l'intelligence des preuves de ces premiers principes pour y consentir, qu'il serait ridicule que l'intelligence demandât à la raison un sentiment de toutes les propositions qu'elle démontre. » (Pascal. *Pensées*. Ibid.) La syndérèse est appelée la loi de notre intellect, dit S. Thomas (1-2. — 94. 1. 2^m), en tant qu'elle est une habitude contenant les principes de la loi naturelle, lesquels sont les premiers principes des actes humains. Tout homme qui interroge sa nature entend une voix intérieure qui lui dit : Il faut faire le bien et éviter le mal; *bonum est prosequendum et malum est fugiendum*. Le Prophète royal a exprimé la même pensée dans l'un de ses psaumes, où il est écrit : *Declina a malo et fac bonum* (Ps. 36); détournez-vous du mal et faites le bien. Un troisième principe des mieux connus et des plus étendus dans ses conséquences et ses applications, est énoncé en ces termes : *Alteri ne feceris quod tibi fieri non vis*. Ne faites point à un autre ce que vous ne voulez pas qui vous soit fait à vous-même. Et le divin Législateur l'a complété dans le texte de son Évangile : *Omnia quæcumque vultis ut faciant vobis homines, et vos facite illis; hæc est enim lex et prophetæ.* (MATT. 7-12); faites donc aux hommes tout ce que vous voulez qu'ils vous fassent; car c'est là la loi et les prophètes. »

Grâce à la connaissance de ces vérités de l'ordre moral, la raison se trouve en état de composer des règles de conduite, pour la bonne ordonnance de la vie privée, et d'édicter des lois pour le bien général de la société. Elle ne fait pas des lois, à proprement parler; elle les emprunte, les traduit, les promulgue et engage à les observer; ces lois étant écrites dans la nature, elle n'a rien autre à faire qu'à les lire, lorsqu'elle en est capable. Elle les découvre dans cette impression de la lumière divine qui l'éclaire intérieurement. C'est dans le réfléchissement mystérieux de la Raison suprême, dans la participation à la Sagesse éternelle, qu'elle apprend à connaître ses rapports avec Dieu son Créateur et avec les créatures, et subséquemment ses devoirs.

La syndérèse est comme un flambeau allumé au dedans de l'homme, pour éclairer ses pas et pour lui indiquer la route qui mène à la vertu. C'est une voix intérieure, qui se fait entendre à son âme, lorsque, attentive et recueillie, elle l'écoute avec docilité.

Le premier homme, au sortir des mains de Dieu, entendait bien cette voix. Il avait la science complète de ses obligations; il les lisait dans le miroir pur et intègre de sa conscience. La vérité, qui alors brillait à ses yeux dans son plus vif éclat, lui donnait une connaissance parfaite de la loi morale.

Cette loi est encore dans ses descendants, puisqu'elle fait partie intégrante de sa nature. Elle est toujours présente à l'esprit. Mais depuis le péché, les ténèbres se sont accumulées à l'entour, ou plutôt l'œil de l'intelligence s'est couvert d'un si obscur bandeau, qu'il ne peut plus déchiffrer qu'avec beaucoup de peine ce qui est écrit en caractères visibles. Les sens, les passions, le système d'éducation, les opinions en vogue, les maximes en faveur dans le monde, sont comme autant de clartés fausses et mensongères, qui altèrent sensiblement la vue et qui occasionnent les méprises du jugement.

Lorsqu'on parcourt les écrits des philosophes païens, ce qui étonne et attriste à la fois profondément, c'est la multitude des erreurs qui s'y rencontrent. Dans ces pages, qui ont la prétention de renfermer toute la sagesse humaine, on trouve un mélange d'idées contradictoires : ce qu'il y a de plus pur à côté de ce qu'il y a de plus abject ; le sublime et le vulgaire se touchent. Partout la beauté de la vérité est déflorée par l'erreur et la vertu est mêlée avec le vice.

Il en est de même dans la législation des peuples infidèles, de ceux-là même qui sont parvenus à l'apogée de la civilisation. Les lois de la Grèce comme celles de Rome païenne autorisent de criantes injustices, et l'immoralité la plus répugnante s'y trouve parfois légitimée.

La lumière divine n'était pas entièrement éteinte dans ces peuples, mais elle y subissait des éclipses, à la faveur desquelles l'iniquité s'introduisait dans les mœurs et finissait par s'implanter dans la législation. C'est pour remettre en vigueur les vrais principes et pour rétablir la morale dans son intégrité originelle, que la loi du Sinaï a été donnée à l'humanité par l'intermédiaire du peuple élu. L'effet de cette loi était de relever la nature, en rétablissant l'autorité de la raison et en lui rendant sa prépondérance dans le concert des facultés humaines. Et ce que la législation sinaïtique avait commencé dans une nation, l'Évangile l'a achevé pour le bonheur et le salut de tous les peuples.

6. LE POUVOIR JUDICIAIRE.

Les principes immuables de la loi éternelle sont imprimés, comme il a été dit, dans la nature humaine. La raison, suffisamment éclairée, les possède. Non seulement elle les possède, mais c'est elle qui les applique. Elle prononce ses jugements sur le bien et le mal en général par la syndérèse, sur le bien et le mal en particulier par la conscience.

La conscience n'est ni une puissance, ni une habitude, bien que souvent on la confonde avec elle, c'est un acte par lequel la raison juge de la moralité d'une opération déterminée. « C'est un jugement pratique, qui décide, dans un cas particulier, ce qui est bien ou mal, et par conséquent ce qu'il faut faire ou éviter, ou ce qu'il fallait faire ou éviter. » (Mgr LAFORÊT, *Morale*.)

On peut la considérer comme une faculté spéciale, qui applique aux actes les principes de la loi. Ainsi, à côté de la puissance qui porte des décrets et qui impose des devoirs, il en est une autre qui rend des jugements et qui prononce des sentences. Ces deux pouvoirs sont unis dans le même sujet et le second dérive du premier et s'accorde avec lui.

Or, le premier, on vient de le voir, est sujet à de graves altérations. Le sens moral, d'où découlent les jugements particuliers, se corrompt dans certains milieux et sous l'action de causes multiples et variées. Les circonstances de temps, de lieux, de relations, d'habitudes et surtout de formation morale et d'éducation première, agissent puissamment sur l'état des esprits. L'enfant ne juge pas comme le vieillard, ni l'ignorant comme le savant. Ce qui est bien pour le barbare est mal pour l'homme de la civilisation et ce que l'incrédule rejette est accueilli et estimé par le croyant.

On ne peut nullement conclure de là que les principes de la morale varient, comme les produits de la terre, avec les zones et les saisons, ou qu'ils changent avec les époques de l'histoire. Ils dominent tous les temps et ils sont au-dessus des hommes, puisque ce sont eux qui les gouvernent et leur commandent. Mais ce que l'on doit dire, c'est que le jugement qui les applique est formé dans les uns et déformé dans les autres, parce que le sens moral ne se conserve pas également bien dans tous.

La voix qui parle au dedans de l'homme et le dirige est la voix de Dieu même. Elle est véridique et n'enseigne que ce qui est bon ; elle ne prescrit que ce qui est légitime. Il n'y a que le mal qu'elle n'autorise jamais. En sorte que faire ce qu'elle défend c'est résister à Dieu. « Que personne ne prétexte de son ignorance pour négliger la vertu, disait S. Chrysostôme

(v. 354) au peuple d'Antioche, qu'aucun de vous ne prétexte qu'il manque de guide pour lui montrer le chemin ; nous avons tous un maître qui suffit, c'est la conscience, et nul n'est privé de ce secours. En même temps que l'homme fut formé, le discernement des actions lui a été donné, afin de le mettre à même de faire voir, dans la vie présente, la sagesse qu'il porte en lui, afin que s'exerçant comme dans une palestre aux travaux de la vertu, il puisse conquérir les récompenses que la vertu mérite ; et après quelques courtes fatigues, mériter les couronnes impérissables, et après avoir embrassé la vertu dans la durée qui passe, jouir des biens éternels, dans la durée infinie des siècles. »

Il arrive fréquemment que cette voix divine, qui résonne au fond du cœur humain, n'est pas écoutée. Elle est dominée, étouffée ou altérée par d'autres voix qui usurpent ses droits et abusent de son autorité. C'est ainsi qu'il y a des consciences déréglées, douteuses, hésitantes, incertaines, fausses et erronées.

Lorsqu'il est question de poser un acte, des influences diverses peuvent intervenir et peser de tout leur poids sur la volonté : l'intérêt, la crainte, le désir, les passions, les convoitises se remuent. Il y a opposition entre l'imagination et la raison, entre la syndérèse et la concupiscence. La volonté tiraillée dans tous les sens, se laisse aisément séduire et entraîner au mal. Quelquefois ses désordres viennent de l'irréflexion et de la précipitation. On ne prend pas le temps de considérer ce qu'on va faire, on ne pèse pas toutes les conséquences de l'acte que l'on pose. On ne voit que le présent et les profits immédiats que l'on espère, sans penser aux regrets et aux amers repentirs que l'on se prépare pour les temps futurs. C'est un défaut de prudence, qui très souvent est la cause première du mal. Au reste, les troubles du cœur ont pour effet d'obscurcir l'intelligence et les ténèbres de l'esprit refluent sur la volonté et favorisent ses déviations.

Il y a donc deux éléments distincts dans la conscience. « C'est un acte à la fois humain et divin, dit un judicieux écrivain (L'abbé Mulois), acte dans lequel l'homme, uni à Dieu dans le sentiment, la science et l'amour du bien, de la justice et de la vérité, se juge ainsi lui-même et tout ce qui l'entoure. Le terme médiateur de cette union, c'est le Christ, dont l'action vivante se continue par l'Église, de sorte que nous jugeons, non point seuls, mais avec tous nos frères dans une « science commune »; ce qu'exprime le mot même de conscience, qui veut dire *science avec (cum-scientia)*, et comme le rappelle ainsi admirablement Bossuet : « Dieu aurait pu sans doute (car que peut-on dénier à sa puissance?) il aurait pu nous conduire à la vérité par nos connaissances particulières ; mais il a établi une autre conduite : il a voulu que chaque particulier fît discernement de la vérité, non point seul mais avec tout le corps et toute la communion catholique, à laquelle son jugement doit être soumis. Cette excellente police est née de l'ordre de la charité, qui est la vraie loi de l'Église ; car si quelqu'un cherchait en particulier, et si les sentiments se divisaient, les cœurs pourraient enfin être partagés. Mais pour nous unir tous ensemble par les liens d'une charité indissoluble, pour nous faire chérir davantage la communion et la paix, il a établi cette loi. Voulez-vous entendre la vérité? Allez au sein de l'unité, au centre de la charité : c'est l'unité catholique qui sera la chaste mamelle d'où découlera sur vous le lait de la doctrine évangélique, tellement que l'amour de la vérité est le nœud qui nous lie à l'unité et à la société fraternelle. Nous sommes membres d'un même corps ; cherchons tous ensemble. » Ainsi la conscience et la foi sont, au fond et dans leur racine originelle, une seule et même chose. »

Tout homme doit écouter sa conscience, lorsqu'elle est bien éclairée, et se soumettre à ses prescriptions. C'est pour cela que S. Paul a dit : (*Rom.* 14. 23.) « Tout ce qui n'est pas selon la foi (ou la conscience) est péché. » Avant de poser un acte, on doit donc interroger ce juge intérieur. Il est incorruptible : on ne l'achète pas avec de l'or, on ne le gagne pas avec des présents ; il ne cède ni aux promesses, ni aux menaces. L'ordre et la justice trouvent en lui leur défenseur. Libre vis-à-vis de tous et indépendant, il parle avec franchise aux grands et aux petits, aux rois comme aux sujets. Interprète des lois de la Sagesse, il décide en dernier ressort de quelle manière il faut agir dans toutes les circonstances qui peuvent se présenter. C'est lui qui trace à la volonté le chemin qu'elle doit suivre. Elle ne peut aller contre ses ordres sans déchoir.

Lorsqu'un acte est consommé, à l'instant même il est soumis à l'examen et apprécié à sa juste valeur. La conscience le juge, l'approuve s'il est bon et dans le cas contraire le condamne. Elle prévient le jugement définitif et sans appel qui attend toute créature intelligente au Tribunal suprême. « La conscience, dit S. Bernard, est un coffre bien fermé et d'une solidité à toute épreuve, et qui a la vertu de conserver les secrets qu'on lui confie en garde : elle échappe aux embûches et défie toute violence : elle n'est accessible ni à la main, ni à l'œil de l'homme, elle ne l'est qu'à l'esprit qui scrute même les secrets de Dieu. Quoi que je lui confie, je suis sûr de ne le point perdre, elle me le conservera toute ma vie et me le rendra à ma mort. En quelque lieu que j'aille elle m'accompagne et porte avec elle le dépôt dont je lui ai confié la garde. Vivant, elle est à mes côtés ; mort, elle me suit, et partout je trouve en elle un motif de gloire ou de confusion inévitables selon le dépôt que je lui ai confié. Heureux ceux qui peuvent dire : « Notre gloire à nous, c'est le témoignage de notre conscience.» (I Con. 1. 2. OEuvr. II. 254.)

Placée entre l'intelligence et la volonté, la conscience tient aux deux et participe à leur condition. Lors donc que la raison est bien éclairée sur la fin et les moyens qui y conduisent ; et lorsque la volonté est droite, c'est-à-dire, lorsqu'elle veut le bien et surtout le bien souverain qui constitue sa fin (C. G. II. 105), on peut affirmer que la conscience est bonne, puisqu'elle reflète la vraie lumière, et qu'elle commande à un agent parfaitement disposé. Or, la bonne conscience est un trésor précieux ; c'est un champ de bénédiction, un jardin de délices, un véritable paradis. Mieux vaut en jouir, au milieu de toutes les incommodités de la vie, que d'en être privé au sein de tous les plaisirs de la terre, dit S. Augustin.

Mais lorsque l'esprit est rempli de ténèbres et le cœur impur, la conscience est mauvaise et elle devient, pour le coupable, un témoin, un accusateur et un bourreau impitoyable. C'est avec raison que l'Esprit-Saint affirme bien haut qu'il n'y a pas de paix pour les impies. C'est un effet de la grande miséricorde de Dieu d'avoir établi au dedans de l'homme « ce censeur qui ne se tait jamais et qu'on ne saurait tromper. Sans doute on peut dérober ses fautes et ses crimes à la connaissance des hommes, mais il est impossible de les cacher à la conscience ; et, en quelque lieu que se transporte le coupable, il porte en lui-même cette conscience qui l'accuse, le trouble, le déchire et ne se repose jamais. Elle s'attaque à lui dans l'intimité du foyer domestique, sur le forum et dans les réunions publiques et le poursuit durant les festins, pendant son sommeil et à son réveil. Elle ne cesse ainsi de lui demander compte de ses fautes et de lui en remettre sous les yeux la grièveté et le châtiment. Tel un charitable médecin se rend assidu auprès d'un malade, et, malgré ses rebuts, persiste à lui offrir ses remèdes et ses bons offices. » (S. Chrysostome. v. 95.)

7. LE POUVOIR EXÉCUTIF.

Dans le gouvernement particulier de la vie humaine, les deux puissances législative et judiciaire sont, comme on l'a vu, du ressort de la raison. Le pouvoir exécutif appartient à la volonté. La vie morale toute entière pivote sur ces deux facultés. Elle leur emprunte tout : ses beautés comme ses défauts, ses vertus comme ses vices. Elle monte ou elle baisse avec elles. Les mouvements divers qui s'y produisent vont imprimer leur marque sur le cours de l'existence, comme font les mouvements de l'atmosphère sur le cadran météorologique. En sorte que presque toujours on peut dire, en examinant la manière d'agir d'un homme, à quel niveau se trouvent ses pensées et dans quelle direction ses affections se portent.

La volonté commence avec la raison. C'est sa compagne inséparable; elle ne va jamais sans elle. C'est une inclination réfléchie. Conséquemment elle ne peut pas être en acte dans l'enfant qui vient de naître, pas plus qu'elle n'est dans l'animal. Les mouvements qui s'effectuent dans l'enfant lui sont, pour ainsi dire, étrangers, comme ceux des eaux qui coulent sans pouvoir ni se diriger, ni s'immobiliser; comme ceux des feuilles qui tombent et qui n'ont pas liberté de rester suspendues dans l'air. Mais aussitôt que l'instinct sensitif cède la place à la raison, la voie est éclairée et les mouvements cessent d'être déterminés par la nature, ils deviennent volontaires.

Tout être intelligent a cette inclination réfléchie, cette tendance vers un but connu. « Tous les êtres, dit S. Thomas (*C. G.* II. 5), désirent le bien, puisque le bien c'est, comme les philosophes l'enseignent, ce que tous les êtres recherchent. Cet appétit est physique dans ceux qui sont privés de connaissance; c'est en lui obéissant que la pierre tend à descendre en bas. Chez les êtres qui ont une connaissance sensitive, il est animal et se divise en concupiscible et irascible. Pour ceux qui sont intelligents, cet appétit prend le nom d'intellectuel ou de rationnel, et ce n'est autre chose que la volonté. Donc les créatures intelligentes ont une volonté. »

Dès que cette puissance éminemment mobile entre en fonction, elle prend de suite la place la plus élevée, non pas au-dessus de la raison, mais à côté, comme pour rivaliser avec elle et lui disputer la préséance. Elle prend effectivement une part considérable dans la conduite de la vie morale et l'on peut dire que rien ne s'y fait sans son intervention. « La raison lui est donnée pour l'instruire, non pour la détruire. Or, elle la détruirait si elle pouvait lui imposer quelque nécessité que ce fût. » (S. BERNARD. II. 497.)

Lorsque l'accord existe entre les deux, la paix règne dans le cœur, et les actes ne présentent rien de répréhensible; mais lorsqu'il y a opposition, le trouble commence et la vie est pleine d'irrégularités. Cette opposition est très fréquente. Elle s'explique d'ailleurs par la condition des deux facultés. L'une est stable et invariable dans ses principes, et sa première règle est qu'il faut faire le bien et éviter le mal. L'autre, au contraire, est très changeante et si faible qu'elle ne peut vaincre toutes les difficultés qui se rencontrent dans la pratique du bien. C'est ainsi que l'on constate tant de défaillances dans toutes les vies, au point qu'il n'en est pas une où l'on ne trouve des fautes. (JAC. III. 2.)

La raison commande à la volonté et la volonté à la raison. Ce sont comme deux reines, ayant des droits réels l'une sur l'autre. Bien que chacune ait son département à part, néanmoins elles sont trop voisines, elles se rencontrent trop souvent et se touchent sur trop de points, pour ne pas donner lieu à des conflits.

Mais la volonté a un avantage qui lui assure la prépondérance. Car tandis que la raison, comme toutes les autres facultés, est soumise à la nécessité, elle, au contraire, est toujours libre et n'obéit qu'à elle-même. Aussi son empire est très-étendu. Les mouvements du corps comme les facultés de l'âme lui sont assujettis. C'est elle qui les dirige et les force à se plier à ses exigences. La raison se borne à montrer le bien à faire, le mal à éviter; elle ordonne, sans user jamais de contrainte, sans recourir à la violence. La volonté accepte ou refuse. Elle choisit ce qui lui plaît. Et, quand son choix est arrêté, elle donne une impulsion à laquelle rien ne résiste. C'est elle qui fait passer dans le domaine des faits, ce qui n'est qu'en projet dans l'intelligence. Elle est le maître-ressort de l'activité humaine. Tout tombe sous sa dépendance, elle seule ne dépend que d'elle-même. La vie morale tout entière relève de sa souveraineté relative. Les vertus qui embellissent cette vie, comme les vices qui la déparent, procèdent de cette source. Les bonnes œuvres sont sa louange et les crimes l'accusent et lui disent : c'est toi qui nous as engendrés. Elle met son cachet sur tous les actes humains, elle y imprime sa marque de propriété. Tous participent ou à sa bonté, ou à sa malice, comme les fruits de l'arbre participent aux qualités ou aux défauts de la sève qui les a produits.

8. DEUX ÉCUEILS.

Au sortir de la première enfance, l'âme tend à s'émanciper. Comme l'oiseau qui, sa croissance achevée, abandonne son nid et essaie de déployer ses ailes et de voltiger de buisson en buisson ; ainsi l'âme, en possession de ses facultés, éprouve le besoin de les mettre en exercice. Son intelligence aspire à connaître. Elle fait des efforts pour se dégager du réseau de ténèbres qui l'enlace. De quelque côté qu'elle se porte, elle se heurte à des mystères. Elle se perd dans des sentiers obscurs. L'ignorance est pour elle ce qu'est la nuit profonde pour l'œil corporel.

Il en est de même de la volonté : elle se tourne et se retourne dans un cercle qui l'étreint. Elle se sent emprisonnée dans des bornes qui paraissent lui ôter la liberté de ses mouvements. Le désir de briser cette clôture, de renverser ces obstacles et de déchirer ces voiles, n'est que trop naturel. Seulement il expose à deux écueils, l'un est la curiosité, l'autre est l'esprit d'indépendance. Tous deux offrent à l'enfance de sérieux dangers.

La curiosité est une disposition de l'âme à la science. Celle-ci est bonne, puisqu'elle est la perfection de l'esprit. Celle-là appartient au cœur. Elle peut être bonne ou mauvaise, utile ou dangereuse, selon les circonstances qui l'accompagnent et le but qu'elle poursuit.

L'esprit est fait pour la vérité et la vérité pour l'esprit, comme l'œil est fait pour la lumière et la lumière pour l'œil.

La vérité est l'objet propre de l'intelligence : c'est son bien, son aliment, sa vie. De là on conclut que son plus grand bien, sa plus haute perfection, sa suprême félicité, c'est la parfaite connaissance et la pleine possession de la vérité essentielle et incréée, (S. Thomas. 22. 167. 1. 1.) c'est la vision immédiate et intuitive de l'ineffable lumière qui éclaire l'éternité. Cette contemplation béatifique est réservée aux élus. Les mortels y aspirent sans pouvoir y atteindre. Tout ce qui y conduit est bon ; ce qui en éloigne est condamné.

Et qu'est-ce qui y conduit ? Evidemment ce sont les rayons qui en dérivent et qui descendent jusqu'à nous. Ce sont les vérités particulières qui sont disséminées dans la création. C'est là ce que l'homme doit chercher ici-bas ; car il faut qu'il s'initie lentement à cette vision bienheureuse qui est sa fin. S'il passe dans ce monde quelques années, c'est pour y recueillir un à un et pour s'approprier les fragments de vérité qui sont dispersés de toutes parts. C'est dans ce but que Dieu a donné à l'esprit humain cette merveilleuse faculté de se répandre au dehors, de monter et de descendre à sa fantaisie, de se porter à droite et à gauche, de courir dans toutes les directions pour aller à la découverte et glaner les épis qui lui serviront d'aliment. Toutes ces explorations sont légitimes, quand elles sont faites avec modération et rapportées au but.

Qu'est-ce qui en éloigne ? C'est l'orgueil qui veut tout savoir afin de se glorifier de ce qu'il sait. C'est la perversité du cœur qui cherche des armes pour servir la cause du vice, ou des moyens pour nuire avec plus d'avantage. C'est l'imagination qui abandonne les études nécessaires et obligatoires, pour se livrer à de vaines investigations. C'est le dérèglement de l'esprit, qui met toutes ses complaisances et sa fin dernière dans l'acquisition des sciences naturelles. C'est cette témérité présomptueuse qui prétend pénétrer partout, jusqu'aux régions les plus sublimes, les plus inaccessibles et qui essaie de ravir à Dieu ses secrets. C'est la superstition qui, pour connaître les choses cachées, a recours à des moyens illicites. C'est enfin cet oubli complet de soi, qui laisse à l'âme le loisir de s'occuper de mille et une choses qui lui sont étrangères.

Il faut beaucoup de discrétion pour savoir diriger la raison humaine. Or, cette vertu, si nécessaire à tous, n'est pas celle du jeune âge. L'enfant est généralement avide d'apprendre. Ses yeux sont ouverts, ses oreilles tendues, tous ses sens en éveil. Il observe tous les gestes, interprète tous les signes, recueille tous les murmures de l'air. Son langage essentiellement inquisiteur se traduit en formules interrogatives. Les pourquoi et les comment y reviennent jusqu'à la lassitude. C'est le besoin de s'éclairer qui le tourmente.

Ce besoin, s'il est contenu dans de justes bornes, peut offrir des avantages réels et amener d'utiles résultats. Les sciences, les arts, l'industrie, les inventions et les découvertes lui doivent beaucoup.

Néanmoins, si l'on n'y prend pas garde, il dégénère en une ardeur inquiète qui expose à de grands dangers. Ce désir immodéré de connaître, de voir, d'entendre, de goûter, d'expérimenter toutes choses ; cette tendance à scruter ce qu'il est inutile, ce qui peut être nuisible d'apprendre, est un véritable dérèglement de l'esprit, une prostitution de l'intelligence qui s'égare et se perd dans des voies obliques au lieu de suivre la voie droite qui conduit au but : c'est le vice de la curiosité.

Il a commencé au berceau du genre humain et il est devenu l'apanage des enfants d'Ève. S'il a été si funeste à la mère, comment pourrait-il être inoffensif pour les enfants ? Elle au moins avait une constitution saine, une raison parfaitement éclairée et une volonté droite. Eux sont nés avec des dispositions maladives et leur nature est presque toujours travaillée par quelque fièvre. De plus, ils vivent dans un milieu malsain, sur les bords des torrents impurs, dans un monde corrompu, rempli de vices et de mauvaises passions (1 JOAN. V. 19) ; tandis qu'elle habitait une terre vierge que l'iniquité n'avait pas déflorée.

Elle est tombée et c'est une indiscrète curiosité qui a causé sa chute. Et depuis, que de désastres, que de ruines morales occasionnées par la même cause dans sa descendance !

L'esprit troublé par cette étrange maladie est toujours prêt à dévier et à dépasser ses limites. Il est comme pris de vertige et se jette dans des excentricités et des aberrations infinies. Tantôt il veut s'élever trop haut, pénétrer trop avant, approfondir les mystères, et il aboutit à l'hérésie. Ou bien il entre en discussion avec la Sagesse suprême, contrôlant sa conduite, soumettant à son jugement sa doctrine et ses lois, et il devient incrédule. Tantôt il descend trop bas : il s'arrête dans des régions fangeuses qui souillent l'imagination et éveillent les mauvais instincts, et il s'abîme dans la luxure. Quelquefois il s'efforce de soulever le voile de l'avenir et il a recours aux sciences occultes aussi frivoles que pernicieuses, ou à d'autres moyens condamnés doublement et par la raison et par la religion. Le plus souvent il s'attache à des choses inutiles. Il met toute son application à se renseigner sur les hommes et les choses, il veut savoir tout ce qui se dit et se fait dans le monde. Il s'ingère, sans motif avouable, dans les affaires publiques et privées. On n'en finirait pas si l'on entreprenait d'énumérer toutes les extravagances graves amenées par cette insatiable avidité de connaître. C'est une source de désordres pour l'esprit et pour la chair, pour la vie privée et pour la vie publique. C'est l'une des trois concupiscences qui tourmentent la société et qui désolent la terre.

Aussi le souverain régulateur du monde n'a pas épargné les avertissements et les conseils. Il dit aux uns : « Ne recherchez point ce qui est au-dessus de vous et ne tâchez point de pénétrer ce qui surpasse vos forces ; mais pensez toujours à ce que Dieu vous a commandé, et n'ayez point la curiosité d'examiner la plupart de ses ouvrages. Car, vous n'avez que faire de voir de vos yeux ce qui est caché. » (*Eccl.* 3. 22.) Et ailleurs : « Celui qui veut sonder la Majesté sera accablé de sa gloire. » *(Prov. 25. 27.)* Il dit aux autres : « Ne vous appliquez point avec empressement à la recherche des choses non nécessaires, et n'examinez point avec curiosité les divers ouvrages de Dieu ; car, il vous a découvert beaucoup de choses qui étaient au-dessus de l'esprit de l'homme. » *(Eccl. 3. 24.)* Et encore : « Ne dressez point d'embûches au juste ; ne cherchez point l'impiété dans sa maison et ne troublez point son repos. » *(Prov. 24. 15.)* Il dit aux présomptueux : « Ne vous appuyez point sur votre prudence. Ne soyez point sages à vos propres yeux. » *(Prov. 3. 5. 7.)* « Ne jugez point, ne condamnez point. » Enfin il commande « de réduire en servitude toute intelligence, pour la soumettre à l'obéissance de Jésus-Christ. » *(II Cor. 10. 5.)*

Ces avis sont pour tous les âges. L'enfance a plus particulièrement besoin de les entendre ; car c'est l'époque où l'âme aspire avec le plus d'ardeur à se renseigner et où elle contracte des habitudes que le temps ne fait qu'affermir. C'est pourquoi beaucoup de prudence est nécessaire dans les familles, pour arrêter les écarts de la curiosité naissante, et pour soustraire la jeunesse aux dangers du dedans et du dehors.

Il est un autre danger qui n'est pas moins à craindre, c'est l'esprit d'indépendance qui apparaît dans les premières années de l'existence. Nous n'en dirons que peu de chose ici, nous réservant d'en parler plus longuement à la fin de ce chapitre.

Il y a, dans l'homme, une contradiction perpétuelle, qui ne lui permet pas de jouir longtemps du repos.

C'est un fait généralement reconnu, mais toujours demeuré un mystère pour les philosophes des temps anciens. Cette contradiction, qui est plus ou moins vivement sentie, n'est pas toujours assez remarquée. Elle est la conséquence de la chute qui a suivi de près la création de notre premier père.

Dieu l'avait créé bon, mais par un abus de sa liberté il a introduit le mal dans sa nature. Il en est résulté deux tendances opposées qui se disputent l'empire de la volonté. L'homme est libre assurément. Il a le pouvoir de choisir. Néanmoins, il reste ce que la naissance l'a fait, être fragile, à courte vue et à dispositions changeantes.

Il garde ce que la nature lui a légué en héritage. La liberté, qu'il considère à juste titre comme l'un de ses plus beaux titres de gloire, lui est particulièrement chère. Il l'aime, il la veut très large, il la voudrait sans limite. C'est ici que se cache l'écueil.

Dieu, qui connaît ses dispositions, a pris soin de le mettre en garde contre lui-même. Pour le maintenir dans l'ordre, il a élevé autour de lui la barrière de ses lois. Il ne peut la franchir sans se blesser et sans entamer son plus beau privilège.

Si un homme, instruit par l'expérience et bien armé par la raison et par la religion, est encore exposé aux illusions de l'esprit et aux égarements de la volonté, que ne doit pas craindre un enfant qui débute dans la vie et qui porte en lui le germe des maladies morales héréditaires dans sa race? Il est bien nécessaire qu'il apprenne à se connaître, afin d'être en état de se bien diriger et d'établir en lui-même une parfaite harmonie.

9. LES RESPONSABILITÉS.

Entre les nombreux privilèges accordés aux créatures intelligentes, il n'en est peut-être aucun qui soit plus apprécié, plus aimé et revendiqué avec plus d'ardeur que la liberté. C'est le plus précieux apanage de l'homme. Il y tient comme il tient à la vie. On peut lui enlever beaucoup d'autres biens, sans changer sa condition. Le dépouiller de celui-là c'est l'humilier profondément, c'est presque l'annihiler, puisque c'est effacer en lui le plus beau trait de ressemblance avec le Créateur. Y a-t-il une dégradation comparable à celle-là ? Y a-t-il un châtiment plus douloureux ? On ne l'inflige qu'aux grands coupables. La prison dans laquelle on les renferme, n'est redoutée que parce qu'elle semble être le tombeau de la liberté. Ses murailles et ses barreaux de fer n'auraient rien de sinistre, s'ils n'étaient destinés à immobiliser, et à réduire à l'impuissance des forces actives et libres. La captivité, la servitude et l'esclavage sont une sorte de mutilation morale. L'homme se sent rejeté en dehors de la société, comme un rebut, comme une épave qui ne peut plus servir. La mort fait-elle autre chose avec les cadavres ? La justice suprême agit-elle autrement avec les damnés ? Que leur reste-t-il, à ces malheureux ? Le pouvoir même qu'ils ont eu sur la terre de servir Dieu et de faire le bien, qu'est-il devenu ? L'enfer est un cachot habité par des esclaves, les esclaves du péché.

C'est donc un bien et un très grand bien que la liberté, puisque sa privation est un mal qui fait souffrir tant de tortures et verser des larmes si amères.

Ce pouvoir de disposer de soi n'appartient à aucune créature inférieure à l'homme. Lui seul a le domaine de ses actes; et ce domaine s'étend non seulement sur son âme, mais sur son corps, sur ses opérations, et, pour ainsi dire, sur toute la nature. C'est une sorte de royauté, qui l'élève aux honneurs et lui assure le droit de commander. C'est Dieu lui-même qui l'a investi de cette puissance. Il l'a fait, en le créant, lorsqu'il a dit : « Faisons l'homme à notre image et à notre ressemblance » *(Genès.* 1. 26), c'est-à-dire, comme on l'explique, à l'image de notre domination. « Comme au ciel il n'est personne qui soit supérieur à Dieu, il n'y aura de même sur la terre aucun être qui soit au-dessus de l'homme. Le Seigneur nous a donc fait, et à nous seulement, l'honneur de nous créer à son image. Cet empire, nous l'avons reçu, non pas comme prix de nos œuvres, mais par un pur effet de sa bonté. De plus, Dieu a voulu que ce fut un privilège de notre nature.

C'est la nature ou l'élection qui donnent le pouvoir. La nature a donné au lion l'empire sur les quadrupèdes, à l'aigle l'empire sur les oiseaux. L'empereur tient son pouvoir de l'élection. Ce n'est point, en effet, par nature qu'il commande à ses semblables; et de là vient que souvent l'empire lui est enlevé. C'est le sort des choses qui ne sont pas dans notre nature, de changer et de déchoir. Il n'en est pas ainsi du lion. C'est par nature qu'il règne sur les quadrupèdes, comme l'aigle sur les oiseaux. Toujours sa race héritera de cette domination et jamais on ne l'en verra dépouillée. Telle est aussi la puissance dont Dieu nous investit dès l'origine, lorsqu'il nous établit rois de la création. » (S. Chrysostome. T. 3, p. 21.)

C'est par cette faculté que l'homme se rapproche le plus de son Créateur. Dieu est libre dans tout ce qui est étranger à sa nature ; il ne l'est pas vis-à-vis de lui-même. Il veut nécessairement et son être, et son bien et sa gloire. En d'autres termes, il s'aime nécessairement et il ne pourrait pas renoncer à cet amour de lui-même.

L'homme créé à son image, s'aime aussi par nécessité : il désire son bonheur, qui constitue sa fin dernière. Seulement comme son intelligence est bornée et souvent enveloppée de nuages ténébreux, elle le trompe en lui montrant le bonheur où il n'est pas. C'est ainsi que les uns le cherchent dans le repos et les autres dans l'abondance des biens périssables; ceux-ci, dans les plaisirs, ceux-là dans les honneurs.

N'y eût-il pas d'erreurs par rapport à la fin dernière, il y en a souvent dans le choix des moyens laissés à la disposition de chacun. « Nous sommes déterminés à vouloir le bien en général, dit Bossuet (XI. 387), mais nous avons la liberté de notre choix, à l'égard de tous les biens particuliers. Par exemple, tous les hommes veulent être heureux, et c'est le bien général que la nature demande. Mais les uns mettent leur bonheur dans une chose, les autres dans une autre; les uns dans la retraite, les autres dans la vie commune; les uns dans les plaisirs et dans les richesses, les autres dans la vertu. C'est à l'égard de ces biens particuliers que nous avons la liberté de choisir, et c'est ce qui s'appelle le franc-arbitre ou le libre arbitre. »

Quand on voit les abus de tout genre qu'on fait ici-bas de cette magnifique faculté, on est tenté d'y voir plus de mal que de bien. Elle apparaît comme un danger permanent, comme une pierre d'achoppement sur le chemin du bonheur, car c'est parce qu'ils sont libres que les mortels se laissent entraîner à tous les désordres qui troublent la paix du temps, et amassent des trésors de colère pour l'éternité.

Cependant un examen plus attentif montre à l'évidence, que les maux qu'on attribue à la liberté ne proviennent que de son état d'imperfection. Dieu est libre; les anges et les saints aussi, et jamais le moindre mal ne vient d'eux. L'homme participe à ce même privilège. Si, dans ses actes, il en est de répréhensibles, on ne doit pas en chercher la cause dans la force élective, mais dans sa condition défectueuse.

Tout est défectueux dans la créature déchue. L'intelligence n'a plus la lucidité qu'elle avait à l'origine, et la volonté est encore beaucoup plus affaiblie. Le libre-arbitre qui commence dans l'une, en même temps qu'il procède de l'autre, se ressent nécessairement de ses origines. Ce pouvoir d'agir en vertu de sa propre détermination et de son propre choix, ainsi que l'ont défini les moralistes, est loin, bien loin de sa perfection primitive.

Quand on dit que l'homme est libre, il faut bien entendre le sens qu'on attache à ce mot ? La liberté n'est pas l'indépendance. L'indépendance est un attribut qui n'appartient qu'à Dieu. Lui seul est au-dessus de tout, en dehors de tout, il n'y a rien autour de lui, rien devant lui, rien derrière lui. L'univers est à ses pieds et c'est lui qui en est le premier moteur.

Or, tous les matériaux qui composent cet admirable édifice, y compris l'homme, sont étroitement liés ensemble. Ils se touchent, se tiennent, se supportent mutuellement, en sorte que l'impulsion reçue d'un côté, se communique de proche en proche, et se fait sentir dans tout l'ensemble. Et puisque c'est Dieu qui la donne, c'est en lui qu'il faut chercher la cause première et la règle absolue de tous les mouvements.

Dieu n'agit pas de la même manière sur tous les êtres indistinctement. Il les a subordonnés les uns aux autres, et il se sert des natures les plus nobles, comme instruments ou comme causes secondaires de ses opérations. La terre est soumise aux influences du ciel; les fleuves qui l'arrosent sont alimentés par les nuages, et les fleurs qui l'embellissent se colorent au rayonnement des feux du jour.

Ce qui a lieu dans le monde physique, se reproduit dans le monde moral. Tous deux sont régis par des lois analogues. Les esprits sont gradués comme le corps. Les plus bornés sont éclairés par les plus lucides; les enfants par les parents, les disciples par les maîtres, et les hommes par les anges.

Il faut en dire autant des volontés. Les plus fortes sont chargées de soutenir les plus faibles; et celles qui ne sont pas encores réglées, participent à la rectitude de celles qui sont parfaitement droites. Cette harmonie des mondes repose sur la dépendance des parties qui les composent.

Ainsi la liberté, dont l'homme est si fier, et dont si souvent il abuse, ne le soustrait point à l'obligation de servir. Au désir de l'indépendance, commun à tous les esprits, à cette passion violente qui les porte à dominer, la Providence a opposé le triple frein des lois, de celles qui sont au dedans de la nature, et de celles qui sont au dehors.

La raison particulière de chaque homme, lui prescrit ce qu'il doit faire et éviter. Elle trace autour de lui la ligne de démarcation entre le bien et le mal, et elle lui dit : tu iras jusque là et tu ne dépasseras point cette borne. Si cette première autorité, si cette puissance intérieure est trop faible pour se faire obéir, ou si elle vient à pactiser avec la nature déréglée, la raison générale de la société, qui est au-dessus de tous les membres, élevera un second retranchement, pour briser la fougue des passions rebelles et pour prévenir ses excès. Et si cette seconde barrière est encore impuissante à les arrêter, elles rencontrent un dernier rempart, élevé par la raison éternelle qui dirige l'univers. (S. THOMAS. 12-72. 4. c.)

Tout être libre se trouve enfermé dans ce triple mur concentrique, qui lui sert de boulevard. S'il a la témérité de le franchir, c'est pour son malheur, car au delà il n'y a plus de liberté, c'est la servitude la plus dégradante, celle du péché ; il n'y a plus de progrès, c'est l'abaissement, la décadence et la corruption ; il n'y a plus de bonheur, c'est le malaise, qui accompagne le désordre et qui toujours est suivi du châtiment.

Et, parce qu'il y a une triple loi, pour garder la liberté créée, la loi de la conscience, celle de la société humaine et celle de la société divine, il y a un triple châtiment encouru par ses transgresseurs : le remords qui empoisonne la vie, les peines afflictives du temps qui la compriment et les peines intolérables de l'éternité. (S. Thomas. 1. 2. 87. 1 c.)

Ce serait donc une profonde erreur de confondre la liberté humaine avec l'indépendance. Celle-ci est un attribut divin, une perfection incommunicable, qui n'appartient qu'à l'Infini. Celle-là, au contraire, est une prérogative attachée à la position de l'homme sur l'échelle des êtres créés, où les moins nobles sont destinés au service des plus parfaits. Et parce que ceux-ci n'ont rien au-dessus d'eux, si ce n'est la Majesté divine, c'est à eux qu'est échu l'insigne honneur de la servir.

Mais, dans la nuit qui l'entoure et dans l'ardeur des passions qui le travaillent, l'homme a souvent beaucoup de peine à comprendre les prévenances si délicates de la bonté divine. Il s'imagine que les ordonnances faites en sa faveur lui enlèvent une partie de son pouvoir et cette idée le révolte. De là, ces murmures contre l'autorité qui commande, ces répugnances à se soumettre humblement à la voix des supérieurs, ces difficultés à renoncer aux desseins qu'il a conçus, ces moyens détournés auxquels il a recours pour éluder les prescriptions qui le contrarient, enfin tous ces actes de désobéissance qui se multiplient souvent à l'infini dans le cours de la vie. Il faut une continuelle assistance du Ciel pour rectifier les mouvements du cœur humain. « La volonté de l'homme, dit S. Bernard (*OEuvr.* T. 2. p. 524), tient le milieu entre l'Esprit de Dieu et l'appétit charnel. Suspendu, pour ainsi dire, au flanc d'une montagne escarpée, il est tellement affaibli par l'appétit charnel, que si l'Esprit ne vient au secours de sa faiblesse, par le moyen de la grâce, non seulement il ne pourra s'élever de vertu en vertu jusqu'au sommet de la justice, que le Prophète appelle une montagne de Dieu (Ps. 35), mais même on le verra rouler de vice en vice jusqu'au fond de l'abîme, entraîné en même temps par le poids de la loi du péché qui se trouve originairement dans ses membres, et par l'habitude de sa demeure terrestre, enracinée à la longue dans ses affections. »

L'homme est si borné dans ses vues, qu'il se figure grandir sa liberté et en jouir pleinement, lorsqu'il suit tous ses caprices et s'abandonne sans retenue à ses mauvais instincts. Et c'est précisément ainsi qu'il la perd. Car, comme le remarquent les moralistes, il y a deux sortes de libertés : l'une qui se tient dans les limites qui lui sont marquées, toujours soumise aux lois faites pour la régler : c'est la vraie liberté des enfants de Dieu; l'autre, qui méprise tout et qui s'aventure dans les régions interdites, entraînée par l'esprit d'indépendance. Cette dernière n'est qu'une liberté apparente qui tourne fatalement en servitude, selon le mot de l'Écriture : « Omnis qui facit peccatum servus est peccati. » (JEAN. 8. 34.)

L'homme n'a pas toujours compris sa condition réelle; il s'est imaginé, dans ses vues étroites, que le joug le plus suave qui soit au monde, celui du Père céleste, était trop dur pour lui, et il a voulu le secouer.

Hélas ! il n'a fait que changer de maître. Au lieu de la douce autorité d'un Père, il a dû subir les exigences du plus cruel des tyrans.

Il existe, dans le monde des esprits, deux sortes de servitudes, entre lesquelles il faut nécessairement opter, dit l'Ange de l'École (II. 2. 183. 4. c.) : l'une est aimable, attrayante et glorieuse, parce qu'elle n'est que l'exercice de la justice et l'accomplissement fidèle du devoir (Rom. 6. 17. 18.) L'homme intègre l'aime, il la désire par raison, par vertu, par intérêt personnel. L'autre est dure, honteuse et toujours fatale, c'est celle du péché ; elle n'est recherchée que par les esprits faibles, égarés ou corrompus.

La créature raisonnable n'a devant elle que cette double alternative. Toute idée d'indépendance est un rêve, que peut bien exalter un instant une imagination maladive, mais qui ne tarde pas à s'évanouir en face de la réalité. Tout son pouvoir consiste à choisir entre deux gouvernements, celui de la raison, qui établit l'ordre et la paix dans son domaine, et celui de la passion, qui sème le trouble et la tempête dans le sien et qui y promène la destruction et la mort.

Ces considérations suffisent pour aider à comprendre l'état de l'enfant et son devoir capital. Avant même de se connaître lui-même, il semble avoir conscience de sa liberté. L'amour de ses parents, les soins qui lui sont prodigués, tout ce qui se fait pour son bien, contribuent à développer en lui le sentiment de sa dignité. Il s'habitue insensiblement à suivre son humeur. Et lorsqu'un obstacle se présente, ou qu'une main l'arrête, ou qu'une volonté étrangère résiste à ses caprices, il se sent froissé. La moindre contradiction le blesse. Il semble que tout ce qui borne son pouvoir, le dépouille d'un bien qui lui est cher, que tout ce qui s'oppose à ses désirs, le fait descendre d'un trône imaginaire, qu'il considérait comme son apanage. Il en est humilié.

Cette humiliation est salutaire. C'est l'un des éléments de la bonne éducation, et il serait à souhaiter qu'on lui fît une large place dans la formation de l'enfance.

La liberté, dépendant à la fois de la raison et de la volonté, subit leur influence. Avec elles, elle grandit ou diminue. Les causes qui favorisent leur développement la perfectionnent et elle s'affaiblit par tous les obstacles qui les arrêtent. On doit conclure de là que l'enfant n'a que très peu de liberté. Il n'en a pas du tout avant l'âge de raison. C'est évident pour qui a saisi la signification du mot. Être libre, c'est avoir la faculté de choisir. Pour faire un choix, il faut connaître différentes choses, les comparer, les juger, en un mot réfléchir, afin de donner la préférence aux unes en rejetant les autres. Conséquemment les êtres aveugles n'ont aucune liberté. La terre, l'eau, toutes les choses inanimées sont dans ce cas.

Les êtres qui n'ont qu'une connaissance purement sensible, comme les animaux, ont une certaine liberté dans leurs mouvements, il n'en ont pas dans leur jugement, parce que leur jugement est limité, par leur nature, à un objet unique, puisqu'ils ne connaissent que par les sens. C'est la condition de l'enfant dans son premier septénaire.

Mais, lorsqu'il entre dans le second, et qu'il commence à discerner les choses, il voit le bien d'une manière générale. Sa volonté est susceptible d'être inclinée vers tout ce qui s'offre à elle : elle est en état de choisir, sans être empêchée par aucune détermination naturelle. (S. Thomas. C. G. ii. 13.) L'enfant est libre.

Étant libre, il devient responsable. Tout ce qu'il fait est à lui, le bien et le mal. Tout vient de lui. Ses opérations sont comme une expansion de son être, un épanouissement de son énergie vitale. Si elles sont bonnes, l'âme s'en revêt comme d'un vêtement de gloire, qui la fait briller aux yeux des anges et des hommes. Si elles sont mauvaises, elles ressemblent à des lambeaux sordides, qui dissimulent à peine les infirmités et les maladies du cœur.

Cependant, la liberté étant subordonnée à la raison et à la volonté, sa perfection dépend des lumières de l'une et de la rectitude de l'autre, et comme, à cet âge, l'intelligence est encore enveloppée de brouillards et la volonté chancelante et mal affermie, il est manifeste que la liberté participe au vice de ses racines et est très défectueuse. C'est pour prévenir ses écarts et suppléer à ce qui lui manque, que la Providence a investi de son autorité tous les chefs de famille.

La grande vertu de l'enfant et sa sécurité consistent à marcher dans la voie qui lui est montrée. S'il est docile, il méritera d'être rangé dans la classe des êtres raisonnables et des sages. Sa dignité, sa valeur, ses triomphes sont dans l'obéissance. C'est par elle qu'il se formera le mieux. S'il veut rester dans l'ordre, il faut qu'il soit facile à manier, prompt à se soumettre, prêt à faire ce qui lui est commandé et à éviter ce qui lui est défendu.

Les natures revêches, les volontés arrêtées, indomptables présagent toujours un avenir de désordres et d'infortunes. L'enfant qui résiste à l'autorité paternelle, n'est plus libre. Cette affectation d'indépendance est une servitude véritable. Dès que Dieu se retire, des usurpateurs prennent sa place. Qui repousse son gouvernement paternel, tombe dans l'esclavage et se trouve enchaîné par un préjugé, un intérêt, une passion, un tyran imaginaire.

L'obéissance est une vertu générale, qui s'étend à tous les âges et à toutes les conditions. C'est dans l'enfance qu'elle s'implante et s'enracine et qu'elle jette son plus brillant éclat; mais c'est alors aussi qu'elle rencontre le plus d'obstacles et qu'elle exige de plus grands efforts.

CHAPITRE V

L'enfant devant Dieu.

1. LE CHRÉTIEN.

Dans cette portion d'activité qui a été départie à l'homme et qu'on désigne sous le nom de vie, des éléments multiples se rencontrent, se mélangent et se confondent, pour former un tout complexe. Tel un fleuve aux nombreux affluents, qui roule dans son cours les eaux de tous ses tributaires. Néanmoins dans cette agrégation, chaque élément conserve sa nature propre et ses tendances. Tous semblent aspirer à prédominer. Celui qui parvient à obtenir la prépondérance imprime son cachet sur la vie. Celle-ci, au reste, se modifie constamment au gré de la volonté libre. Elle est sujette à d'incessantes fluctuations qui l'élèvent et l'abaissent tour à tour. Elle s'agite tantôt au dedans, tantôt au dehors. Elle s'applique aux objets matériels et à ceux qui ne tombent pas sous les sens. Elle est, à ses heures, sensitive ou raisonnable, intellectuelle ou morale, sociale ou religieuse. Mais elle demeure confinée dans les limites de la nature jusqu'au jour où l'élément divin de la grâce y est introduit.

La grâce y opère un changement merveilleux. Elle ne détruit pas ce qui était, elle le perfectionne et lui donne un tout autre aspect. C'est l'or le plus pur qui s'allie au plus vil métal et lui communique son lustre et sa valeur.

La vie prend alors une nouvelle orientation. Elle acquiert de nouvelles aptitudes, elle manifeste des tendances plus nobles; elle est élevée à une dignité qui la rapproche de Dieu et la fait participer dans une plus large mesure à ses lumières, à ses forces et à ses ineffables joies. Elle devient spirituelle.

La grâce est un don signalé qui pénètre toute la substance de l'homme et qui ennoblit toutes ses facultés. C'est une force qui soulève la nature, qui l'exalte et la transforme, qui l'enrichit de privilèges auxquels elle n'aurait jamais pu prétendre.

En devenant chrétien par le baptême, l'homme est mis en communication intime avec Dieu, Auteur de tout bien. La vertu du sacrement qui l'a régénéré l'a fait sortir du cercle où s'agitent les êtres inférieurs. Un vaste champ s'étend devant lui. Sa pensée s'y promène. Elle s'élève, entraînée par une force intérieure, vers les plus hautes régions fermées aux investigations de la raison humaine. Un monde jusqu'alors inconnu lui a ouvert ses portes : c'est ce Royaume de Dieu qui embrasse à la fois le ciel et la terre; s'il est encore obscur dans le bas, le haut est tout rayonnant de lumière.

Le chrétien est conduit là par la foi; et c'est encore la foi qui l'y maintient, c'est la foi qui l'y fait agir, c'est la foi qui l'y fait vivre. Il ne voit pas et néanmoins il connaît et cette connaissance lui donne plus de certitude et de sécurité que la vue ne pourrait lui en procurer. Ce n'est pas sa raison particulière qui le dirige, elle est trop sujette à s'égarer, c'est la raison souveraine à laquelle il s'est abandonné. Cet abandon est son bonheur. On peut bien lui appliquer le mot de l'Évangile : Bienheureux ceux qui n'ont pas vu et qui ont cru. (Joan. 20. 29.)

« La dignité de cette vie spirituelle que nous avons reçue dans le baptême, dit un théologien (Daniel. *Conférences théologiques et morales*. T. 3. p. 103), consiste en ce que nous participons, par une faveur toute gratuite de Dieu, à tous les caractères d'excellence qui ont éclaté en la personne de Jésus-Christ sur la terre. Si le plus bel ouvrage de la miséricorde de notre Dieu, est le Sauveur qu'il nous a envoyé, le plus beau chef-d'œuvre de sa grâce est l'homme chrétien. Il a par faveur et par adoption les mêmes avantages que le Verbe incarné eut par le droit de sa nature, étant honoré comme lui de la qualité d'enfant de Dieu et d'héritier de son Royaume céleste : et la seule différence, dit S. Paul, est que nous ne sommes pas sauvés comme lui par des œuvres de justice que nous ayions faites, mais par le renouvellement du Saint-Esprit, qu'il a miséricordieusement répandu sur nous à la considération de Jésus-Christ son Fils. (Tit. 3. 5.)

Dieu a fait, pour la naissance spirituelle du chrétien, quelque chose de ce que le Saint-Esprit opéra dans l'Incarnation du Verbe divin sur la terre. Il rendit une vierge féconde, en formant, par sa vertu, le corps de son Fils des plus pures gouttes de son sang; il organisa ce corps, et lui donna une âme enrichie de ses grâces dans toute leur plénitude. C'est aussi cet Esprit divin qui s'est répandu dans nos âmes, lorsque l'Église l'a invoqué sur nous; c'est lui qui a rendu ces eaux fécondes, pour donner la vie de la grâce à ceux qui étaient morts par le péché; et Celui qui donna la vie au Sauveur est le même qui nous a ressuscités. La vie de Jésus-Christ et la nôtre, dans l'ordre surnaturel de la grâce, reconnaissent le même principe, et sont par cet endroit divines. C'est le même Esprit-Saint qui anime Jésus-Christ et le chrétien; c'est donc, pour ainsi parler et en quelque sens, la même vie. Quelle dignité!

Jésus-Christ a été établi chef sur toute l'Église qui est son corps mystique, comme dit S. Paul (*Éphes*. 1. 23 et 33), et les chrétiens sont autant de membres de cet auguste chef. Or, le chef et les membres d'un corps n'ont que la même vie : ce qui anime le Chef anime aussi tous les membres quoique ces membres aient différentes fonctions. Tous les chrétiens ont donc reçu la même vie que Jésus-Christ par la grâce de leur baptême; et quoique tous ne fassent pas les mêmes fonctions dans le corps mystique de Jésus-Christ, qui est l'Église, cette différence n'empêche pas qu'ils ne soient tous animés du même Esprit, quand ils persévèrent en sa grâce et qu'ils ne vivent que de la même vie que lui. Voilà quelle est la dignité de cette vie spirituelle que nous avons reçue dans le baptême et la haute estime que tout chrétien en doit faire. »

Cependant il faut bien reconnaître que le péché, qui a infecté toute la descendance d'Adam, n'a jamais eu de prise sur la Sainte Humanité du Christ. Le Verbe s'est fait chair. Mais cette chair miraculeuse n'a jamais été contaminée. Au lieu que, dans l'homme déchu, la tache originelle a laissé des traces sensibles, comme l'ignorance dans l'esprit et la concupiscence dans le cœur. Dieu n'a pas voulu que ces pénalités fussent entièrement effacées par le baptême. Il les laisse subsister dans ceux qui sont devenus ses enfants d'adoption; il a voulu donner à ceux-ci le moyen d'exercer leur vertu et leur fournir des occasions de lui montrer leur fidélité. Il lui a plu de les mettre aux prises avec des ennemis tant intérieurs qu'extérieurs, pour leur permettre de mériter davantage en combattant et en remportant de glorieux triomphes.

Malheureusement, il en est qui ne veulent pas comprendre les vues de la Providence et qui font servir à leur perte ce qui était destiné à leur salut. Beaucoup manquent de prudence et de courage : au lieu de veiller sur eux-mêmes, ils s'endorment dans l'insouciance; au lieu d'opposer une énergique résistance aux inclinations de la nature, ils s'abandonnent au courant qui les entraîne. La lumière de la foi s'affaiblit graduellement et ne répand plus sur leur chemin qu'une lueur incertaine. La flamme de l'espérance, qui devait monter toujours vers les biens futurs se replie vers les ombres et les figures qui passent. Le feu de la charité s'attiédit et perd toute son ardeur au milieu d'un monde où règne le froid de la mort. Les ténèbres et les convoitises deviennent, pour la faiblesse humaine, un danger permanent. La vie spirituelle se trouve comme enveloppée dans un réseau de pièges. Elle se débat dans un milieu malsain, dans une atmosphère toujours assombrie par les nuages, toujours troublée par la violence des tempêtes ; de là, les défaites au lieu des victoires et les hontes à la place des couronnes.

Dieu avait prévu ce qui est arrivé. Dans son infinie miséricorde, il a daigné placer le remède auprès du mal. Il y a dans son Église, des baumes salutaires pour toutes les blessures ; et toujours une main secourable est tendue pour relever ceux qui tombent.

Si, dans le corps mystique du Christ, il est des membres qui se sont préservés de la contagion du vice, il en est d'autres, en beaucoup plus grand nombre qui en ont subi les atteintes. Ces derniers ont besoin de la vertu curative de leur Chef, pour recouvrer la grâce perdue et rentrer dans la voie qui conduit à l'immortalité glorieuse.

2. LA VIE SURNATURELLE.

Deux mondes fort différents ont été créés pour l'homme : l'un en bas, c'est la nature visible où sont les corps : c'est la terre avec ses productions, ses plantes variées, sa flore et sa faune ; l'autre en haut, c'est le monde invisible, c'est le royaume surnaturel de la grâce où sont les esprits, où les âmes et les anges sont unis pour le service du Créateur.

Le chrétien appartient à ces deux mondes : au premier par la naissance ; au second par le baptême. Il doit vivre dans les deux, sous peine de ne vivre qu'à moitié. En sorte que la vie chrétienne, qui est essentiellement active, est une montée et une descente continuelle.

Nos inclinations naturelles nous portent constamment à descendre, à regarder ce qui est au-dessous de nous, à nous intéresser aux choses matérielles qui tombent sous nos sens. Au contraire les voix de la religion nous invitent à monter, à chercher ce qui est au-dessus de nous, à goûter ce qui est caché à nos yeux corporels : « *Quæ sursum sunt quærite... quæ sursum sunt sapite, non quæ super terram.* » (Coloss. 3. 1. 2.)

Nous descendons pour sustenter nos corps qui viennent de la terre et qui y trouvent leurs aliments. Nous descendons par le travail, l'industrie, le commerce, les relations sociales ; et c'est là ce qui afflige les grandes âmes qui aspirent toujours à monter et à rester sur les hauteurs.

Nous montons pour éclairer et nourrir nos âmes, qui viennent de Dieu et qui trouvent en lui leurs satisfactions et leur repos. Nous montons par la prière, la méditation, la réflexion, le sacrifice, les sacrements et les autres actes de la religion. Nous ne pouvons pas demeurer toujours en haut, nos corps se fatigueraient et s'épuiseraient. Nous ne pouvons pas demeurer toujours en bas, nos âmes y languiraient. Il faut que nous vivions à la fois des deux côtés. Dieu l'a voulu ainsi.

C'est pour cela qu'il a fait le partage du temps. Il y a des heures dans le jour et des jours dans la semaine qui sont consacrés au travail et aux nécessités du corps, et il y a d'autres heures et d'autres jours, comme les dimanches et les fêtes, réservés aux besoins de l'âme. Et le Saint-Esprit nous avertit de ne pas les confondre lorsqu'il nous dit au livre de l'*Ecclésiaste* (3. 1) : *omnia tempus habent*.

C'est pour cela encore que, dans ce monde qui est un grand atelier de travail, il y a de tous côtés des endroits réservés aux élévations de la pensée, ce sont les églises. Ces édifices sacrés sont accompagnés d'une tour et surmontés d'une flèche qui s'élève vers le ciel, pour indiquer leur destination. Et de peur que les chrétiens ne perdent de vue ce qu'ils doivent à Dieu et à leur âme, dans la crainte qu'ils ne se laissent absorber par les affaires du monde visible, il y a des cloches qui résonnent tous les jours, et qui invitent les âmes à monter dans les régions d'en haut et à goûter les douceurs de la grâce et les suavités du commerce avec Dieu.

La terre est couverte d'églises et c'est ce qui sauve les peuples qui l'habitent; car cette terre, il faut bien le reconnaître, est un lieu malsain pour les âmes, depuis que le péché y est entré et y a répandu son venin. C'est un lieu obscur où les esprits s'égarent aisément ; c'est une région froide où les cœurs se glacent et n'ont plus assez de force pour aimer même Celui qui est souverainement aimable. Elle a été maudite après la chute originelle. Elle a été ouverte aux invasions de l'enfer. Elle est sillonnée d'un bout à l'autre par les esprits de mensonge et d'impureté, elle est toute remplie d'erreurs, de faussetés, de superstitions, elle est toute plongée dans le mal : *mundus totus in maligno positus est.* (I. JOAN 5. 19.)

Tout homme qui vient sur cette terre y apporte avec lui le péché, et avec le péché le germe des maladies qui mènent au tombeau, et le principe des vices qui conduisent à la ruine éternelle. C'est pourquoi cette pauvre terre a été comparée à un vaste hôpital où l'on entend de tous côtés des plaintes et des gémissements, comme le dit S. Paul : « *omnis creatura ingemiscit.* » (*Rom.* 8. 22.) Et d'autre part, on y rencontre tant de désordres et de scandales, tant d'excès de tout genre, qu'on se demande avec inquiétude où est le remède à tant de maux.

Le remède, il est dans les églises où le céleste médecin des âmes a fixé sa résidence. « L'Église de Dieu est un marché spirituel, dit S. Jean Chrysostôme, c'est la maison du médecin des âmes ; il faut faire comme au marché, d'où l'on revient chargé de provisions; comme dans la maison du médecin, d'où l'on rapporte des remèdes pour diverses maladies. Si nous venons ici chaque jour, ce n'est point simplement pour nous y rencontrer et nous séparer ensuite. Nous nous réunissons pour que chacun apprenne quelque chose d'utile et reçoive un remède contre les maux qui le tourmentent. » (*OEuvr. compl.* v. 217.)

Avant l'Incarnation la société humaine était malade ; les peuples étaient assis dans les ténèbres et dans l'ombre de la mort. Deux choses leur ont rendu la vie : l'Évangile et l'Eucharistie ; l'Esprit de Jésus-Christ et sa chair adorable.

L'Évangile est le phare lumineux qui dirige la barque de l'Église sur la mer du monde. L'Eucharistie est la force infinie qui l'empêche de sombrer dans la tempête.

L'Eucharistie c'est Jésus-Christ qui revient tous les jours sur cette terre, mais qui s'arrête sur les hauteurs des tabernacles qui lui servent de reposoirs. C'est là que les âmes sont appelées à monter. Là elles vivent, elles respirent un air pur, elles se développent, elles s'enrichissent, elles se parfument de la bonne odeur des vertus.

Malheur aux âmes qui se confinent dans le monde d'en bas ! Elles s'affaiblissent et se corrompent, elles s'empoisonnent et contractent des fièvres morales qui mènent tôt ou tard à la folie, et leur mal est sans remède.

C'est par l'Eucharistie que les âmes arrivent à la perfection de la vie, parce que c'est de ce point culminant du monde surnaturel que partent les rayons de lumières qui éclairent et nourrissent les intelligences ; c'est de ce foyer que sortent les courants de la grâce qui purifient les cœurs et rectifient les volontés. C'est dans la chaude atmosphère de l'Hostie que les grandes vertus chrétiennes fleurissent et fructifient : la foi y est plus éclairée, l'espérance plus ferme, la charité plus ardente, l'humilité plus profonde, l'obéissance plus prompte et plus facile et la chasteté mieux gardée.

Il faut lire l'histoire de l'Église catholique depuis son berceau jusqu'à nos jours, pour voir les merveilleux effets opérés par le Christ dans le vaste champ du monde surnaturel. On y trouve, à chaque page, des traits édifiants. On y voit à quelle hauteur l'Eucharistie élève les âmes qui en font un bon usage. On peut dire que toutes les grandeurs morales ont leur principe, leur cause première dans ce mystère divin. C'est un préservatif et un remède : un remède à toutes les faiblesses, à toutes les défaillances, à toutes les infirmités du cœur, et un préservatif contre tous les dangers du voyage terrestre.

Aussi est-ce vers l'Eucharistie que sont dirigées les meilleures aspirations de l'enfance chrétienne. Il semble que tout lui manque aussi longtemps qu'elle n'a pas touché le rivage de ce vaste océan de vie qui attire les prédestinés. La doctrine évangélique fait resplendir le mystère de l'autel et celui-ci, à son tour, donne l'intelligence des enseignements du Christ. C'est dans son contact avec le corps et le sang du Rédempteur que l'enfant se dépouille des puérilités du premier âge, pour entrer résolument dans sa voie.

La nature, la société et l'âme sont pour lui, à la vérité, trois foyers de lumière, où il peut puiser les premiers éléments de la science de la vie. Ce sont comme trois écoles qui s'ouvrent successivement devant lui, et dans lesquelles il se transforme peu à peu ; ou encore, ce sont comme trois gradins par lesquels il s'élève et se rapproche du terme où s'arrêtera sa course. Mais il ne lui est pas permis de s'arrêter à aucun. Le bonheur n'est pas là. Il faut qu'il avance toujours, jusqu'à ce qu'il rencontre la source première d'où sortent toutes les lumières et toutes les forces ;

jusqu'à ce qu'il ait contracté une alliance indissoluble avec Celui qui est la voie, la vérité et la vie.

Le grand évêque de Meaux a décrit ces commencements de la vie chrétienne, dans une page éloquente que nous voulons reproduire ici.

« Dans ce grand et infini voyage, où nous devons marcher sans repos et nous avancer sans relâche, je remarque trois états et comme trois lieux où nous avons coutume de nous arrêter. Ou bien nous nous arrêtons dans le plaisir des sens, ou bien dans la satisfaction de notre esprit propre et dans l'exercice de notre liberté, ou bien enfin dans la vue de notre perfection. Voilà comme trois pays étrangers dans lesquels nous nous arrêtons, et ensuite nous n'arrivons pas dans notre patrie.

Mais pour aller à la source, et rendre la raison profonde de ces trois divers égarements, considérons tous les pas, et remarquons les divers progrès que fait l'âme durant ce voyage. Ou nous nous arrêtons au-dessous de nous, ou nous nous arrêtons en nous-mêmes, ou nous nous arrêtons au-dessus de nous. Lorsque nous nous attachons au plaisir des sens, nous nous arrêtons au-dessous de nous : c'est le premier attrait de l'âme, encore ignorante, lorsqu'elle commence son voyage. Elle trouve premièrement en son chemin cette basse région : elle y voit des fleuves qui coulent, des fleurs qui se flétrissent du matin au soir : tout y passe dans une grande inconstance. Mais dans ces fleuves qui s'écoulent elle trouve de quoi rafraîchir sa soif ; elle promène ses désirs errants dans cette variété d'objets ; et quoiqu'elle perde toujours ce qu'elle possède, son espérance flatteuse ne cesse de l'enchanter de telle sorte, qu'elle se plaît dans cette basse région. *Egredere :* sors ; songe que tu es faite à l'image de Dieu ; rappelle ce qu'il y a en toi de divin et d'immortel : veux-tu être toujours captive des choses inférieures ?

Que si elle obéit à cette voix, en sortant de ce pays, elle se trouve comme dans un autre, qui n'est pas moins dangereux pour elle ; c'est la satisfaction de son esprit propre. Nuls attraits que ses désirs, nulle règle que ses humeurs, nulle conduite que ses volontés. Elle n'est plus au-dessous d'elle ; elle commence à s'arrêter en elle-même : La voilà dans des objets et dans des taches qui sont plus convenables à sa dignité ; et toutefois l'oracle la presse et lui dit encore : *Egredere :* sors. Ame, ne sens-tu pas, par je ne sais quoi de pressant qui te pousse au-dessus de toi, que tu n'es pas faite pour toi-même ? Un bien infini t'appelle : Dieu même te tend les bras. Sors donc de cette seconde région, c'est-à-dire, de la satisfaction de ton esprit propre.

Ainsi elle arrivera à ce qu'il y a de plus relevé et de plus sublime, et commencera à s'unir à Dieu. » (BOSSUET. *Panégyrique de S. Benoît.*)

C'est pour Dieu que l'âme est faite ; et c'est la science de cet Être suprême, qui fait ressortir toutes les beautés de son image. On a dit, et il est vrai, que la connaissance de l'homme conduit à celle de Dieu, il est plus vrai de dire que la connaissance de Dieu facilite singulièrement et perfectionne celle de l'homme. C'est donc par celle-là qu'il eût fallu commencer. Mais comme il s'agit ici de noter dans leur ordre les étapes de la route qui conduit au but, nous avons dû parler de l'âme avant de nous occuper de sa fin dernière. Nous allons voir maintenant par quels moyens elle arrive à cette fin.

3. LA FOI.

L'homme est fait pour Dieu. En lui seul il trouve son repos. Loin de lui, il est toujours en mouvement, toujours inquiet et agité et perpétuellement à la recherche de l'inconnu. Dès qu'il entre en possession de lui-même, sa marche commence.

Dieu l'attire à lui, sans toutefois lui faire violence, sans porter atteinte à sa liberté. Il lui offre sa grâce, qui agit à la fois sur son esprit et sur son cœur : sur son esprit, en y produisant la foi ; sur son cœur, qui devient le réceptacle de l'espérance et de la charité. Ces trois vertus sont comme les liens mystiques qui l'unissent à Dieu : et leur exercice constitue le fonds et l'essence de la vie religieuse. Et cette vie religieuse porte en elle le germe de toutes les joies et de toutes les gloires de l'avenir.

Qu'est-ce, en effet, que croire la vérité qui se cache, si ce n'est la rendre présente à sa pensée, la fixer en soi, la percevoir en quelque façon des yeux de l'esprit ? Et peut-on espérer et aimer le bien suprême, sans s'y attacher par toutes les forces de la volonté et sans en jouir déjà par anticipation ?

Il est donc vrai que la vie surnaturelle et religieuse renferme en elle des lumières et des jouissances qu'on ne retrouve nulle part ailleurs. Ce qui prouve évidemment qu'elle seule est la véritable initiation à la béatitude future. On le verra mieux en considérant séparément chacune de ces vertus.

La vie bienheureuse, à laquelle sont appelées toutes les créatures raisonnables, commence ici-bas dans la connaissance de Dieu et de Jésus-Christ. (JOAN. 17. 3.) Elle se développe dans une connaissance plus étendue et plus précise de Dieu et de Jésus-Christ. Elle s'épanouit et se consomme dans une connaissance pleine et entière de Dieu et de Jésus-Christ.

Il y a donc trois étapes à parcourir, trois étages à monter pour arriver au sommet. Il y a trois ordres, pour parler le langage de la théologie : l'ordre de la nature, l'ordre de la grâce et l'ordre de la gloire.

Dans le premier, Dieu se révèle à la raison humaine, d'une manière obscure, indécise. Nous ne le voyons pas, nous ne pouvons pas le voir en cette vie, mais nous avons devant nous les œuvres qu'il a faites et sur lesquelles il a imprimé quelques-uns de ses traits ou du moins laissé quelques vestiges de lui-même, de sa puissance, de sa sagesse et de sa bonté. Ces œuvres sont comme des miroirs qui reflètent ses perfections plus ou moins clairement, selon qu'ils sont placés au-dessous de nous, ou au dedans de nous, ou au-dessus de nous.

Au-dessous de nous sont les créatures corporelles, êtres visibles qui sont tous des similitudes de Dieu, dit

S. Thomas; êtres muets, qui ont cependant un langage, dit S. Augustin, et qui nous disent tous : c'est Dieu qui nous a faits.

Au dedans de nous, nous avons un esprit qui pense, qui est capable de connaître la vérité; un cœur qui aime et qui aspire à la possession du bien; une âme enfin qui est faite à l'image et à la ressemblance de Dieu.

Et, au-dessus de nous, nous voyons encore quelque chose de plus excellent que notre âme; nous voyons les premiers principes qui font de nous des êtres intelligents et moraux. Nous avons les idées de l'ordre, de la vérité, de la sagesse, de la justice et des lois naturelles, qui sont comme un écoulement et une communication de la lumière incréée, de l'ordre, de la vérité, de la sagesse, de la justice de Dieu et de la loi éternelle.

Nous pouvons nous élever ainsi graduellement, par un simple effort de la nature, à la connaissance de notre divin Auteur. S. Paul ne dit-il pas que les païens l'ont fait? *(Rom.* 1. 19) « parce qu'ils ont connu ce qui se peut découvrir de Dieu, Dieu même le leur ayant fait connaître. En effet, les perfections invisibles de Dieu, sa puissance éternelle et sa divinité sont devenues visibles depuis la création du monde. »

Cependant, cette première connaissance est très défectueuse. Il faut, pour la corriger et la perfectionner, s'élever à un ordre supérieur, à l'ordre de la grâce. Là, Dieu se révèle, non plus seulement par ses œuvres, mais d'une manière plus élevée et plus distincte, par sa parole.

Il se découvre, non plus simplement à la lueur toujours vacillante de la raison, mais au flambeau divin de la foi.

L'astre du jour n'a pas assez de tous ses feux pour éclairer la terre. Il ne pénètre pas dans ses entrailles, il ne descend pas dans ses abîmes. Il y a, dans ces profondeurs, des filons d'or, des mines de diamant, et des pierres précieuses, qui resteraient cachés, sans le travail des explorateurs et sans les lumières artificielles qui suppléent au défaut du jour. Ainsi en est-il de la lumière naturelle de l'esprit humain. Son empire est vaste et il est malaisé d'en déterminer les limites. Cependant il a des bornes; et par delà ces bornes, la vérité existe encore plus abondante et plus radieuse. Pour l'apercevoir, il faut une puissance supplémentaire qui n'est pas dans la nature et que Dieu seul peut accorder. Il faut la foi pour étendre la portée de la raison et accroître sa pénétration. Sans cette vertu divine l'homme reste confiné dans le cercle de la nature. Il ne voit que la moindre partie des biens qui lui sont destinés; les plus précieux lui demeurent inconnus, ils sont pour lui comme s'ils n'étaient pas.

La foi est le principe des ascensions de l'âme; c'est la condition de ses progrès; c'est elle qui lui ouvre la plus belle partie de la création, le monde surnaturel. Son affaiblissement est comme une éclipse qui projette son ombre sur les plus magnifiques régions de l'ordre suprasensible. Sa perte totale, c'est la nuit obscure, étendant son linceul de mort sur ces splendeurs.

L'incrédule tourne le dos au pays de la lumière, et le monde où il s'enferme est comme un labyrinthe où sa vie s'épuise sans résultat.

Quand on compare les peuples chrétiens avec les nations infidèles, on voit clairement la supériorité des premiers sur les dernières. Ceux-là avancent. Leur marche est lente, c'est dans l'ordre de la Providence, mais elle est progressive. Celles-ci, au contraire, sont dans un état de stagnation d'où elles ne peuvent sortir, et qui révèle clairement leur impuissance. Leurs évolutions ressemblent aux mouvements des vagues qui vont battre tour à tour les rivages opposés de l'Océan.

Mais la foi n'est pas la même en tous, ni dans tous les âges. Elle a ses degrés dans l'homme pris individuellement, aussi bien que dans l'ensemble de l'humanité. Dans le long cours des siècles, on distingue une triple révélation. La première est courte et simple, comme le langage dont on use envers l'enfance. C'est la révélation patriarcale, sous la loi de la nature et dans le premier âge du monde. La seconde, la révélation mosaïque, a beaucoup plus d'étendue. Elle entre dans de minutieux détails; elle est pleine d'images et de figures, pleine aussi de prescriptions sévères, parce qu'elle s'adresse à un peuple emporté par la fougue de la jeunesse et qui a besoin d'un frein, pour modérer son ardeur passionnée, et d'une surveillance continuelle, pour empêcher ses écarts. La troisième, la plus parfaite des trois, la révélation évangélique, a été apportée du ciel par le Verbe incarné, et elle est communiquée à toutes les nations par ses Apôtres, et propagée dans tous les siècles par son Église. Les ombres et les figures s'y trouvent encore, mais seulement comme des voiles transparents, sous lesquels on aperçoit la vérité.

Ainsi en est-il dans la vie du chrétien : plus il avance en âge, plus aussi s'il est fidèle, son esprit s'illumine de clartés célestes, plus il est à même d'acquérir une connaissance approfondie de la Divinité.

Toutefois il faut bien le reconnaître, la foi ne donne à la raison qu'une perfection relative. Elle l'élève vers Dieu, qui est la source éternelle de la vérité, elle ne lui permet pas de le voir. Pour le contempler en lui-même et face à face, pour jouir de la vue de ses ineffables beautés, il faut une troisième lumière, qui n'est donnée à nul mortel ici-bas, et qui est exclusivement réservée à ceux qui sont introduits dans le plus élevé et le plus parfait de tous les ordres, celui de la gloire. Alors tous les voiles tombent et l'éternelle vérité apparaît dans son incomparable éclat. « Nous ne voyons maintenant que comme en un miroir et en des énigmes ; mais alors nous verrons face à face. (I Cor. 13. 12.) Nous sommes déjà enfants de Dieu, dit S. Jean (I *Ep.* 3. 2); mais ce que nous serons un jour ne paraît pas encore. Nous savons que lorsque Jésus-Christ se montrera dans sa gloire, nous serons semblables à lui, parce que nous le verrons tel qu'il est. »

Cette connaissance parfaite, cette vision de Dieu est l'essence du bonheur qu'il nous faut mériter, et auquel la foi nous prépare pendant le cours de la vie terrestre.

Comme il y a un abîme infranchissable entre le ciel et la terre, il y a un autre abîme entre l'ordre de la gloire et celui de la nature. On dirait qu'un territoire intermédiaire s'étend entre les deux et va toucher à la frontière extrême de l'un et de l'autre. On dirait que le monde divin, où sont les prédestinés, est entouré d'une atmosphère moitié claire, moitié obscure, d'où l'on entend les échos de la cité sainte, d'où l'on respire quelque chose de ses plus délicieux parfums ; c'est le pays de la foi. L'enfant chrétien y est introduit dès ses premières années. C'est là qu'il se prépare aux joies extatiques de la claire vue.

A ces trois lumières de la raison, de la foi et de la gloire, correspondent trois sortes d'amour : celui de la nature, celui de la charité commencée dans les temps, et celui de la charité consommée dans l'éternité. Et ce triple amour imprime son caractère sur la vie qui est successivement naturelle, surnaturelle et béatifique.

4. L'ESPÉRANCE.

La foi est le fondement de l'espérance. En éclairant l'esprit, elle agit sur la volonté. En lui montrant en Dieu le bien suprême et dans sa grâce le moyen de l'obtenir, elle éveille ses désirs, elle oriente ses aspirations, elle enflamme son ardeur, elle lui communique une énergie surnaturelle. L'âme qui espère se sent pleine de courage pour affronter les dangers et triompher des obstacles qui se rencontrent sur sa route. Les efforts qu'elle fait pour acquérir l'objet qui l'attire ne lui coûtent plus.

Il y a, au fond de la nature humaine, un impérieux besoin de repos. L'homme cherche instinctivement, parmi les choses qui sont à sa portée, celles qui semblent devoir le rendre heureux. Les sens lui montrent les richesses de la terre, les honneurs et les plaisirs, et lui disent : le bonheur est là. S'il prête l'oreille à ces insinuations ; si les convoitises de la chair le dominent, ces faux biens deviennent l'objet de toute son ambition et ce qu'il y a d'activité en lui est employé à leur acquisition.

Ces illusions se dissipent à la lumière de la raison. Cette faculté supérieure découvre des jouissances plus nobles, plus réelles, plus intimes dans la recherche de la vérité, dans l'acquisition de la science, et la pratique de la vertu ; et alors l'homme s'applique à connaître le vrai, à admirer le beau et à aimer le bien.

Cependant, au dessus des plaisirs des sens et des jouissances de la raison, il y a des trésors d'un ordre encore plus élevé ; c'est quelque chose d'ineffable que l'œil n'a point vu, que l'oreille n'a point entendu et que le cœur de l'homme n'a jamais conçu (I Cor. 2. 9), quelque chose d'infini, capable de remplir le vide immense du cœur. C'est là le bien par excellence et le principal objet de l'espérance chrétienne.

Cet objet est absent, loin, bien loin par delà les frontières de l'espace et de la durée, mais la foi le rapproche et le rend présent ; il est caché dans les ombres de l'avenir, la foi le met en lumière ; il est inaccessible à la nature, et la foi fait qu'on commence à le posséder. « Elle est le fondement des choses que l'on doit espérer et une pleine conviction de celles qu'on ne voit point, dit S. Paul. (Hébr. 11. 1.)

Le chrétien attend ces choses, non pas tant de son travail personnel, que de la bonté de Dieu. Il les attend des droits acquis par le Christ sur le Royaume céleste, et transmis par lui aux membres de son Église ; il les attend de la grâce qui l'élève à l'ordre surnaturel et le fait participer à la puissance de Dieu.

L'espérance n'est rien autre que cette attente. Elle est certaine du côté de Dieu, qui ne peut manquer à sa parole, mais incertaine du côté de l'homme dont la volonté est libre et fort changeante.

La certitude de l'espérance est basée sur des fondements solides.

1° Le plan divin selon lequel tout a été disposé pour le bonheur de l'homme.

« Dieu veut que tous les hommes soient sauvés, dit S. Paul (I Timot. 2. 4), et qu'ils viennent à la connaissance de la vérité.

« Il y en a beaucoup d'appelés, dit le Sauveur (Matt. 20. 16), et par ce mot, *beaucoup*, il entend, selon les Pères et les Docteurs, l'universalité des hommes. Et à ceux qui répondent à cet appel divin, il sera dit un jour : « Venez les bénis de mon Père, posséder le Royaume qui vous a été préparé dès le commencement du monde. (Matt. 25. 34.)

2° La bonté de Dieu qui a créé l'univers, afin de se communiquer aux êtres capables de le connaître, et de les admettre au partage de ses biens, et qui a promis la vie bienheureuse à tous ceux qui lui sont fidèles.

3° La puissance de Dieu qui peut tout et qui doit inspirer la plus entière confiance.

« Je sais qui est celui à qui je me suis confié, écrivait S. Paul, à son disciple Timothée (II. 1. 12), et je suis persuadé qu'il est assez puissant pour me garder mon dépôt » et pour récompenser mes œuvres d'une manière convenable

4° La justice de Dieu qui rend à chacun ce qu'il a mérité; en sorte que tout homme qui s'applique à faire le bien, est en droit d'attendre, comme S. Paul (I Timot. 4. 8), la couronne de justice qui lui est réservée.

5° Il est vrai que l'homme ne peut, par ses seules forces mériter la gloire des bienheureux. Mais le Christ l'a méritée pour tous et il veut en faire part à chacun, comme on le voit dans l'admirable prière qu'il adressait à son Père, à la veille de mourir : « Je désire, disait-il, que là où je suis (c'est-à-dire, au ciel où je réside,) ceux que vous m'avez donnés y soient aussi avec moi. (I Joan. 17. 24.)

6° Enfin la volonté de l'homme, aidée du secours de la grâce. Il est évident que chacun tient en ses mains son bonheur futur. Personne ne peut le lui ravir sans son consentement, puisque personne ne peut le contraindre à commettre le péché, qui est le seul obstacle à la béatitude. C'est pourquoi S. Paul osait écrire aux Romains ces étranges paroles : *(Rom. 8. 38)* « Je suis assuré que ni la mort, ni la vie, ni les anges, ni les principautés, ni les puissances, ni les choses présentes, ni les futures, ni la violence, ni tout ce qu'il y a de plus haut, ou de plus profond, ni aucune autre créature ne pourra jamais nous séparer de l'amour de Dieu, qui est en Jésus-Christ Notre-Seigneur. »

Néanmoins, on doit dire que, du côté de l'homme, l'espérance est incertaine, parce que la volonté humaine est mobile, et il arrive trop souvent, comme l'expérience le démontre, qu'elle se détourne de Dieu pour se tourner vers les créatures et s'y attacher.

Les lois qui mènent à la vie éternelle sont enfreintes ; la grâce qui aide à les observer est négligée, et dans ces conditions les promesses divines tombent à faux.

Dieu ne repousse pas l'homme quelque mal disposé qu'il paraisse, c'est l'homme qui, par sa mauvaise volonté, se retire de Dieu, et perd ainsi tout espoir de salut.

On doit conclure de là que la crainte est la compagne inséparable de l'espérance.

La crainte de Dieu a trois degrés : elle est servile dans les uns, initiale dans les autres et filiale dans les plus parfaits

La crainte servile est évidemment défectueuse, parce que la cause qui la provoque n'est pas précisément l'amour de Dieu, mais l'amour de soi. Ce qui domine dans l'âme et lui fait éviter le péché, ce n'est pas la pensée de Dieu, mais la pensée du châtiment qui suit toujours le crime.

Néanmoins, on ne peut pas dire que cette crainte soit mauvaise. Elle est souvent l'effet des opérations du Saint-Esprit et le premier pas dans l'œuvre de la justification. C'est un frein pour la volonté qui est inclinée au mal. C'est une clôture qui entoure le jardin de l'âme et la protège contre les invasions de l'ennemi et ses dévastations. C'est elle qui est appelée le commencement de la sagesse (*Eccl*. 1. 16) car, comme l'a remarqué le bienheureux Bède, la crainte filiale est la consommation de la sagesse. Elle naît, en effet, non de l'amour de soi, comme la première, mais de l'amour de Dieu et du désir de lui plaire. L'âme qui est pénétrée de cette crainte ne redoute rien tant que d'offenser son Créateur et de perdre son amitié. Elle est inquiète, tant qu'elle est au milieu des dangers de cette vie, et cette inquiétude la rend prudente et forte, elle est le garant de sa persévérance.

Entre ces deux craintes, il en est une autre intermédiaire, qu'on appelle initiale. Plus parfaite que la crainte servile, parce qu'elle renferme un commencement d'amour de Dieu, elle n'a pas la valeur de la crainte filiale; c'est le degré qui y conduit et que doit franchir toute âme qui revient sincèrement à Dieu.

L'espérance et la crainte sont les deux guides de l'âme dans le voyage terrestre; l'une la fait progresser dans le chemin de la vertu, l'autre la met en garde contre les dangers du vice. Toutes deux sont nécessaires; elles doivent être inséparables. L'âme qui n'a que la première, est le jouet d'une espérance décevante, dit S. Bernard, et si la seconde subsiste seule, l'activité s'éteint et l'on ne constate plus que des défaillances. Mais quand les deux sont unies, Dieu est glorifié dans sa bonté comme dans sa justice et le salut est assuré.

L'espérance chrétienne est un levier divin qui soulève la nature et accroît singulièrement son énergie. Le cœur humain, stimulé par cette vertu, se ferme aux attractions de la terre, et réunit toutes ses forces pour s'élancer vers le ciel. Les efforts de la montée ne lui coûtent plus. Les obstacles ne peuvent plus l'arrêter, les ronces du chemin perdent leur aiguillon, la voie étroite s'élargit et l'âme avance sans jamais défaillir, à travers les épreuves et les difficultés. Elle est persuadée que les souffrances de la vie présente n'ont point de proportion avec cette gloire qu'elle entrevoit dans l'avenir, et qui sera un jour découverte en elle. (*Rom.* 8. 21.) Elle est par ailleurs constamment soutenue par le bras du Tout-Puissant qu'elle réclame avec ardeur. Tout le cours de la vie est fécondé par l'espérance et par la foi.

Le chrétien voit que le ciel est une récompense, que la béatitude est une couronne de justice, et pour la mériter, il travaille, non pas seul, mais avec la grâce qui surnaturalise ses actes ; et pour avoir toujours cette grâce à sa disposition, il ne cesse de prier. C'est par ce double concours de la vertu divine et de la volonté humaine qu'il est assuré de conquérir le royaume éternel.

5. LA CHARITÉ.

La foi mène à l'espérance, on vient de le voir. L'espérance conduit à la charité. Ces deux dernières vertus ont leur siège dans le cœur du chrétien. Ce sont les deux ressorts qui le mettent en action et lui impriment ses mouvements. Ce sont deux amours surnaturels, ou, si l'on veut, deux degrés du même amour de Dieu ; l'un imparfait, l'autre parfait ; l'un plus ou moins intéressé, l'autre absolument désintéressé. Le premier va à Dieu comme bon pour tous, comme bienfaisant, comme le bien suprême de l'homme, *tanquam bonum nobis*, dit le Docteur angélique. Le second le considère comme infiniment bon en lui-même, et infiniment digne d'être aimé, *tanquam bonum in se.* C'est de celui-ci que nous avons à nous occuper maintenant.

Quand on suit le cours de la vie humaine, on trouve à son début un acte d'amour, et on retrouve encore à son terme un autre acte d'amour. C'est en effet parce que Dieu a aimé l'homme de toute éternité, qu'il l'a appelé à l'existence. Et c'est en aimant Dieu de tout son cœur, de toute son âme et de toutes ses forces, que l'homme accomplit toute la loi et mérite de retourner à Dieu et de partager son bonheur. Ainsi tous les événements qui se succèdent dans la durée de son pèlerinage, sont circonscrits pour ainsi dire, dans la sphère de cette puissance invisible de l'amour. C'est elle qui agit dans les esprits, aussi bien que dans les corps. Elle remplit l'univers et en pénètre toutes les parties. Elle est le mobile et la loi fondamentale de tout ce qui respire.

Ce phénomène a son explication dans ce mot des Livres Saints : Dieu est amour ; *Deus charitas est.* Et comme les choses créées portent en elles l'empreinte visible de leur première cause, on rencontre dans chacune cette force d'attraction qui caractérise le Créateur des mondes.

« La cause absolue, dit Richard de Saint-Victor, aurait pu exister, éternellement renfermée dans ses profondeurs ineffables, inconnue à tout autre qu'à soi-même. Mais si la cause première, ou Dieu n'est pas seulement l'Être absolu, s'il est en outre la charité éternelle, nous comprenons qu'il ait voulu communiquer l'existence, la vie, le bonheur à d'autres êtres, et qu'en les créant, il ait eu en vue de s'entourer d'êtres heureux comme lui, jouissant de la vie, chacun selon sa mesure. Ainsi, comme en réalité ces êtres finis existent et aspirent tous au bonheur, nous en concluons que l'Être premier est la charité. »

En étudiant la nature intime des êtres, on y découvre aisément quelque chose de cet attribut divin. Il y a en eux des tendances en harmonie avec leur constitution. Ces tendances ont Dieu pour premier objet (S. Thomas. S. T. 22. 26. 3. c.), parce que c'est Dieu qui les a mises en eux et qui les incline à retourner à lui. Mais ensuite leur amour se porte sur eux-mêmes, parce qu'il n'y a rien de plus proche d'eux que leur être. Or, comme les êtres finis sont défectueux par quelqu'endroit, ils ont à se prémunir contre les éventualités qui pourraient compromettre leur existence.

La ruine dont ils sont menacés les oblige à se mettre en garde. Ils sortent, pour ainsi dire, de leur centre et vont à la découverte. Il s'agit de trouver des appuis qui les soutiennent, ou de se donner à eux-mêmes de nouveaux accroissements. Tous ces efforts sont la conséquence de l'amour qui les domine et qui fait que tantôt ils montent et tantôt ils descendent.

Dans la nature déchue cet amour peut prendre deux directions opposées : il peut s'élever vers Dieu par la grâce, ou s'abaisser vers la créature. Dans le premier cas, c'est la charité ; dans le second c'est la cupidité. Tous deux peuvent exister ensemble dans le cœur de l'homme, mais jamais ils ne sont en équilibre. Il est nécessaire que le premier l'emporte sur le second, ou le second sur le premier. Si c'est la charité qui a le dessus, l'homme est dans la voie de la vérité et de la justice ; il marche à sa fin, au milieu des fidèles enfants de Dieu. Au contraire, si la cupidité a la prépondérance, elle l'entraîne dans le chemin de l'égarement et le précipite dans le désordre.

Ces deux amours ont fondé sur la terre deux cités opposées, dit S. Augustin (*Civit Dei*. L. 14. Chap. 28.) La cité de Dieu et la cité du démon, ou Jérusalem et Babylone. Dans l'une on aime Dieu jusqu'à se mépriser soi-même ; dans l'autre on s'aime soi-même jusqu'au mépris de Dieu. La prédominance de l'un sur l'autre vient, en grande partie, des dispositions de l'esprit, qui est plus ou moins éclairé. Car, le cœur est aveugle, il a besoin d'être dirigé et il l'est dans l'homme par la lumière naturelle de la raison, ou par la lumière surnaturelle de la grâce.

Si la nature avait conservé la force et la rectitude qu'elle avait à l'origine, le cœur se porterait spontanément vers Dieu parce qu'en lui est la source première de tous les êtres et le principe universel de tous les biens. L'homme comprendrait que, n'étant qu'un bien particulier, procédant et dépendant du bien universel, il doit aimer son principe plus que lui-même.

Mais, depuis la chute originelle, la raison a perdu une partie de sa lucidité. Ce n'est plus qu'une étincelle qui rayonne sur les cimes de l'âme. A cette lueur incertaine, qui vacille au moindre souffle, l'homme voit ce qui est près de lui, il ne distingue plus ce qui est loin. Les quelques vérités nécessaires au temps de son pèlerinage lui sont connues. Il comprend la convenance de certains devoirs de la vie privée et de la vie civile. Mais ce qui lui importe le plus de savoir, la fin dernière à laquelle il doit tendre et la voie qui y mène, demeurent ou totalement ou en parties cachées à ses yeux. Aussi le mouvement de l'âme qui devrait aller à Dieu, dévie aisément et s'éloigne de son terme. C'est un mouvement de pure attraction qui sort pour chercher, et qui se replie sur le cœur pour l'enrichir. C'est un amour de concupiscence. C'est l'amour-propre, qui veut son bien propre et qui, délaissant le bien réel et absolu, se met à poursuivre des ombres.

Heureusement que Dieu, dans sa bonté, prévient ces égarements, ou y remédie par les dons surnaturels de la foi et de la charité. La première de ces vertus perfectionne la raison et lui ouvre le champ de l'infini ; la seconde rectifie la volonté, tout en lui imprimant une forte impulsion. Une foule de vérités, qui étaient cachées, apparaissent. Elles ne sont pas évidentes, mais elles sont certaines, d'une certitude qui entraîne la conviction. On ne voit pas ce que l'on croit, mais on sait, on sent qu'il faut croire. Dieu lui-même se révèle comme la source de toute vérité et de tout bien. Il devient ainsi l'objet principal des deux facultés par lesquelles l'homme peut s'attacher à lui. (S. THOMAS. *C. G. L.* 3. 164.) L'union qui s'opère par l'une et se complète par l'autre, commence donc dans la foi et s'achève dans la charité

Et cette union, c'est la vie surnaturelle dans sa période initiale.

Lorsque le temps d'épreuve sera terminé, les obscurités de la foi seront remplacées par la lumière de gloire, et les imperfections de la charité du temps, par la charité parfaite de l'éternité. La vie alors parvenue à sa plénitude, ira se perdre pour jamais dans l'océan sans rivage et sans fond de la félicité des cieux.

Avant d'entrer dans ce repos, cette vertu si féconde est mêlée aux fluctuations d'ici-bas. Elle suit des routes diverses, formant un capricieux réseau de lignes qui s'effacent une à une pour se reformer. Toujours au service du Créateur, c'est elle qui lui prépare la moisson qu'il entend recueillir dans son domaine, c'est elle qui élève, sur tous les points du temps et de l'espace des monuments magnifiques destinés à resplendir pendant toute l'éternité.

La charité est le fond même de la vie surnaturelle. L'âme meurt quand elle la perd, *qui non diligit manet in morte.*

Elle vit d'autant plus qu'elle aime avec plus d'ardeur. C'est cette vertu qui anime toutes les autres, qui leur donne leur forme, leur beauté et leur efficacité. Elle alimente la sève qui amène leur floraison et qui leur fait porter des fruits. Elle est à la racine de toutes les œuvres saintes. Elle les imprègne de sa vitalité, et les rend dignes d'être agréées de Dieu et couronnées de ses mains.

On l'a parfois confondue avec la grâce habituelle, dont elle ne se sépare jamais. Dans l'opinion de Scot et de ses disciples, ce don incomparable de l'Esprit Créateur s'appelle grâce en tant qu'il embellit l'âme et la rend capable de jouir de la gloire ; et il prend le nom de charité, en tant qu'il la porte à aimer Dieu.

« O charité ! s'écrie Hugues de Saint-Victor, si je savais ton prix, je m'efforcerais de t'acquérir à ce prix ; mais sans doute il dépasse les puissances de ma misère ; je ne puis trouver en moi l'équivalent de ta valeur ; je donnerai cependant ce que je possède, tout ce que je possède ; j'échangerai contre toi toute la substance de ma demeure. Et lorsque j'aurai tout donné, je regarderai ce sacrifice comme un néant. Toutes les délectations de ma chair, toutes les affections de mon cœur, je les donnerai volontiers pour toi, pour que je puisse te posséder seule, toi seule, plus brillante, plus utile, plus suave, plus aimable, plus délectable, plus rassasiante que toute la terre ; tu me sauveras plus sûrement, tu me conserveras plus heureusement. »

6. LA RELIGION DANS L'HUMANITÉ.

L'homme est un être essentiellement religieux. A quelque époque qu'il entre dans l'existence, et à quelque contrée qu'il appartienne, il est attiré vers Dieu. Deux forces agissent en lui : l'une au dedans, l'autre au dehors ; et toutes deux le portent à élever des autels à la divinité et à s'y prosterner. Entouré des imposants phénomènes de la nature ; voyant au-dessous de lui la fosse où sa mortalité l'entraîne ; et, au-dessus de lui, soupçonnant des influences occultes auxquelles il ne lui est pas possible de se soustraire ; dans le sentiment de sa faiblesse il éprouve le besoin de s'attacher à plus grand que lui. Instinctivement il cherche Celui qui est le principe des choses et leur fin dernière. Il y a donc, dans le fond de sa nature, une force secrète qui le pousse à sortir de lui-même et à appeler un appui, un protecteur, sur lequel il puisse se reposer.

De plus, il existe dans le monde un vaste courant qui entraîne les esprits vers Dieu, c'est la tradition, ou l'ensemble des vérités révélées à l'origine. Descendue des hauteurs du paradis terrestre, la tradition a traversé les âges. Pure et sans aucun mélange d'erreur elle a passé, en se développant, par l'ère des Patriarches et des Prophètes et par la nation juive. Elle est arrivée à la grande illumination marquée par l'avènement du Verbe incarné.

Mais à côté de ce courant, d'autres se sont formés, qui n'ont conservé que quelques fragments des enseignements divins. Et encore ces fragments ont été altérés par l'alliage d'opinions purement humaines et conséquemment sujettes à beaucoup de variantes. De là sont sortis les cultes si divers du paganisme antique et toutes les superstitions qui en ont été les principes générateurs. C'est ainsi que l'humanité s'est divisée. Car c'est dans le service de la Divinité que se nouent et se dénouent les liens des sociétés humaines, tant de celles qui font les nations que de celles qui constituent les familles.

Une partie de la race, en conservant le dépôt intégral des traditions originelles, s'est isolée pour former le peuple de Dieu. L'autre, beaucoup plus nombreuse, s'est égarée dans les chemins ténébreux de l'erreur. Elle s'est fractionnée en une multitude de nationalités rivales, ayant chacune son culte particulier. Dans toutes ces branches séparées on peut constater l'existence d'une inclination commune et inhérente à la nature humaine. Cette inclination n'est autre que l'essor de l'âme aspirant à se mettre en rapport avec Dieu.

Qu'on interroge la voix du passé, qu'on parcoure les pages de l'histoire, qu'on explore les régions où ont passé les nations disparues, partout on retrouvera des preuves frappantes de cette vérité. Dans les ruines des anciennes capitales et des cités illustres, on découvre encore des débris imposants de temples et d'autels. Ainsi l'on est amené à cette conclusion, que toujours et partout l'homme a cru à l'action de puissances invisibles.

C'est cette foi qui a donné naissance à des cérémonies et à des fêtes souvent ridicules, souvent criminelles, mais qui répondaient cependant à un besoin mal défini de la créature intelligente. Au sein du paganisme ces institutions, loin d'élever l'homme au-dessus de sa condition, l'abaissaient au niveau où l'avait fait descendre la déchéance, et où les passions l'enchaînaient. C'est pourquoi elles variaient étrangement dans leurs formes. Livrées aux caprices des volontés changeantes, elles subissaient fatalement les multiples influences des temps et des lieux, des climats et des nationalités. Elles étaient par ailleurs tellement entrées dans les mœurs, qu'on ne pouvait y toucher sans exciter des soulèvements populaires. C'était elles qui formaient les peuples à leur image, qui leur donnaient leur caractère et qui élevaient entre eux des barrières qui paraissaient infranchissables.

Rome païenne l'avait si bien compris que, dans ses invasions en pays ennemis, elle n'osait toucher aux institutions religieuses. Lorsqu'elle rêvait son empire universel, lorsqu'elle envoyait ses légions chez les nations barbares, pour les soumettre à sa domination, elle s'appliquait avant tout à ne pas froisser le sentiment religieux des alliés et des vaincus. Et, pour les retenir sous ses lois, elle n'hésitait point à adopter leur culte : elle accueillait chez elle toutes les divinités étrangères.

En présence de ces faits, on est fondé de reconnaître que l'instinct religieux est profondément enraciné dans la nature humaine. On peut dire qu'il n'y a rien de plus fort, rien de plus indestructible, rien de plus universellement répandu. C'est comme le centre de la vitalité dans l'être raisonnable pris individuellement, et la base la plus solide de l'édifice social.

Les païens eux-mêmes l'ont reconnu, aussi bien que les philosophes les moins religieux des temps présents. « *Omnis humanæ societatis fundamentum convellit qui religionem convellit*, dit Platon, au livre X de ses lois, c'est-à-dire, celui qui s'attaque à la religion s'attaque au fondement de toute société humaine. » (Sur Socrate) : « Les cités et les nations les plus pieuses ont toujours été les plus durables et les plus sages. » Plutarque affirme « qu'il est plus facile de fonder une cité dans l'air que de constituer une société sans la croyance à la Divinité. » Rousseau dans le *Contrat social*, livre IV, chapitre VIII, observe que « jamais aucun état ne s'est fondé sans que la religion lui serve de fondement ». Voltaire dit : *Traité de la tolérance*, chapitre II, que « depuis qu'il y a une société, la religion est de tout point nécessaire ». Polybe déclare que « la sainte crainte de la divinité est toujours plus nécessaire dans les peuples libres que dans les autres. » Numa, pour que Rome fût la ville éternelle, en fit la cité sainte. Entre les peuples de l'antiquité, le peuple romain fut le plus grand, justement parce qu'il fut le plus religieux. On raconte de Fabricius, capitaine romain, qu'entendant le philosophe Cinéas se moquer de la divinité en présence de Pyrrhus, prononça ces paroles mémorables : plaise aux dieux que nos ennemis suivent cette doctrine quand ils sont en guerre avec la République. » (DONOSO CORTES.)

Oui le sentiment religieux est la base de tout état social.

Et comment pourrait-il en être autrement, lorsque l'idée de Dieu est commune à tous les êtres qui pensent? Une âme peut-elle se poser en face de cette puissance mystérieuse et souveraine sans se sentir remuée? Peut-elle, en présence de ses perfections infinies, réflétées dans toute la création, demeurer impassible? N'est-il pas dans la nature de l'être raisonnable, d'admirer ce qui est grand, de craindre ce qui est fort, d'aimer ce qui est beau, et bon et bienfaisant? Or, tous ces actes, avec leur expression, sont précisément la matière du culte religieux.

Dans les âmes régénérées et assainies par la grâce, il y a mieux qu'un instinct naturel de religion, il y a une vertu surnaturelle, éminente entre toutes les autres habitudes morales, et placée au premier rang dans l'ordre de la dignité, parce qu'elle a pour but de conduire l'homme à sa fin dernière. En le consacrant spécialement au service de Dieu, elle imprime à ses actes un caractère de sainteté qui les fait agréer du Ciel.

Il existe une très étroite connexion entre cette vertu de religion et les trois autres qui ont Dieu pour objet immédiat. Elle les suit de près ; elle tend à la même fin ; elle fait paraître leur vitalité dans une foule de sentiments, de paroles, et d'œuvres qui tournent à la gloire du Créateur. La religion, dit S. Thomas d'Aquin, est comme une protestation et une déclaration publique de foi, d'espérance et de charité, vertus par lesquelles l'homme se réfère avant tout à Dieu.

Aussi c'est par elle que l'on juge d'ordinaire du degré de spiritualité des âmes. « La spiritualité commence en l'homme où la lumière de l'intelligence et de la réflexion commence à poindre, parce que c'est là que l'âme commence à s'élever au-dessus du corps ; et non seulement à s'élever au-dessus, mais encore à le dominer et à s'attacher à Dieu, c'est-à-dire, au plus spirituel et au plus parfait de tous les objets. » (BOSSUET. XI. 456.)

7. LA RELIGION DANS LE CHRÉTIEN.

La foi, l'espérance et la charité sont, avec la grâce sanctifiante, les éléments principaux de la vie surnaturelle. La grâce, étant comme le vêtement de l'âme, peut briller aux yeux de Dieu, tout en restant cachée aux yeux des hommes. Il n'en est pas de même des vertus qui l'accompagnent. Ce sont des forces qui agissent sur l'esprit et sur le cœur et y déterminent certains mouvements qui se portent vers Dieu.

Mais Dieu est esprit, et l'homme a une nature telle, qu'il ne s'élève qu'avec beaucoup de peine au-dessus des êtres sensibles. Ce qu'il ne voit pas de ses yeux et ne touche pas de ses mains, est bien vite oublié. C'est pour cela que même les vertus divines finiraient par s'assoupir, si elles n'étaient constamment stimulées par une force étrangère.

Cette force, c'est la religion. Elle aussi conduit l'homme à Dieu. Mais son premier objet, son objet immédiat, c'est le culte qui lui est rendu et qui consiste dans des actes intérieurs et extérieurs, et dans certaines choses sensibles, qui élèvent l'âme vers lui et y entretiennent son souvenir.

La religion, on l'a vu, est comme naturelle à tous les êtres pensants. La même lumière, qui leur révèle l'existence d'un Dieu, leur apprend aussi l'obligation qu'ils ont de lui rendre un culte, intérieur et extérieur tout ensemble, puisque leur être tout entier, dans sa partie matérielle comme dans sa partie spirituelle, est sous sa dépendance.

Il n'est pas de créature qui ne soit assujettie. Celles de l'ordre inférieur le sont à la puissance limitée de l'homme, et l'homme, dans tout ce qui est en lui et dans tout ce qui est hors de lui, est sous la puissance illimitée de Dieu. Il est le plus dépendant des êtres créés. Cette vérité paraîtra dans toute son évidence, si l'on veut seulement considérer les dons qu'il a reçus, ses besoins et sa fin.

Tout effet a une cause. Il n'y a pas de pluie sans nuage, pas de chaleur sans feu, pas de jour sans soleil. L'effet est comme une extension, un écoulement et une émanation de sa cause. Il y tient ; il y est attaché et d'autant plus fortement, qu'il est lui-même plus complet et plus parfait.

Le fleuve qui roule ses grandes vagues à travers les continents, doit plus à sa source que le mince filet d'eau qui suinte dans le rocher. Il s'y relie par toute sa masse, par tous les flots qui passent dans son lit. Or, il n'est rien, dans l'univers, qui ne soit effet, rien qui ne dépende de la cause incréée. Mais l'homme est l'effet principal, le plus excellent et le plus compliqué. Il lui est donc attaché, plus que les autres, par les biens variés et si multipliés qu'il en a reçus. Par là même qu'il est plus parfait, il a dû recevoir davantage, puisqu'il ne possède rien de lui-même. Or, tous les biens qu'il a reçus le tiennent attaché à son bienfaiteur. Les dons de Dieu sont comme des fils qui partent de ses mains et qui vont se terminer et s'épanouir dans les créatures, pour les retenir dans son pouvoir. La pierre dépend de lui par un seul endroit, parce qu'elle n'a reçu que l'être. Le végétal, qui a l'être et la vie, lui appartient doublement. L'animal est encore dans une plus grande dépendance, parce qu'il a en plus la sensibilité et le mouvement. Mais quelle créature est douée d'autant et de si grandes propriétés que l'homme ? Outre celles qui sont réparties entre les corps et qu'il partage avec eux, il possède encore celles qui sont propres aux intelligences.

Il vit dans deux mondes à la fois; il est à l'horizon du temps et de l'éternité, dit le Docteur angélique; c'est l'être le plus complexe de l'univers, et par conséquent, c'est le plus dépendant de tous les êtres, car ses facultés si nombreuses sont autant de chaînes qui le lient fortement à son Créateur.

Ce qui augmente singulièrement sa dépendance, c'est la nature et la multitude de ses besoins. Il ne peut ni agir, ni subsister par lui-même. Il est incapable de mettre en activité le moindre de ses organes, si, à toute heure, à tout instant, Dieu ne lui prête son concours. Bien qu'il soit au premier rang, il est le plus nécessiteux des citoyens du monde.

De plus, il ne naît pas parfait, mais perfectible. Il entre dans l'existence avec des besoins infinis, qu'il n'est pas en état de satisfaire. C'est un ouvrage ébauché, qui attend son achèvement. Celui qui l'a commencé, n'a pas voulu s'en dessaisir, dans la crainte de le voir échapper trop tôt de ses mains. Il n'avance que lentement, apportant une à une toutes les pièces nécessaires à son perfectionnement. L'homme est la créature qui arrive la dernière à son état naturel, c'est-à-dire, à la plénitude de son être, et l'on pourrait presque dire que sa formation complète exige la durée de son pèlerinage terrestre.

Mais eût-il, dès le principe, la totalité de ses forces, il serait toujours vrai de dire qu'il ne peut se passer de Dieu. (*Conf.* S. Thomas. *C. G. L.* 3. Chap. 147.) La route sur laquelle sa destinée l'engage est la plus longue et la plus périlleuse des voies ouvertes aux créatures. Le but qu'il doit atteindre, est tout-à-fait inaccessible, sans un secours particulier d'en haut. Malheur à celui qui est seul, dit l'Ecriture, il marchera toujours et n'avancera pas ; il marchera par les chemins de l'égarement et ses écarts, étant volontaires et responsables, seront punis de supplices rigoureux.

Le droit a sa corrélation dans le devoir et la suprématie dans l'assujettissement. Là où le pouvoir revêt une forme spéciale, la sujétion doit prendre aussi un caractère qui lui réponde. (S. Thomas. 22. 81. 3 c.) Or, comme il n'y a pas de souveraineté qui approche de celle de Dieu, il n'y a pas non plus de service qui ressemble à celui qui lui est dû. Ce service c'est le culte latreutique qui appartient proprement à la religion. « Nous nous servons du mot *cultiver*, dit le Docteur angélique *(S. C. G. L. 3. Chap. 119)*, pour exprimer que nous nous occupons d'une chose avec zèle. Or, par nos actes, nous montrons notre zèle envers Dieu, non pour lui être utiles, comme aux choses que nous cultivons avec soin, mais parce que ces actes nous rapprochent de lui. Et comme, par les actes intérieurs, nous tendons directement vers Dieu, le culte de la Divinité consiste proprement dans les actes intérieurs. Cependant ceux qui sont extérieurs appartiennent aussi à son culte, en tant qu'ils servent à élever notre âme vers lui.

C'est pour cela que le culte de Dieu s'appelle religion, parce que, par ces actes, l'homme se lie, en quelque sorte, afin de ne plus s'éloigner de lui, et aussi parce qu'une espèce d'intérêt naturel lui fait sentir qu'il est obligé de témoigner à sa manière son respect à Dieu, de qui découlent comme de leur principe, son être et tous les biens. De là vient encore que la religion prend le nom de piété ; car, c'est la piété qui nous fait rendre à nos parents l'honneur qui leur est dû ; aussi paraît-il convenable de considérer comme un acte de piété l'honneur rendu à Dieu, qui est le père de tous les êtres ; et, pour la même raison, on appelle impies, ceux qui s'opposent aux choses du culte de Dieu. »

S. Augustin dit que le mot de *religion* se prend du choix nouveau que nous faisons d'un Dieu, que nous avions perdu par notre négligence, ou du lien plus étroit avec lequel elle nous unit à Dieu.

D'après S. Isidore l'homme religieux est ainsi appelé, à cause du soin qu'il met à relire et à rappeler dans sa mémoire les choses qui regardent le culte de Dieu. (*Etym*. L. 10. Chap. 17.)

Ce culte n'est pas une institution arbitraire, une pratique facultative, le résultat d'une convention, qu'on peut modifier à sa guise, adopter ou rejeter selon les circonstances. C'est un besoin de la nature intelligente. Le rejeter, comme font les impies, c'est sortir de l'ordre universel, c'est rompre avec toutes les créatures, c'est s'isoler et, par suite, s'amoindrir, s'abaisser et se dégrader soi-même.

Doit-on s'étonner si les aveugles qui abandonnent le service de Dieu, excitent la pitié, la répulsion et le mépris ? Ils sont en désaccord avec tout ce qui les entoure et en contradiction avec eux-mêmes. Ce sont des êtres anormaux qui sont toujours et partout déplacés et qui ne peuvent être que très malheureux.

L'enfant qui se soustrait à l'autorité paternelle, et le sujet qui se met en révolte contre son roi, sont moins méprisables que l'homme irréligieux, car, s'ils transgressent quelque partie de la loi naturelle, l'impie la blesse dans son principe et la détruit de fond en comble. Aussi pour lui, il n'y a plus ni dogme, ni morale, ni législation, ni frein d'aucune sorte. Il est sorti de sa sphère et est tombé dans un état impossible à décrire, il s'est rendu incapable d'appartenir à aucune communauté régulière.

La raison seule suffit pour démontrer la vérité de ces affirmations, et l'expérience est là pour confirmer son témoignage. La philosophie antique n'a-t-elle pas soutenu qu'il serait plus facile de bâtir une ville dans les airs, que de fonder un état sans religion? Et l'histoire a-t-elle pu citer un seul peuple, qui n'ait eu, dans sa constitution, un culte religieux?

Si l'on rencontre parfois, dans la race humaine, des membres totalement dépourvus du sentiment religieux, on doit se rappeler que les lois les plus générales ont des exceptions. L'ordre moral, aussi bien que l'ordre physique, peut avoir ses monstres, êtres dégradés, qui se dépouillent de leur dignité native, et se rapprochent de l'animalité par l'aveuglement de l'esprit ou par la corruption du cœur.

L'homme conserve toujours, même dans le désordre, son activité naturelle, comme l'ange déchu conserve ses lumières. Il est une réelle puissance dans le monde. Mais, dès qu'il dévie, toute sa force est semblable à celle du torrent, qui a quitté son lit, elle se change en fléau dévastateur, et ne laisse après elle que des monceaux de ruines.

CHAPITRE VI

L'éducation religieuse.

1. LE RÊVE DE L'ENFANCE.

L'homme appartient doublement à Jésus-Christ. Il est l'ouvrage de sa puissance et il est la conquête de son amour. Il peut bien ignorer le nom de son Maître ; il ne saurait détruire les titres de sa propriété, parce qu'ils sont écrits au ciel en caractères ineffaçables et sur la croix du Calvaire en lettres de sang. Cependant il répugne à ce Maître d'imposer de force son autorité. On l'accepte ou on le repousse, on lui obéit ou on lui résiste. Il ne lui faut à lui que des sujets volontaires, disposés à se soumettre à ses lois. Et ces sujets deviennent ses amis, ses frères, une partie de lui-même.

Avant de se séparer de ses Apôtres, il leur avait promis de demeurer en ce monde jusqu'à la fin des temps. Il a tenu parole. Et pour accomplir sa promesse, il a fait un grand miracle, le plus grand et le plus étonnant de tous ceux qui sont relatés dans l'Évangile : il a fait l'Eucharistie, au soir du Jeudi-Saint.

Le Roi-Prophète n'avait-il pas entrevu, dans une vision surnaturelle, cet auguste mystère, quand il s'écriait : « Le Seigneur qui est miséricordieux et plein de clémence a éternisé la mémoire de ses merveilles : *memoriam fecit mirabilium suorum misericors et miserator Dominus.* » (60. 110. 4.)

S. Augustin avait longtemps médité cette œuvre ineffable et il concluait en disant que c'était le suprême effort de la puissance, de la sagesse et de la bonté de Dieu. Les Saints du Nouveau Testament l'ont tous contemplée avec admiration et sont tombés à genoux pour remercier Dieu de l'avoir donnée à la terre.

Dans l'Eucharistie, Jésus s'est en quelque sorte partagé, il s'est dédoublé, si l'on peut même dire, afin d'habiter à la fois deux mondes différents. Afin de vivre d'un côté avec les anges, de l'autre avec les hommes. Au ciel il est visible, il se montre à découvert dans tout l'éclat de sa beauté, dans toute la splendeur de sa gloire infinie. Sur la terre il est invisible, voilé sous le manteau mystérieux du sacrement. Au ciel il est entouré d'un peuple innombrable d'esprits tout brillants de lumière et ces esprits le contemplent, l'aiment, et chantent ses grandeurs dans leurs éternels cantiques d'admiration. Sur la terre, hélas! il est souvent abandonné dans la solitude de ses temples; mais il y est aussi visité par les âmes qui ont gardé la vivacité de leur foi et l'ardeur de leur charité.

Pour demeurer dans son Eucharistie, Jésus-Christ a dû faire un second miracle, un miracle permanent qui durera autant que le monde et qui lui survivra; il a fondé l'Église catholique. Il a divisé l'humanité en deux parties : d'un côté sont les peuples qui croient en lui et qui suivent ses enseignements. Il les a réunis pour en former une famille, une nation, un grand royaume, le plus beau, le plus puissant, le plus inébranlable des empires d'ici-bas.

En face de ce Royaume de Jésus-Christ, auquel le chrétien appartient par le baptême, se trouve le monde qui reste étranger à Dieu et où Satan exerce son pouvoir. Ce monde est composé des membres déchus de la famille humaine. Là se trouvent les païens, les juifs, les mahométans et avec eux les faux chrétiens, les apostats, les incrédules et les impies ; et avec eux encore tous les esprits de ténèbre, d'erreur et de mensonge qui les inspirent et les trompent.

Le monde est ligué contre l'Église : il l'attaque par tous les côtés. Il la persécute en secret et en public. Il fait tous ses efforts pour la troubler et la renverser. Il y a vingt siècles que cela dure et l'Église reste debout. Voilà le miracle. L'Église reste debout malgré tous les assauts qui lui sont livrés, parce que Jésus-Christ est avec elle selon sa promesse. Il est avec elle comme Dieu, avec sa puissance infinie, et il neutralise tous les efforts du monde. Les révolutions de la terre ne l'ébranlent pas, et les furies de l'enfer viennent mourir à ses pieds. Il est avec elle comme homme, avec ses mérites, ses pardons, toutes ses grâces. Il attire tout à lui par ses amabilités. Il convertit les pécheurs; accueille les repentants, gagne chaque jour de nouveaux disciples, en sorte que son domaine grandit d'année en année et de siècle en siècle. Son empire s'étend sur toute la face de la terre.

L'Église et l'Eucharistie sont deux choses inséparables. Elles sont faites pour subsister ensemble. Il n'est pas possible de les diviser. Otez le Très-Saint Sacrement, le peuple catholique se disperse et l'Église tombe pour ne plus se relever. Et d'autre part que la société chrétienne vienne à disparaître, le Saint Sacrement ne pourra plus subsister; Jésus-Christ remontera dans les cieux et n'en redescendra plus, car il n'est présent que pour les âmes fidèles, comme elles-mêmes ne sont ici que pour lui. Mais l'une et l'autre, étant voulues de Dieu, ne cesseront jamais de subsister ensemble.

L'Eucharistie est posée au centre de l'église, comme un foyer de vie, de lumière et de chaleur; foyer mystique, qui rayonne au loin et au large jusqu'aux extrémités les plus reculées. Toutes les doctrines qui éclairent les intelligences, toutes les lois qui dirigent les volontés, toutes les grâces qui fécondent les âmes sont, on peut le dire, sorties originairement de ce point central. Car, le Verbe qui réside là est la lumière du monde : il est la voie qui conduit, la vérité qui illumine, la vie qui donne l'impulsion.

L'enfant chrétien ne saurait demeurer longtemps étranger à Jésus-Christ. Il lui appartient d'une manière toute spéciale. Il lui est incorporé par le baptême; il lui est uni par des liens mystiques, si réels et si étroits, que le Maître ne voit plus en lui un simple sujet, mais un ami, mais un frère; mieux encore, il le considère comme une partie de lui-même, comme l'un de ses membres, destiné à vivre de sa vie et à partager sa fortune.

Participant à l'unité de l'Église, dit S. Thomas (3. 67. 2 c.), l'enfant a le droit de s'approcher de la Table du Seigneur.

L'Église n'a-t-elle pas reconnu ce droit? Ne l'a-t-elle pas proclamé publiquement, quand, pendant des siècles, elle n'a pas cru devoir exclure de la communion, ceux qu'elle venait de baptiser, quel que fût leur âge. Elle autorisait ses ministres à leur distribuer une goutte du précieux sang, alors qu'ils n'étaient pas en état d'apprécier cette faveur.

Cet usage a été aboli pour des raisons qu'il est inutile de rapporter. L'Église, dirigée par l'Esprit-Saint, a toujours su mettre ses lois disciplinaires en harmonie avec les besoins et les exigences des temps. Ce n'est que lorsque l'enfant est parvenu à l'âge de discrétion qu'on lui permet de prendre part au banquet sacré.

Néanmoins il a toujours, par le baptême, un droit réel sur le corps de Jésus-Christ, et par conséquent sur sa vie, sur sa gloire, sur son immortalité, dit Bossuet. (IV. 40.) Aussitôt que sa raison s'éveille, s'il est dans un milieu chrétien, il ne manque guère d'avoir un vague sentiment de son heureuse situation. L'avenir lui sourit, étant pour lui plein de promesses. La pensée du banquet eucharistique est souvent le point lumineux qui éclaire l'horizon du jeune âge. Deux forces distinctes tournent son regard et ses aspirations vers le Tabernacle : l'une interne, l'autre externe. Au dedans c'est le souffle de l'Esprit-Saint qui a établi, dans le cœur du fidèle, sa résidence est le siège de ses opérations. Or, le travail du Saint-Esprit consiste à éclairer l'intelligence et à communiquer à la volonté une impulsion salutaire. C'est lui qui oriente les âmes dans la voie de la justice et invariablement il s'efforce de les amener à Celui qui seul a la mission de les sauver. Au dehors Jésus est là, qui attire à lui les enfants, car il les aime d'un amour de prédilection : il les aime, parce qu'ils sont innocents, simples, humbles et doux ; il les aime parce qu'ils sont ses membres, et parce qu'il vit en eux et que son grand désir est qu'eux aussi vivent en lui. En conséquence il les attire par des moyens que lui seul connaît. Il les appelle et il ne veut pas qu'on les empêche d'aller à lui. Il le disait à ses apôtres qui les repoussaient parce qu'ils se figuraient qu'ils étaient à charge à leur Maître : « laissez là ces enfants, et ne les empêchez pas de venir à moi. » (Matt. 19. 14.)

Jésus-Christ est toujours le même, et toujours présent dans le monde. Ses pensées d'autrefois sont ses pensées d'aujourd'hui. Si sa voix a cessé de retentir en public, elle continue à se faire entendre d'une autre manière, au fond de l'âme. Jésus-Christ a appelé les peuples à venir à lui. Cette invitation, écrite dans l'Évangile, a été portée jusqu'aux extrémités du monde ; elle a été répétée par tous les échos de la terre ; elle a retenti sous la voute de tous les édifices sacrés. Or, comme elle est adressée à tous sans exception, les enfants chrétiens ne sauraient ni l'ignorer, ni y demeurer indifférents.

Le baptême qu'ils ont reçu n'est-il pas déjà une réponse anticipée à l'appel du Sauveur ? N'est-ce pas un premier pas vers la Table divine à laquelle ils seront conviés ? Et ne peut-on pas dire que c'est une communion commencée ?

Tous les sacrements, institués par le Rédempteur pour la sanctification des âmes, sont coordonnés entre eux et s'harmonisent dans un admirable ensemble. C'est une échelle mystique, destinée à élever la créature par degrés jusqu'à la perfection ? Le baptême en est la base et l'Eucharistie le sommet. Elle va la prendre au fond de l'abîme où la déchéance l'a fait naître et elle l'en fait sortir. On ne franchit pas le premier échelon sans aspirer à monter plus haut et sans porter son regard jusqu'à la cime.

C'est pourquoi l'on peut affirmer qu'en général pendant cette période de la vie qui s'écoule entre l'âge de raison et l'âge de discrétion, l'âme est habituellement occupée de la pensée du banquet eucharistique, pour peu qu'on l'entretienne de ce mystère d'amour.

Si, à l'âge où la raison commence à poindre, l'infidèle est déjà capable de se tourner vers Dieu et de chercher en lui sa fin dernière, comment le chrétien, éclairé par la foi et entouré de lumières extérieures, pourrait-il rester étranger à Jésus-Christ ? froid et impassible en présence de son tabernacle, de son autel et de sa table ? Il est évident que c'est de ce côté que doivent se porter ses pensées les plus intimes et ses désirs les plus ardents. La communion lui apparaît comme le suprême honneur que le chrétien puisse ambitionner. Il l'entrevoit à travers le prisme de ses rêves. Il appelle le jour où il pourra s'en approcher ; il a faim de ce froment des élus et, à force de le contempler en esprit, il semble déjà en goûter les suavités.

L'homme occupé tout le jour des intérêts du temps, absorbé par les affaires, entraîné dans le tourbillon de la vie mondaine, peut perdre momentanément le goût de la communion. Son esprit est distrait par le torrent des pensées terrestres, il a peine à s'élever au-dessus des choses sensibles et son cœur est comme enlacé dans une foule d'affections et de préoccupations qui lui ôtent la liberté de ses élans et le rivent à la terre.

Mais l'enfant chrétien a conservé les dispositions heureuses que la grâce a mises en lui. Sa sensibilité n'est pas émoussée, les passions de la jeunesse n'ont pas troublé sa paix intérieure ; son âme n'est pas déflorée par le vice, et les plus légères impressions de l'Esprit créateur suffisent pour le diriger.

Cependant il convient, il est même nécessaire de favoriser ces dispositions. C'est la tâche de l'éducation chrétienne. Il s'agit d'initier l'enfant à la science de la vie véritable, de cette vie qui consiste essentiellement à connaître Dieu et Jésus-Christ. (Joan. 173.) On ne saurait trop se hâter de lui apprendre le dogme de la présence réelle du Verbe incarné, de ce Dieu caché, comme l'appelle le Prophète, qui vit dans nos sanctuaires et qui y demeure enveloppé de voiles mystérieux. Malgré les ténèbres qui entourent cette vérité et les objections qu'on lui oppose, elle est aussi claire et aussi lumineuse que le soleil. C'est un flambeau céleste qui nous ouvre, sur cette terre, des horizons immenses. Le cadre si restreint de notre vie temporelle s'élargit au rayonnement de ce dogme de la foi et les tristesses de l'exil sont tempérées par les joies anticipées de la patrie.

Il faut que l'enfant sache que Jésus nous a aimés comme un Dieu seulement est capable de le faire. Son amour pour nous l'a fait mourir sur une croix ! son amour l'a enchaîné dans la prison de nos tabernacles ! son amour l'a comme anéanti dans le mystérieux tombeau de l'Hostie ! il est là vivant dans un état qui ressemble à la mort. Il y est dans sa double nature divine et humaine. Nos yeux ne l'ont pas vu. Nos yeux sont de chair et Jésus-Christ est un feu ardent, une lumière éblouissante qui nous aveuglerait si elle frappait nos regards. Nos mains ne l'ont pas touché. Elles ne sont en contact qu'avec les objets matériels et Jésus-Christ est tout spirituel jusque dans sa chair transfigurée. Notre raison ne l'a pas compris. Elle s'arrête au rivage du mystère, et les choses de l'ordre surnaturel ne sont pas soumises à ses investigations.

Nous sommes ici-bas dans le pays des ombres. Nous devons vivre de foi, d'espérance et d'amour. C'est par la pratique de ces trois vertus que chacun élève, dans son âme, ce sanctuaire spirituel où le divin Maître a dessein de fixer sa demeure. La foi purifie l'esprit et l'éclaire ; l'espérance et la charité assainissent le cœur et le fortifient, et toutes trois sont comme l'or et la pourpre qui décorent le tabernacle vivant du Créateur. « La première éducation de l'enfant, disait un savant et pieux prélat (Mgr DE LA BOUILLERIE), n'est pas, à mon sens, et ne saurait être autre chose qu'une préparation assidue au grand acte de la première communion. Douce morale prêchée à l'enfant, que celle qui prendra pour règle une première communion bien faite ! Il faut pratiquer telle vertu, car Jésus-Christ le demande à l'enfant qui se dispose à le bien recevoir. Il faut se corriger de ce défaut, car il souillerait le sanctuaire où le Seigneur va bientôt descendre. »

Les parents, comme les catéchistes et tous ceux qui ont entre les mains la formation des âmes, doivent se souvenir que les jours et les semaines, les mois et les années qui se suivent, ouvrent à l'enfance le chemin qui mène à la Table Eucharistique, et que c'est à eux à éclairer ce chemin, à l'aplanir et à y remplir l'office de guide et de soutien en attendant que l'Église en prenne la haute direction.

2. LES VISITES DU DIVIN PASTEUR.

Si l'enfant chrétien aspire à monter la voie que la grâce du baptême lui a ouverte, s'il désire s'approcher du divin Maître et s'associer à sa Table; Jésus-Christ de son côté, est encore plus empressé à descendre, à visiter son âme et à y faire sa résidence. Il revient sans cesse sur cette terre où il a été cependant si mal reçu. Deux motifs le portent à agir ainsi : sa charité et nos besoins.

Il aime sincèrement, ardemment, passionnément ces créatures intelligentes pour lesquelles il a fait, avec tant de générosité, le sacrifice de sa vie. Il y a entre elles et lui une espèce d'affinité, une sorte de parenté spirituelle qui l'attire et qui fait qu'il s'attache à elles. Il se trouve si bien auprès d'elles qu'il a de la peine à s'en séparer. N'est-ce point lui qui a dit : « Mes délices sont d'être avec les enfants des hommes : *Deliciæ meæ esse cum filiis hominum.* » (Prov. 8. 31.) C'est qu'en effet il les aime d'un inconcevable amour.

De plus, il est tout rempli de miséricorde et il trouve mille et mille occasions de l'exercer dans ces âmes si pauvres et si nécessiteuses ; dans ces âmes qui ne peuvent rien faire sans lui dans l'ordre du salut, ainsi que lui-même l'a déclaré: *(Sine me nihil potestis facere.)* (JOAN. 5. 15.) S. Paul, pour montrer leur impuissance, va jusqu'à dire qu'elles ne sont pas capables de former d'elles-mêmes aucune bonne pensée comme d'elles-mêmes ; c'est Dieu qui leur donne ce pouvoir. » (II Cor. 3. 5.)

Il est certain, et c'est une vérité d'expérience que le Verbe de Dieu visite les âmes justes. Il entre en elles comme dans une propriété qu'il s'est réservée, comme dans son vivant tabernacle. Et à son entrée, il y répand sa lumière, une lumière douce et délicieuse qui réjouit, comme le soleil du matin réjouit la nature, lorsqu'il lance ses premiers feux à l'horizon. De là ces jours bénis qui viennent de temps à autre illuminer le sentier des élus, et ces heures de paix profonde, qui surpasse tout sentiment et que la langue humaine ne saurait rendre. On peut dire, et il est vrai, que les plaisirs les plus vivement sentis sont pour les amis de Dieu, tandis que ses ennemis n'ont à attendre que des chagrins et des douleurs. Pour ces derniers, il n'y a pas de paix.

Les heureux, même dans ce monde, sont ceux qui restent sans souillure sur le chemin de la vie. *(Ps. 118. 1.)*

L'auteur du *Livre de l'Imitation* a écrit sur ce sujet, une page qui est à citer : « Quand Jésus est présent tout est doux et rien ne semble difficile ; mais quand Jésus se retire, tout fatigue.

Quand Jésus ne parle pas au dedans, nulle consolation n'a de prix ; mais si Jésus dit une seule parole, on est merveilleusement consolé... Être sans Jésus, c'est un insupportable enfer ; être avec Jésus, c'est un paradis de délices. Si Jésus est avec vous, nul ennemi ne pourra vous nuire. Qui trouve Jésus trouve un trésor immense, ou plutôt un bien au-dessus de tout bien. Qui perd Jésus perd plus et beaucoup plus que s'il perdait le monde entier.

Vivre sans Jésus, c'est le comble de l'indigence, être uni à Jésus, c'est posséder des richesses infinies. » (L. 2. Chap. 8.)

« Heureux, s'écriait S. Bernard *(serm. de advent.)*, heureux celui en qui vous habitez, ô divin Jésus ! O Sagesse éternelle ! Heureuse l'âme où vous vous êtes préparé un tabernacle ! Vous y détruisez le règne du péché ; vous vous rendez maître de tous ses sentiments ; vous régnez souverainement en elle ; tout y est gouverné par votre Esprit ; tout y obéit à votre sainte et adorable volonté. »

Le divin Rédempteur ne se borne pas à visiter les justes, il va aussi à la recherche des pécheurs parce que Dieu veut que tous les hommes soient sauvés.

Il s'approche des âmes qui sont tombées dans la fange du vice. Il n'entre pas en elles, parce qu'elles ne sont pas dignes de le posséder ; mais il se tient à la porte et il frappe, pour se faire ouvrir. *(Apoc. 3. 20.)* Il frappe de diverses manières. Quelquefois par des souffrances corporelles, des épreuves, des maladies, des afflictions, des calamités de tout genre, qu'il envoie, non dans sa colère, mais dans son amour, non pour punir, mais pour avertir et corriger. Il a dit en effet : Je reprends et je châtie ceux que j'aime *(Apoc.* 3. 19.), c'est ainsi que les peines afflictives de ce monde sont, dans les desseins de la Providence, des grâces signalées et des moyens de salut.

Quelquefois il manifeste son approche par des illuminations subites, des craintes, des frayeurs, des regrets, des ennuis, des remords et des repentirs. Et lorsqu'une âme répond à ces avances et profite de ces touches de la grâce pour s'ouvrir, Jésus y entre pour en prendre possession.

Le Sauveur a coutume de se servir du ministère de son Église, pour opérer le miracle des conversions. Mais il peut se passer des moyens ordinaires et agir seul. N'est-il pas le Pontife suprême ? N'a-t-il pas la toute-puissance entre les mains ? Est-ce par des intermédiaires qu'il a changé en un instant le cœur du bon larron ? Et S. Pierre après sa chute, et Ste Marie Madeleine n'ont-ils pas reçu de lui l'absolution de leurs fautes ? que d'hommes, tombés dans le désordre, ont obtenu de lui le pardon de leurs péchés ! N'y a-t-il pas, même parmi les infidèles, bien des âmes sauvées par sa seule miséricorde ?

Pour faire son entrée dans une âme qu'exige-t-il si ce n'est qu'elle lui ouvre la porte par la foi en lui et par un amour sincère ?

Il ne faut pas chercher à connaître la voie qu'il suit pour ses visites. C'est un mystère qu'il est impossible aux hommes d'expliquer. Il vient, c'est certain, puisque lui-même l'affirme ; mais il vient d'une manière si cachée, si secrète, qu'on ne s'en aperçoit pas. « S'il vient à moi, disait un juste des anciens temps, je ne le verrai pas ; et s'il s'en va, je ne m'en apercevrai pas. » (Job. 9. 11.)

Une très grande attention est nécessaire pour remarquer son approche, pour sentir sa présence et pour entendre son langage. Ce n'est guère qu'aux heures de solitude, dans le silence de l'âme, dans le recueillement et la prière, qu'on s'aperçoit de la visite du Dieu caché. Les gens affairés, qui vivent dans le bruit du monde, la dissipation et le tracas des préoccupations temporelles, ceux qui sont toujours en quête d'amusements profanes, surtout ceux qui sont agités par quelque passion violente, sont incapables de rien voir ; le Seigneur n'est pas dans le bruit.

Pourquoi Dieu a-t-il marqué un jour de repos dans la semaine ? N'est-ce pas pour dégager les âmes des soucis de la vie laborieuse et leur donne le loisir de rentrer en elles-mêmes et de se mettre en rapport avec lui ? Pourquoi l'Église a-t-elle élevé, par toute la terre, tant de milliers de temples et de sanctuaires ? Ce n'est pas seulement pour abriter l'hostie adorée dans laquelle réside le Verbe fait chair, c'est aussi pour ouvrir aux âmes une retraite sacrée, où elles pourront s'entretenir avec leur Créateur. Et si le divin Législateur recommande de toujours prier et de ne jamais cesser, c'est assurément pour que les fidèles soient en rapport immédiat et perpétuel avec lui.

Jésus visite toutes les âmes, frappant à la porte de celles qui sont fermées, entrant dans celles qui sont ouvertes. Et quand il entre en elles, ce n'est pas pour y passer un instant et l'instant d'après s'en éloigner, c'est dans le dessein d'y fixer sa résidence. Elles sont pour lui une véritable demeure.

Le Psalmiste, écrivant ses hymnes à la gloire de l'Éternel sous l'inspiration de l'Esprit-Saint, dit et répète sans cesse que Dieu a son habitation dans le ciel *(Ps. 2. 4. — 122. 1. etc.)* C'est au ciel qu'il a placé son trône *(Ps. 10. 5. — 102. 19)*; c'est là qu'il se montre dans sa Majesté souveraine; c'est de là qu'il contemple ses créatures et qu'il descend pour les secourir *(Ps. 13. 2. — 18. 7)*; c'est là qu'il donne rendez-vous à tous ses serviteurs. C'est au ciel que les saints anges et les bienheureux le voient face à face. Notre-Seigneur qui est descendu du ciel pour racheter les hommes, y est remonté au jour de sa glorieuse Ascension. La Vierge Marie, son auguste Mère est allée l'y rejoindre. Le ciel est véritablement la maison de Dieu, comme l'a déclaré le Sauveur.

Cependant, comme les rois de la terre, outre le palais qu'ils possèdent dans la capitale de leurs états, se construisent ordinairement des châteaux dans les provinces éloignées et dans les sites enchanteurs qu'ils ont choisis pour se délasser; ainsi le Roi des rois a voulu avoir, en dehors du ciel, des résidences de son choix. Il s'est créé des maisons de plaisance, et des jardins de délices où il aime à se promener. Il en a des multitudes sur la terre. Ce ne sont pas proprement les églises, ni les splendides cathédrales, ni les majestueuses basiliques, ni même les tabernacles d'or et de pierres précieuses. Ces édifices sacrés ne sont que des reposoirs où il s'arrête en passant. Ses demeures de prédilection, ce sont les âmes pures, les âmes qui sont détachées de toutes les choses terrestres et qui n'aspirent qu'à s'unir à lui.

« Si quelqu'un m'aime, a dit le Fils de Dieu (Joan. 14. 23), il gardera ma parole ; et mon Père l'aimera, et nous viendrons en lui, et nous ferons en lui notre demeure. » Jésus vient donc dans les âmes qui l'appellent ; et comme sa Personne divine est inséparable de la Personne du Père et du Saint-Esprit, il faut bien reconnaître que la Trinité tout entière habite dans cet édifice mystique. Cette âme devient ainsi comme un château royal, où Dieu même a pris son logement, dit Ste Thérèse. C'est un palais spirituel ; c'est un temple, dit S. Paul ; et sa beauté est incomparable, parce que Dieu, en en prenant possession, s'applique à l'embellir. Il y fixe son trône ; il y répand ses dons avec largesse ; il l'illumine de sa clarté ; il la remplit de sa gloire. Il y imprime ses traits, pour la rendre semblable à lui. S'il était possible de la voir dans cet état, dit un saint Évêque, on croirait en quelque sorte voir Dieu lui-même, tant elle est pénétrée de sa présence ; comme on voit un second soleil dans le cristal où l'astre du jour est entré avec tous ses rayons.

Ce spectacle est trop beau pour la terre. Il ne peut pas être vu par des yeux mortels. Mais les chrétiens le savent ; une parole, venue du ciel, le leur a révélé. Ils savent que Dieu habite dans l'âme et s'y promène comme un roi fait dans ses appartements. (II Cor. 6. 16.)

Il en visite toutes les régions ; il en explore tous les abîmes ; il parcourt toutes les facultés les unes après les autres : il passe de la mémoire dans l'entendement, de l'entendement dans la volonté, de la volonté dans l'imagination et dans toutes les puissances intérieures, pour les sanctifier. Il s'applique à les surnaturaliser et à leur donner à chacune leur perfection, par l'abondance des grâces qu'il y répand à flots.

3. LA PURETÉ NÉCESSAIRE AU CHRÉTIEN.

Dieu est infiniment pur. Cette qualité lui est essentielle. Elle lui est tellement propre, qu'on serait tenté de la prendre pour la caractéristique de sa nature. La Révélation nous montre les esprits célestes transportés d'admiration en face de cet attribut. Ils sont comme éblouis de sa splendeur. Dans leur ravissement, ils chantent le cantique de l'extase, que l'Église a traduit dans sa langue liturgique par le *Sanctus,* et qu'elle répète chaque jour à tous les autels du monde.

Cette perfection distingue la nature incréée de toutes les autres. Elle les éloigne ; elle les tient à distance, elle les empêche d'approcher ; elle creuse, pour ainsi dire, autour de l'être parfait, un abîme infranchissable, qui l'isole entièrement au milieu des ouvrages de ses mains. S. Paul a exprimé cette idée en deux mots remarquables, quand il a écrit que Dieu habite une lumière inaccessible : *Lucem inhabitat inaccessibilem.* (I TIMOT. 6. 16.) En sorte que toute recherche s'arrête, tout mouvement cesse, tout regard s'éteint au rivage de cet Océan lumineux où se retire la Divinité. Aucun homme ne l'a vue, aucun homme ne peut la voir, dit l'Apôtre. (*Ibid.*)

Et en effet, il n'y a rien de commun entre la lumière et les ténèbres. Et s'il est juste que les créatures corporelles soient reléguées loin de Dieu, à plus forte raison doit-il en être ainsi de l'homme, qui a été conçu dans l'iniquité et qui porte la tare du péché dès son entrée dans la vie.

Néanmoins tous les êtres, et l'homme plus encore que les autres, ont une tendance instinctive à se rapprocher de Celui qui les a créés. Une puissance mystérieuse les pousse à s'élever, à grandir, à se perfectionner, afin de ressembler toujours davantage au type éternel de toute perfection. Et chose digne de remarque, cette force, qui les entraîne tous dans la même direction, c'est Dieu lui-même qui l'a mise en eux.

C'est Dieu qui cherche l'homme, qui l'attire et l'appelle, qui le presse de s'approcher et de s'unir à lui. Et parce que sa voix est douce comme le murmure du zéphyr, *sibilus auræ tenuis* (III *Reg.* 19. 12), elle se perd dans les mille bruits du monde et n'est pas remarquée.

C'est pour cela que le Verbe de Dieu s'est incarné et est venu habiter parmi nous. Et après que sa chair a été spiritualisée et glorifiée par la résurrection, il l'a enveloppée dans les voiles sacramentels, afin de frapper l'homme qui ne voit plus que par les sens, et de l'attirer. C'est sous cette figure symbolique du pain sacré qu'il demeure ici-bas, toujours prêt à recevoir les âmes qui viennent à lui et toujours désireux d'habiter en elles.

Mais le Dieu fait homme est toujours la sainteté infinie; et ceux qui lui préparent un logement ne doivent pas l'oublier. A un hôte très pur, il faut une habitation très pure, dit S. Augustin. (*Libr. Medit.* Chap. 35.) *Mundissimo Domino mundissima debitur habitatio.*

La pureté, telle est donc la première et la plus indispensable des conditions requises pour recevoir la visite divine.

On distingue deux sortes de pureté : l'une convient au corps, l'autre à l'âme. Nous n'avons rien à dire maintenant de la première. Elle n'a d'ailleurs qu'une importance relative. C'est de la seconde qu'il s'agit ici. L'âme qui est pure est un paradis de délices, dit le grand Évêque d'Hippone. Et ce paradis est orné de la richesse des bonnes œuvres, il est empourpré des fleurs les plus variées des vertus et arrosé des eaux de la grâce. Cette pureté de l'âme se subdivise en deux branches : l'une qui affecte l'esprit, l'autre qui est propre au cœur.

La pureté du cœur consiste essentiellement dans la charité. Chercher la gloire de Dieu, dit le Cardinal Hugues, et chercher l'utilité du prochain, telles sont les deux conditions qui font du cœur humain un temple où Dieu aime à se reposer. Ce qui souille ce temple, c'est la cupidité, ce sont les convoitises coupables, les affections désordonnées, les attaches illicites aux créatures. De là naissent les passions qui troublent le cerveau et qui obnubilent l'intelligence. C'est du cœur que partent les mauvaises pensées, est-il dit dans l'Évangile. (Matt. 15. 19.)

La pureté de l'esprit n'est rien autre que sa lucidité, sa vertu de discernement, sa force de pénétration, en un mot cette propriété de vision et de compréhension qui résulte de la connaissance de la vérité.

On dit que l'air est plus pur dans les montagnes, parce qu'il est plus clair et plus transparent; parce que la lumière y entre sans obstacle, n'étant ni arrêtée par les nuages, ni affaiblie par les vapeurs de la terre ou les buées de la mer. De même l'eau des sources, est plus pure que celle des torrents, parce qu'elle n'entraîne dans son cours ni limon, ni rien qui altère sa limpidité et sa diaphanéité. Ainsi en est-il de l'esprit humain : il est pur lorsqu'il est en possession du vrai; *puritas in vero*, lorsqu'il est inondé de cette lumière qui a son foyer en Dieu et son rayonnement dans les intelligences créées. Mais lorsqu'il est plongé dans la nuit noire de l'ignorance, lorsqu'il est tout rempli d'erreurs, de préjugés, d'illusions, on doit bien reconnaître que son état n'est nullement celui qui convient à la visite de Dieu.

Quand l'astre du jour brille dans tout son éclat, au milieu d'un ciel sans nuage, on distingue aisément la nature des objets; on peut remarquer leurs qualités et apprécier leur valeur; on n'est pas exposé à confondre l'or avec le cuivre, le diamant avec le cristal. Mais quand les brouillards enveloppent l'atmosphère et que l'obscurité s'étend sur toutes choses, il n'y a plus de discernement possible et dans ces conditions on doit s'attendre à des méprises de tout genre.

Ce qui arrive dans l'ordre matériel se renouvelle fréquemment dans le domaine de l'esprit. L'intelligence est le flambeau intérieur qui éclaire l'âme dans ses opérations; la conscience est le guide qui dirige les mouvements de la volonté et les affections du cœur. Si ce flambeau pâlit, si ce guide tombe dans l'erreur, il en résultera un désordre dans la marche de la vie.

Il est écrit que rien n'est plus beau dans ce monde et rien n'est meilleur que la divine Eucharistie, appelée par le Prophète le froment des élus. Or, si la sainte Hostie est véritablement la perle de l'Église et le trésor des âmes, comment se fait-il qu'une infinité d'hommes s'en éloignent. Comment expliquer la conduite d'un grand nombre de chrétiens, en face de ce mystère de foi? D'où vient la tiédeur des uns, la répugnance des autres, l'insensibilité de la plupart? L'une des causes principales de cet état d'âme, c'est l'ignorance.

Les enfants débutent par là. Nés dans les ténèbres, ils s'y débattent pendant des années, sans parvenir à se débarrasser entièrement du bandeau qui les aveugle. Ne voyant rien, ne comprenant rien, ils sont obligés de se laisser conduire sous peine de s'égarer.

L'Église fait tous ses efforts pour les amener à une situation meilleure. Elle s'applique à éclairer leur intelligence, à soulever le voile qui leur dérobe la vue des vérités éternelles. C'est l'œuvre des catéchismes qui embrasse presque toutes les années de la seconde enfance. Au reste, en face du mystère sublime de l'autel, la plupart des hommes sont comme des enfants. S'ils sont sortis de leur première ignorance, ils retombent fréquemment dans la légèreté, dans la frivolité et la dissipation. Leur imagination les égare, le souci des affaires temporelles, ou les préoccupations de la vie, ou les relations sociales les retiennent loin de Dieu. Beaucoup vivent dans une condition incompatible avec le recueillement que comporte une vie foncièrement chrétienne.

Les moyens de purifier l'esprit et le cœur peuvent varier avec l'âge et l'état des personnes. Dans tous les cas, ils ne sont efficaces qu'avec l'aide de la sainte Église et sous sa direction. C'est elle qui a été chargée de conduire les âmes à leur Sauveur et de les disposer à recevoir sa visite. Nous allons voir comment elle remplit sa mission.

4. GUIDE DE L'ENFANCE.

L'homme est créé par Dieu ; et le Royaume où Dieu habite est créé pour l'homme. (MATT. 25. 34.) Il lui est destiné depuis le commencement du monde. C'est sa véritable patrie.

Tout ce qui est dans l'homme le porte de ce côté ; son esprit, son cœur, ses instincts et ses aspirations sont orientés vers un bonheur qui ne se trouve que là. Et tout ce qui est hors de lui est fait pour l'aider dans sa poursuite et pour faciliter sa prise de possession. La terre, où la naissance l'a jeté, n'est pour lui qu'un chemin où il n'y a pas de cité permanente. (HEBR. 13. 14.) Le temps, qui l'accueille à son entrée dans la vie, brise les uns après les autres tous les liens qui l'attachent à son exil ; le temps l'entraîne à son insu vers l'éternité. La mort marche à côté de lui ; elle épie tous ses pas, elle le menace tous les jours et finira par l'arrêter dans sa course. Tout enfin s'accorde à presser sa sortie de ce monde pour le porter au pied du trône de son Créateur.

Cependant il ne saurait y parvenir, s'il n'est conduit par une main amie. Il lui faut un guide prudent, fidèle et dévoué, un guide parfaitement éclairé, qui connaisse le beau pays où Dieu a donné rendez-vous à ses serviteurs, et les issues par lesquelles on y pénètre.

Quel est l'homme qui possède la science de ces choses ? Il est écrit que « personne n'est monté au ciel que celui qui est descendu du ciel, le Fils de l'homme qui est dans le ciel. » (JOAN. 3. 13.) Jésus-Christ seul est en mesure de diriger les âmes. Il est le Médiateur entre elles et Dieu. (I TIM. 2. 5.) Il est la voie qui mène à la vie éternelle. (JOAN. 14. 6.) Nul ne vient au Père que par lui. *(Ibid.)* C'est pourquoi le Père l'a envoyé dans le monde ; et il y est venu pour chercher et pour sauver ce qui était perdu. (LUC. 19. 10.)

Il est vrai qu'il n'a fait que passer sur la terre comme l'affirme le Prince des Apôtres. *(Act.* 10. 38.) Il a frayé la route qui mène à la gloire ; puis il est remonté dans les cieux, pour y préparer la place à ses amis et pour s'occuper de leurs intérêts. Mais il a chargé son Église du soin de lui amener les âmes qu'il a rachetées au prix de son sang.

L'Église est dans ce monde, mais elle n'est pas de ce monde. (JOAN. 18. 36.) Aussi elle y a rencontré trois ennemis et elle en attend un quatrième, l'Antéchrist. Elle s'est trouvée d'abord en face des persécuteurs, au temps des martyrs ; puis les hérétiques ont falsifié sa doctrine et déchiré son sein ; et en dernier lieu, elle a été trahie par des faux-frères. (Cardin. Hugo. *super Psalm.* III.) Elle est ici-bas étrangère, exilée, errante, à la recherche des enfants de Dieu, qu'elle recueille pour les donner à Jésus-Christ. C'est au ciel qu'elle a son origine. Elle est venue de là et c'est là qu'elle retourne.

Elle est descendue sur la terre avec le Rédempteur « parce qu'elle est renfermée en lui, comme dans le chef dont tous les membres reçoivent la vie. » Elle a hâte de sortir de ce monde et de retourner dans le lieu d'où elle est venue, entraînant avec elle toute sa famille ; car elle est mère. Mère spirituelle, parce qu'elle est l'épouse du Christ, embellie de sa grâce, dotée de son précieux sang ; Mère incomparable, elle recueille les enfants perdus ; elle leur donne la vie et l'entretient ; elle a des remèdes pour toutes les maladies, des secours pour tous les besoins. Elle se fait toute à tous, s'accommodant à tous les rangs, à tous les âges, faible et délicate avec les enfants, forte avec les jeunes gens, placide avec les vieillards, charitable avec tous. « Elle ne voyage pas sans sujet dans ce monde, dit Bossuet. (*Œuvre.* 287.) Elle y est envoyée par un ordre suprême, pour y recueillir les enfants de Dieu, et rassembler ses élus dispersés aux quatre vents. Elle a charge de les tirer du monde ; mais il faut qu'elle vienne les chercher dans le monde : et en attendant qu'elle les présente à Dieu, maintenant qu'elle voyage avec eux et qu'elle les tient sous son aile, n'est-il pas juste qu'elle les gouverne, qu'elle dirige leurs pas incertains, et qu'elle conduise leur pèlerinage ? C'est pourquoi elle a sa puissance, elle a ses lois et sa police spirituelle, elle a ses ministres et ses magistrats, par lesquels elle exerce, dit Tertullien, « une divine censure contre tous les crimes. »

L'Église a acquis sur l'enfant, par le sacrement de baptême, un droit supérieur à toute atteinte humaine. Elle est devenue mère et c'est à elle qu'est confiée la mission d'élever cette créature innocente qui est devenue sa fille et qui a Dieu pour père. Elle ne peut renoncer à cette mission sans manquer à l'un de ses devoirs les plus sacrés.

Aucun pouvoir sur la terre ne peut lui contester ce droit. Ni les pères de famille, ni les chefs d'état, ni aucune autorité publique ou particulière ne peut soustraire l'enfant chrétien à la maternelle sollicitude de l'Église, sans se rendre coupable d'une criante injustice.

Le premier de tous les pouvoirs, c'est assurément celui de Dieu. Tous les autres en dépendent et doivent s'y soumettre. La plus haute des paternités, c'est la paternité divine et elle a évidemment la prépondérance sur celles qui sont purement humaines.

On rencontre de nos jours, au sein même des nations catholiques, des pères de famille qui n'entendent pas ces lois de l'ordre et de la justice ; il en est qui n'ont plus la moindre notion de ce qui est équitable et dont le sens moral est totalement oblitéré. Ils vont jusqu'à se permettre d'écarter de leur famille tout ce qui, de près ou de loin, touche à la religion. Et ils trouvent une approbation et un appui dans des instituteurs indignes de la haute fonction qu'ils remplissent.

Ce qu'il y a de plus regrettable, c'est que les gouvernements eux-mêmes ferment les yeux sur ces iniquités quand ils ne les favorisent pas. L'Église a beau revendiquer ses droits, on ne tient aucun compte de ses réclamations. Que d'établissements d'instruction et d'éducation, subsidiés par l'état, sont devenus des lieux de dépravation pour la jeunesse ! on en ferme l'accès au prêtre ; ou, s'il y entre, on laisse à ceux qui les fréquentent la liberté de se retirer ; et quand il est sorti, tout son enseignement est foulé aux pieds. Les maîtres s'appliquent à détruire, par leur langage et leur conduite, les semences de la vérité qui sont tombées dans les âmes, alors qu'ils devraient faire tous leurs efforts pour les développer.

Mais c'est en vain qu'on travaille contre l'Église, elle est plus forte que le monde et le triomphe définitif lui est promis.

« La lutte de l'Église contre ces tendances mauvaises de l'homme dégradé, est la condition de son existence, condition que chaque jour ramène et ne modifie pas. Elle va combattant, à chaque point du globe, contre les mauvais instincts, contre les aspirations brutales de la partie inférieure de notre être, et jamais elle n'a manqué à ce devoir que Jésus-Christ lui a imposé en l'instituant. Les papes, les conciles, les évêques n'ont jamais manqué à la mission de rappeler aux hommes la loi du devoir et la nécessité du sacrifice. Les noms des saints Léon, Grégoire VII, Anselme, Thomas Becket; ceux d'Innocent III, de Grégoire IX, de Boniface VIII, de Pie VI, de Pie VII, de Pie IX sont là qui l'attestent. »

Voilà donc quel est le guide qui a été proposé à la conduite des âmes. N'est-il pas digne d'inspirer une entière confiance? Risque-t-on de s'égarer quand on s'abandonne à sa direction? L'Église accueille les âmes qui viennent à elle. « Elle se les incorpore à elle-même, et en elle au Saint-Esprit qui l'anime, et par le Saint-Esprit au Fils qui nous l'a donné par son souffle, et par le Fils au Père qui l'a envoyé : afin que notre société soit en Dieu et avec Dieu, Père, Fils et Saint-Esprit. » (Bossuet. 14. 9.)

Elle reçoit le nouveau-né au seuil de la vie, et s'empresse de revêtir son âme de la robe blanche de l'innocence et d'y déposer le germe des vertus. Après cela, elle le remet aux mains de la famille, après avoir imprimé sur son front le sceau du Christ. Qu'on ne se figure pas qu'elle l'a abandonné : non. Mais elle n'a plus rien à faire pour lui jusqu'à ce que lui-même soit en état de coopérer à son œuvre. Elle attend que les années aient affermi ce que la nature n'avait fait qu'ébaucher. Lorsque le temps aura développé le côté physique, elle agira sur la partie spirituelle. L'âme et ses nobles facultés seront l'objet de ses soins.

C'est vers la septième année, c'est-à-dire, au début de la seconde enfance, qu'elle reprend son ministère. Elle revient à Celui qu'elle avait engendré à la vie surnaturelle et qui, jusqu'alors, n'avait pu répondre à ses soins. Elle revient à lui avec son autorité si douce et à la fois si ferme. Elle lui apporte des trésors capables de l'enrichir pour le temps et pour l'éternité, car elle dispose de toutes les richesses de son divin époux et c'est elle qui est chargée de les distribuer à chacun de ses membres, dans la mesure de leur capacité. Elle est pressée de les donner à l'enfant et tout ce qu'elle exige de lui en retour, c'est qu'il se dispose à les recevoir et à les faire fructifier. Elle lui apporte le pain de la vérité et lui impose le devoir de s'en nourrir dans les catéchismes. Elle lui ouvre les sources de la grâce dans le saint Sacrifice qu'elle lui fait une stricte obligation d'entendre, dans la prière et enfin dans les sacrements qu'elle le dispose à recevoir.

L'Église s'applique à développer et à mettre en exercice les vertus surnaturelles. Elles sont dans l'âme à l'état d'habitudes. Un travail intelligent et une sage direction vont les faire passer en acte et les amener à produire des fruits.

La foi va s'éclairer dans l'exposition de la doctrine chrétienne ; l'espérance s'avivera dans la prière. La charité ne peut manquer de grandir aux approches de l'autel où son foyer divin réside, et dans la réception des saints sacrements, et avec la charité les autres vertus prendront leur accroissement.

Nous nous arrêterons quelques instants à chacun de ces points, puisqu'ils forment dans leur ensemble la véritable préparation au plus grand acte de la vie chrétienne.

5. LE CATÉCHISME.

L'Église est mère. Elle a engendré l'âme du nouveau-né à la vie spirituelle. Elle lui a communiqué la grâce avec les habitudes infuses qui l'accompagnent. Elle en a fait un enfant de Dieu et elle l'a laissée dans cet état, ne pouvant rien faire de plus. Cette âme est fermée et les dons du ciel y restent ensevelis comme dans un tombeau.

Mais quand arrive, après des années, l'époque de l'émancipation, elle s'ouvre, toute pleine d'aspirations. Elle a faim et soif de vie, de lumière, de science, de force et d'aliments substantiels. Et l'Église alors se rapproche pour satisfaire ses légitimes convoitises. Elle n'est pas seulement mère, elle est encore nourrice, dit Bossuet. Elle vient déposer une à une, dans cette terre vierge, les semences de la vérité. Elle apprend à l'enfant à user des dons qu'il a reçus : à croire Dieu, quand il parle; à se fier à lui quand il promet et à craindre ses menaces; à faire ce qu'il commande et à s'abstenir de ce qu'il défend; à purifier son âme et à l'enrichir de vertus; enfin à l'orner de la grâce. Elle l'initie ainsi peu à peu à la plus sublime comme à la plus nécessaire de toutes les sciences, la science religieuse.

Il n'est pas donné à tous les hommes indistinctement de s'ingérer dans ce ministère. Dieu l'a confié à son Verbe, en qui sont tous les trésors de la sagesse et de la science. *(Coloss.* 2. 3.) Il l'a envoyé sur la terre pour éclairer toutes les nations. C'est avec raison que le Fils de Dieu, disait à la foule : (JOAN. 8. 12) « Je suis la lumière du monde », et à ses Apôtres : (MATT. 23 10) Vous n'avez qu'un Maître qui est le Christ ».

Mais ce Maître ne pouvait demeurer toujours en contact avec la société humaine. C'est pourquoi, après avoir instruit ses Apôtres, il les a délégués pour agir en son nom. En les pénétrant de son Esprit, il les a envoyés à tous les peuples, comme son Père l'avait envoyé aux Juifs, pour prêcher son Évangile. Il leur a donné le pouvoir qu'il avait lui-même, de transmettre leur mission à leurs successeurs. (JOAN. 20. 21. — MATT. 28. 19.) Nul ne peut assumer la charge de Maître en religion, s'il n'y est légitimement autorisé, soit immédiatement de Dieu, soit médiatement par son Église. Car la mission divine est de deux sortes : elle est extraordinaire, quand c'est Dieu qui l'octroie, comme il fit à Moïse, Aaron, Isaïe, Jérémie et aux autres Prophètes, et enfin aux Apôtres. Elle est ordinaire et reçue par voie de succession, comme celle des enfants d'Aaron dans l'ancienne loi, et celle des Évêques et des Pasteurs de l'Église catholique dans la nouvelle.

Les ministres sacrés sont strictement obligés d'instruire les âmes qui sont confiées à leurs soins, et ils tombent sous le coup de terribles menaces, s'ils manquent à ce devoir. (I COR. 9. 16.) Malheur à moi, écrivait S. Paul, si je ne prêche pas l'Évangile. Le saint Concile de Trente a rappelé cette obligation grave imposée aux Pasteurs, dans la Session V, chapitre II et dans la Session XXIV, chapitre IV.

Il suit de là que l'enfant chrétien est tenu d'écouter les leçons données par les pasteurs de l'Église. C'est pour lui le premier moyen de salut, ainsi que l'enseigne le Docteur des nations. (*Rom.* 10. 13.) « Tous ceux qui invoqueront le nom du Seigneur seront sauvés. Mais comment l'invoqueront-ils, dit S. Paul, s'ils ne croient pas en lui ? Et comment croiront-ils en lui, s'il n'en ont point entendu parler ? Et comment en entendront-ils parler si personne ne le leur prêche ? Et comment prêcheront-ils s'ils ne sont envoyés ? »

Le monde, qui vit en dehors de l'Église et qui n'entend pas sa voix, vit au hasard, sans but et sans règle. Privé de la lumière véritable, qui descend de Dieu, par son Verbe et par son Église, dans l'entendement humain, il s'agite dans une atmosphère de ténèbres. Il ne voit que les choses qui tombent sous les sens. Errant à l'aventure, se heurtant à tout ce qu'il rencontre, il s'arrête à tout, parce que tout le séduit ; et rien ne le satisfait parce qu'il s'éloigne de Celui qui est son principe et son unique fin et son souverain bien. A la manière de la brute, qui n'a pas d'intelligence, il est renfermé dans les étroites limites de l'espace et du temps. Toutes les magnificences des régions invisibles lui sont étrangères.

Au chrétien, l'Église ouvre le royaume de Dieu, elle déploie devant lui les splendeurs de l'avenir. Elle lui montre l'Infini avec ses perfections, avec sa puissance et ses œuvres, sa bonté et ses promesses, son amour et ses dons, la source de la vie et les canaux mystérieux qui la font circuler dans le royaume des âmes. Son premier objet est la connaissance de Dieu.

« Dieu a toujours précédé l'âme. Dieu est la première vérité philosophique et religieuse, non pas selon l'ordre abstrait et rationaliste, qui cherche après coup ce qu'il y a de premier dans son intelligence, mais selon l'ordre de l'enseignement réel par où nous recevons, depuis Adam, la communication des vérités nécessaires à la vie du genre humain. L'enfant a une idée claire de Dieu, avant d'avoir une idée claire de l'âme ; et il n'est pas très rare de trouver des hommes incapables de nier Dieu, mais niant très résolument l'existence de l'être immatériel uni à leur corps. C'est pourquoi la négation de Dieu est l'erreur la plus difficile, la plus fatale, celle qui a toujours inspiré aux hommes un indicible effroi, comme étant le dernier effort d'une intelligence pour se déraciner de l'ordre et de la vérité. Ne touchons pas à cette place que Dieu s'est faite ; et quand même l'idéologie la plus spécieuse réclamerait la priorité en faveur de l'âme, maintenons Dieu à la tête de tout bien et de tout vrai ; ne laissons pas prévaloir l'ordre abstrait contre l'ordre concret, l'idéologie contre l'ontologie, l'esprit d'invention contre l'esprit de tradition ; ne partons pas de nous-mêmes, qui ne sommes rien à la première place, mais de Dieu, qui est tout partout. » (LACORDAIRE. *Lettre.*)

L'homme, il est vrai, est fait à l'image de Dieu, et il semble qu'on peut bien apprendre à connaître l'Original divin en étudiant sa copie ; mais comme l'a bien dit un philosophe chrétien (l'abbé Davin), « l'homme n'est qu'un amas de ruines. Or, ce n'est point en parcourant les ruines de ce petit édifice qu'on pourra bien avoir le plan exact du grand et divin qui lui a servi de modèle. La vraie marche est de partir de ce dernier, que nous possédons dessiné heureusement par lui-même, c'est-à-dire, par le Verbe de Dieu dans sa parole garantie authentique, avec une extrême précision, par la plus forte autorité qui soit sous le soleil, l'Église catholique, son épouse et son héritière. Il faut dans ce cas, d'un premier pas atteindre Dieu par la voix de toutes les créatures qui le prêchent et surtout par celle de notre âme où il habite, et un second, nous abandonner à son enseignement sur lui-même et sur nous, tel qu'il nous est transmis par l'histoire. Voilà le bon empirisme qui convient à l'étude de l'homme tel qu'il est, et la vraie méthode. La théodicée doit précéder la psychologie, et la théologie servir de base à la théodicée. La raison ne doit point marcher en avant, ni seule, dans les régions obscures de l'esprit, étant un flambeau si faible, si vacillant et si fameux par ses chutes ; mais elle doit tout d'abord aller chercher la révélation qui lui tend la main et la suivre. Munie alors de la lumière infaillible et profonde de Dieu, de celle indispensable des événements passés qui ont tant ajouté de lumières à notre nature, et de celle de la raison enfin qu'on ne veut point annihiler mais agrandir, elle sera dans toutes les conditions d'une solide et magnifique étude. » (*Études sur Bossuet.*)

Ce langage trouve sa confirmation dans les dispositions mêmes de la nature, dans les tendances de l'esprit et du cœur.

L'esprit aspire à connaître la vérité. Il est fait pour elle, pour la voir, pour l'entendre, pour la goûter, pour en jouir, c'est sa vie, c'est sa force, sa santé, son bonheur. Il a faim et soif de la vérité. Il la cherche partout avec ardeur, avec passion. Son absence le désole, le jette dans la langueur, dans l'ennui, dans le vide. Sa présence le ranime et comble tous ses désirs.

Or, la vérité vient de Dieu. C'est en Dieu qu'elle a sa source, et toute sa plénitude : c'est donc vers lui que l'esprit humain est attiré, et tout ce qui l'aide à s'élever vers Dieu, contribue efficacement à sa perfection.

Il en est de même du cœur : parmi tous les désirs qui le tourmentent, le plus fort, le plus impérieux, le plus constant et le plus universel, c'est le désir du bonheur, ou de la possession du souverain bien, c'est-à-dire de Dieu. Aussi tous les biens créés sont impuissants à le satisfaire, il ne font qu'enflammer ses convoitises et lui faire comprendre le besoin qu'il a de l'Infini pour remplir ses immenses capacités.

L'Église, qui est divinement éclairée et qui a la mission de diriger les âmes à leur fin dernière, prend l'enfant dès ses premières années, et s'efforce de le porter vers Dieu. Elle commence son instruction par l'enseignement du catéchisme.

La formation intellectuelle et morale de l'enfant se fait plus dans les catéchismes que dans les écoles, plus dans l'exercice de la foi que dans le travail de la raison.

La raison, qui cherche la vérité, va du connu à l'inconnu ; de ce qui est près d'elle à ce qui est éloigné ; de ce qui tombe sous les sens, à ce qui échappe à leur perception. Elle arrive ainsi à la science par les efforts d'un labeur soutenu.

La foi suit un chemin tout opposé. Elle a son point de départ sur les hauteurs qui dépassent et qui dominent la nature, et elle redescend, avec le flambeau de la parole révélée, pour répandre des clartés célestes sur sa route.

L'ordre de la foi est évidemment le plus élevé et le plus sûr ; et c'est en même temps le plus facile. Dieu y appelle les âmes les plus simples aussi bien que les plus grands génies ; et c'est aux petits et aux humbles qu'il se révèle davantage.

L'Église garde fidèlement le dépôt de la révélation divine. C'est son trésor. Elle y veille : elle le défend ; elle est prête à tout souffrir et à tout perdre, plutôt que d'en aliéner la moindre portion.

Et lorsqu'il s'agit de faire part aux enfants de ces aliments spirituels, elle sait se mettre à la portée de leur intelligence et leur faire goûter ce pain descendu du ciel, qui donne la vie au monde.

La vérité est une dans sa source éternelle, elle se fractionne en s'en éloignant et elle n'entre dans l'esprit créé que par parties. C'est un fleuve de lumière qui tombe goutte à goutte par le canal de la parole et qui va s'immobiliser dans la mémoire.

Pour mieux s'adapter à la nature de l'esprit, l'enseignement religieux de l'enfance a été partagé en cinq points : la foi et le *Credo* ; l'espérance et la prière ; la charité et les commandements, la justice générale, comprenant toutes les vertus et excluant tous les vices ; enfin la grâce et les sacrements.

Au fur et à mesure que ces différentes matières sont expliquées dans les catéchismes, il se fait, dans les profondeurs de l'âme, un travail que l'enfant ne remarque pas, mais qui se manifeste par un redoublement de vitalité dans l'ordre spirituel. C'est qu'un accroissement de lumière dans l'esprit a son contrecoup dans le cœur et y produit un accroissement de chaleur qui le dilate, et les forces, qui y étaient assoupies, s'éveillent et reçoivent une puissante impulsion.

L'enseignement du catéchisme est, comme il a été dit, l'un des grands devoirs de l'Église. Elle l'impose à ses ministres. « Que les évêques aient soin, dit le Concile de Trente *(Sess.* 14. Chap. 4), de faire enseigner aux enfants, au moins les jours de dimanches et de fêtes, les éléments de la foi et l'obéissance envers Dieu et envers leurs parents, par ceux à qui ce devoir incombe, et qu'au besoin ils les y forcent par les censures ecclésiastiques. »

6. LA BIBLE.

A l'enseignement doctrinal du catéchisme se joint naturellement l'étude de la Bible. Cette dernière peut être considérée comme son complément obligatoire. Disons plutôt qu'elle est la base immuable sur laquelle s'appuie le dogme catholique. La théologie qui est, comme le dit S. Thomas, une dérivation de la science des bienheureux, est à l'Écriture Sainte, ce que les conclusions sont aux principes, et ce que les moissons sont aux semences.

Le Livre écrit sous l'inspiration divine est un champ immense et d'une inconcevable fécondité. C'est dans ces pages tantôt lumineuses, tantôt obscures, que l'Esprit de Dieu a déposé le bon grain qui doit nourrir les intelligences. Il ne suffit pas de le parcourir à la hâte, il faut le remuer pour qu'il porte ses fruits. Qui s'applique à ce travail avec méthode, est certain d'être rémunéré abondamment. Non seulement il y trouvera des aliments substantiels, mais de plus il en retirera des remèdes pour toutes les maladies morales, ainsi que des règles de conduite dans les circonstances les plus diverses. Il y prendra des armes offensives et défensives pour triompher aisément dans les luttes spirituelles.

La Bible est toute remplie de trésors cachés. On peut lui appliquer ce qu'a écrit Cicéron de la philosophie : « Elle est la loi de la vie, la maîtresse des mœurs, la médecine de l'âme, la règle d'une existence irréprochable, la nourrice de la justice, le flambeau de la religion. » C'est une véritable encyclopédie où toutes les sciences ont leur place. La physique et la métaphysique, la logique et la morale, l'histoire et la chronologie, la poésie et les beaux-arts, en un mot tout l'ensemble des connaissances utiles s'y rencontre pour le perfectionnement de l'homme. La religion y apparaît au milieu de tous ces auxiliaires, comme un soleil entouré de ses satellites.

La Bible est le grand réservoir de la vérité où les esprits vont se purifier et se transformer. Elle a changé la face du monde. Elle a fait lever le grand jour après la longue nuit des superstitions séculaires. Les nations qui ont su en profiter sont parvenues à la vraie civilisation, tandis que les autres sont demeurées dans leur état de dégradation.

Rien, si ce n'est le Très Saint Sacrement, ne mérite autant que les saintes Lettres, l'amour, et la vénération de l'humanité. Il y avait autrefois dans les temples, aux deux côtés de l'autel, à droite et à gauche, deux réceptacles. Dans l'un on conservait la divine Eucharistie, qui est la source de la grâce, et dans l'autre la Sainte Écriture, qui est la source de la vérité. Ce sont les deux pains de vie descendus du ciel pour le salut des peuples.

La Bible est une mine sacrée que les siècles n'épuiseront jamais. Beaucoup d'hommes, attirés par les célestes exhalations qui s'en dégagent, se sont mis à l'exploiter, et ceux-là ont grandi en science et en vertu au point d'être proposés pour modèles au reste du genre humain. Plusieurs ont consacré à ce travail leurs jours et leurs nuits. Tels furent les saints Pères et les Docteurs de l'Église.

Le célèbre Origène s'y livra dès sa jeunesse. Il avait coutume de réciter chaque jour à son père quelques textes appris de mémoire. Et, sans se borner à ce travail purement mnémonique, il s'ingéniait à descendre dans les profondeurs de la pensée divine et à en découvrir tout le sens. S. Basile le Grand et son ami S. Grégoire de Nazianze, surnommé le théologien, passèrent treize ans dans le désert, uniquement occupés à méditer les lettres sacrées. S. Éphrem ne se forma pas autrement à l'éloquence. S. Jérôme trouvait ses délices à étudier et à traduire les Livres Saints. « Apprenons sur la terre, disait-il, la science qui restera avec nous dans le ciel. » Le puissant génie de S. Augustin se délectait et se passionnait dans cette étude. S. Chrysostôme faisait de même. Il n'hésitait point à affirmer qu'il n'y a pas une syllabe, pas un petit point dans le Livre divinement inspiré, qui ne recèle, dans ses profondeurs, quelque grand trésor. « C'est pourquoi, ajoutait-il, nous avons besoin de la grâce divine et des lumières du Saint-Esprit pour entreprendre cette lecture. » Le vénérable Bède, entré à sept ans au monastère, ne cessa jusqu'à la fin de sa vie de méditer les Saintes Écritures. Tout son bonheur était de s'y instruire, de les enseigner ou d'écrire.

C'est là encore que le savant Alcuin, l'ami de Charlemagne, avait puisé une partie de son savoir. Que dire de S. Boniface, qui portait sur lui, dans toutes ses courses apostoliques, le Livre sacré. Et S. Bernard qui ne pouvait ouvrir la bouche devant sa communauté, sans emprunter à la Bible sa pensée et son langage? *(Conf. Cornelius à Lapide. Comment.)*

Ces grands hommes avaient assez d'expérience et d'autorité pour prendre la direction des âmes. Or, ils sont unanimes à exhorter les fidèles à la lecture de la Bible. S. Jérôme lisait à Ste Blésille le livre de l'*Ecclésiaste*, pour lui inspirer le mépris des choses de ce monde, et il en dédia la version, avec un excellent commentaire à Ste Paule et à sa fille Ste Eustochie, si renommées dans toutes les Églises (Bossuet), S. Grégoire réprimandait Théodore, qui était médecin, de ce qu'il négligeait trop la lecture des Saints Livres.

« Pour bien connaître ce qui nous est commandé dans la morale chrétienne, disait S. Basile, le plus sûr moyen, c'est de méditer nos Saintes Écritures, qui nous mettent sous les yeux et les préceptes nécessaires pour la direction des mœurs et les exemples de vertu les plus propres à nous servir de modèle. En s'appliquant à s'y conformer, on se pénètre aisément de la pensée, combien on est inférieur à tel ou tel exemple de vertu qui nous y est proposé, et de cette étude résulte le remède opposé à la maladie dont on veut guérir. »

S. Isidore dit aussi que « les maux dont gémit la chrétienté viennent de ce que l'on néglige la lecture des Livres Saints, et de ce que l'on préfère les conceptions de son propre esprit à ces oracles divins. C'est un des artifices de l'esprit des ténèbres, qui lui a trop bien réussi, de nous détourner de la contemplation de ce trésor sacré, dont il nous rend par là les richesses inutiles. »

L'étude de la Bible a toujours été vivement recommandée par les saints Docteurs. Un chrétien ne peut pas ignorer ce Livre qui a donné le repos à tant d'âmes tourmentées par le doute, ou égarées dans les ténèbres de l'erreur. S. Justin, S. Augustin, S. Antoine, S. Siméon Stylite, S. Victorin et une quantité d'autres lui doivent leur vocation à la foi ou leur retour à Dieu. (*Conf. Cornel. à Lapide.*)

Il convient que l'enfant le connaisse et y prenne goût dès ses premiers pas. Dans ces pages inspirées, qui racontent le merveilleux travail de l'Esprit de Dieu sur les âmes, il trouvera la confirmation des dogmes révélés. Les vérités abstraites, qu'il a imprimées dans sa mémoire, reparaîtront revêtues de formes sensibles, dans une galerie de tableaux qui plaisent toujours à l'imagination vive du jeune âge. « Il faut à un enfant les exemples de l'histoire, qui sont les tableaux vivants des saintes maximes. Dieu a produit ces exemples comme les étoiles dans les cieux et les plantes sur la terre, pour l'ornementation et la vivification du monde, et la Bible en est l'immense et merveilleux musée.

Là on voit ce que Dieu sait faire dans l'ordre moral, comme on lit dans l'univers ce qu'il sait faire dans l'ordre physique. Bossuet y conduisait et y promenait, pour ainsi dire, sans cesse son jeune élève. « Dès le commencement même, dit-il, l'enfant la savait par cœur et la récitait souvent. » Plus adulte, il lut l'Évangile, les actes des Apôtres, les débuts de l'Église naissante. « Ici, il était formé à aimer Jésus-Christ, à l'embrasser enfant, à devenir avec lui adolescent, obéissant à son père et à sa mère, agréable à Dieu et aux hommes, donnant de jour en jour de nouveaux arguments de sagesse. Après il l'écoutait prêchant, il l'admirait faisant des signes qui stupéfient, il l'honorait bienfaisant, il se collait sur lui mourant pour pouvoir le suivre ressuscité et monter avec lui dans les cieux. » (L'abbé DAVIN.) Peut-on trouver un plus bel exemple à suivre dans l'instruction de l'enfance ?

7. LA PRIÈRE.

Dieu nous parle dans les Livres Saints, mais il ne se révèle pas également à tous les esprits. C'est à ceux qui reconnaissent leur impuissance et leur néant qu'il se plaît à dévoiler ses secrets. (MATT. 11. 25.) Il donne sa grâce aux humbles et la refuse aux superbes.

(I Petr. v. 5.) Ce qui a trait au surnaturel ne vient à la connaissance de l'homme, qu'autant que son esprit se dépouille de l'orgueil et s'abaisse devant la Majesté suprême. C'est pourquoi dans les études réligieuses le tvraail purement humain ne suffit pas. Il faut qu'il soit fécondé par la prière qui, d'un côté abaisse l'âme, et de l'autre l'élève jusqu'à Dieu.

La science religieuse ne saurait être assimilée aux sciences naturelles. Elle n'est pas de même nature et elle a un tout autre objet. Celles-ci exigent des dispositions particulières et un certain talent. Celle-là demande surtout la piété. Dans celles-ci ce sont les sens qui agissent en servant la raison ; tandis que dans celles-là, c'est la raison qui se met au service de la foi.

C'est pour cela que, de toutes les études, celle de la religion est la plus négligée, bien qu'elle soit de loin la plus avantageuse. La plupart des hommes ne s'en occupent pas. Même dans le nombre de ceux qui se disent chrétiens, beaucoup n'ont pas le goût de s'y appliquer. Elle paraît aride aux uns, rebutante aux autres. Ils y rencontrent des dogmes qu'ils n'entendent pas, des abstractions qui les fatiguent ou des obscurités qui les égarent, et ils s'en détournent.

Il faut qu'il y ait quelque vice qui rende cette étude défectueuse. Où est-il ? Est-ce dans l'objet ou dans le sujet ? La première proposition est inadmissible, puisque l'objet de la religion est le plus noble, le plus parfait et le plus digne de l'entendement humain. Il faut donc bien avouer qu'il est dans le sujet. On doit le chercher dans la nature de l'esprit humain qui n'est pas assez éclairé, ou dans la condition du cœur qui n'est pas assez pur. Lumière dans l'entendement et pureté dans la conscience, telles sont les deux choses nécessaires pour s'appliquer avec goût et d'une manière fructueuse à la science de la religion.

Mais la lumière requise dans ce travail n'est pas un produit de la raison naturelle, c'est un don surnaturel qui est accordé à ceux qui le désirent et le demandent comme il faut.

Dans tous les temps la prière a été regardée comme le moyen le plus sûr pour entendre les choses de la foi. Les saints Docteurs l'ont reconnu et l'ont proclamé. S. Basile a dit : « La prière qui succède à la lecture, communique à l'âme une énergie plus vigoureuse, par la flamme du divin amour qu'elle allume en elle. La prière y répand une clarté qui lui fait connaître les mystères de la divine essence. La prière fait résider en elle Dieu lui-même, en pénétrant son intelligence et sa mémoire du sentiment profond de sa présence : elle fait du chrétien le temple de la Divinité, un sanctuaire d'où n'approchent ni les soins terrestres, ni les résolutions imprévues qui agitent le monde, ni les misérables afflictions qui causent tous nos désordres. »

C'est en s'approchant de Dieu qu'on est illuminé de ses clartés divines, dit le Prophète : « Dieu, la vérité même, n'est pas une froide abstraction, comme un théorème de géométrie ; c'est une personnalité distincte, vivante, voulante, intelligente, aimante, comme notre âme, avec l'infinité de plus. C'est-à-dire que c'est l'intelligence même, l'amour même, la volonté, la justice dans leur essence. Voilà le sujet de notre examen. Or, comment nous mettre en rapport avec ce sujet; si ce n'est comme on se met en rapport avec une intelligence, avec une volonté, avec un amour, par des communications réciproques sollicitées par la parole. Je dis par la parole intérieure au moins, sans laquelle on ne conçoit ni pensée, ni sentiment?

Parlez-lui donc, si vous voulez expérimenter quel il est, et si la vérité chrétienne est bien sa vérité! Mais parlez-lui comme une intelligence aussi finie que la nôtre peut parler à l'intelligence infinie, c'est-à-dire avec le sentiment de votre faiblesse et de sa grandeur, de votre misère et de sa bonté. Mettez-vous bien en sa présence, et traitez avec lui seul de vos intérêts éternels et de la connaissance de sa vérité, esprit à esprit, cœur à cœur. » (Aug. NICOLAS. *Étud. philos.* II. 212.)

Les saints qui ont été les plus éclairés dans les choses spirituelles, ont eu grand soin de recourir au Père des lumières, pour obtenir de lui l'intelligence. Ce n'est pas tant dans l'étude que dans la méditation au pied du Crucifix que S. Thomas d'Aquin, le Docteur angélique, a composé ses œuvres immortelles de philosophie et de théologie. S. Benoît Labre a trouvé, devant le Tabernacle, la solution des grands problèmes qui intéressent la conduite de la vie.

Les moines qui, au moyen-âge, ont été les pionniers de la civilisation chrétienne en Europe, étaient adonnés à la prière. C'est dans cette pratique qu'ils puisaient les secrets de la science des saints. « Je n'imagine pas un plus beau sujet que l'histoire de la prière, c'est-à-dire l'histoire de ce que la créature a dit à son Créateur, le récit qui nous apprendrait quand, et pourquoi et comment elle s'y est prise pour raconter à Dieu ses misères et ses joies, ses craintes et ses désirs ! S'il était donné à une plume humaine de l'écrire, cette histoire serait l'histoire des moines. Car personne n'a su comme eux manier cette arme de la prière, si bien définie par le plus illustre des évêques de nos jours, qui nous montrait naguère « ce grand témoignage de notre faiblesse devenant, dans le pauvre et faible cœur de l'homme, une puissance irrésistible et redoutable au ciel même *omnipotentia supplex.* »

« Dieu, dit encore cet éloquent prélat (Mgr Dupanloup) en nous jetant au fond de cette vallée de misères, a voulu donner à notre faiblesse, à nos crimes mêmes, contre lui, contre sa justice, la puissance de la prière. Quand l'homme se décide à prier, et quand il prie bien, sa faiblesse même devient une force. La prière égale et surpasse quelquefois la puissance de Dieu. Elle triomphe de sa volonté, de sa colère, de sa justice même. »

L'Évangile n'a rien proclamé de plus certain que cette toute puissance de la prière : tout ce que vous demanderez dans votre prière, croyez que vous le recevrez.... Vous obtiendrez tout jusqu'à précipiter les montagnes dans la mer. (MATT. XXI. 21. — MARC. 11. 23.)

« Jésus-Christ, dit Bossuet, se sert exprès de ces comparaisons si extraordinaires pour montrer que tout est possible à celui qui prie. Et il ajoute : voici le prodige des prodiges : l'homme revêtu de la toute-puissance de Dieu. » (De MONTALEMBERT. *Moines d'Occident.*)

Pénétrés de ces vérités, les pasteurs de l'Église catholique se font une règle de commencer et de finir les leçons du catéchisme par la prière. Elle tient au reste une très large place dans le cours de la vie chrétienne. C'est l'un des actes les plus fréquents et les plus avantageux. Dieu l'aime assurément puisqu'il le commande à tous sans exception et il le récompense par des faveurs signalées.

La prière est comparée, dans la Sainte Écriture, à l'encens qui monte vers le ciel en odeur de suavité. C'est le parfum qui s'exhale de l'âme pieuse. Il y a dans les jardins et les campagnes des fleurs aux senteurs exquises qui embaument l'air d'alentour. Ce sont celles qui attirent le regard et que la main s'empresse de cueillir. Les âmes qui prient sont pour Dieu ce que sont pour nous les plantes aromatiques. Il arrête sur elles un regard de complaisance et les aspirations qu'elles font monter vers lui sont comme une délicieuse mélodie dont pas une note n'est perdue. Ces âmes lui sont chères et il ne leur peut rien refuser. Elles le dédommagent de l'indifférence de tant d'autres qui l'oublient ! Elles compensent, elles réparent les injures qu'il reçoit de la part des blasphémateurs et des transgresseurs de sa loi. Aussi pour elles il est libéral, il est prodigue de ses biens. N'a-t-il pas tout promis à ceux qui l'implorent ? N'est-ce pas lui qui a dit : Demandez et vous recevrez. Tout qui demande obtient ?

L'homme, en priant, glorifie son Créateur. De plus il s'honore lui-même. Car s'il est vrai qu'un sujet s'élève au-dessus de sa condition en s'approchant de la personne d'un roi et en lui parlant, que dire de la créature qui se met en relation avec son Créateur ? Que sont tous les grands de la terre devant Dieu ? Et ce Dieu, dans sa majesté souveraine, se rend accessible à tous ! Les plus petits peuvent lui parler comme les plus grands, les plus pauvres comme les plus riches ! Et lui parler, n'est-ce pas le comble de l'honneur ?

La prière est une grâce commune à tous. Celui qui use bien de cette grâce a trouvé le vrai moyen de s'élever, car la prière est définie par les théologiens, une élévation de l'âme : élévation de l'esprit qui prend son essor vers le ciel ; élévation du cœur qui se rapproche du souverain bien ; élévation de toute la nature spirituelle de l'homme.

Les gens affairés qui sont absorbés par les occupations matérielles et les mondains qui ne pensent qu'aux plaisirs, demeurent habituellement comme enchaînés à la terre. Si de temps à autre ils n'ont pas dans l'esprit une pensée de foi, et dans le cœur un mouvement de charité, on peut dire qu'ils restent étrangers à leurs intérêts véritables. C'est la prière qui soulève l'âme et qui la soustrait à la servitude des sens.

Elle fait mieux encore. Il y a, au fond de la nature régénérée par la grâce, une quantité de germes précieux qui attendent leur épanouissement. Il y a des forces cachées qui, en temps ordinaire, demeurent comme engourdies et ne servent à rien. La prière les met en mouvement ; elle leur donne de l'exercice ; elle réveille la foi, la confiance, la charité, l'humilité, la religion, en un mot tout ce qu'il y a de meilleur en nous. C'est ainsi que la vie spirituelle gagne d'un jour à l'autre de nouvelles énergies. Les rapports de l'âme avec Dieu lui servent d'aliment substantiel.

L'enseignement de la religion, fécondé par la prière, ne reste pas à l'état de simple théorie. Il passe dans la pratique. En illuminant l'intelligence, il agit puissamment sur la volonté et par suite sur toutes les opérations de l'âme.

Le but de la vie se dessine toujours plus nettement, avec tous les charmes qui l'entourent et toutes les attractions qui lui sont inhérentes. Et sur la voie qui mène au terme apparaissent les fontaines mystérieuses où vont se purifier, se rafraîchir et se restaurer les passagers du temps.

L'Église ne veut pas que l'enfant demeure étranger à toutes ces grandes choses. Elles sont offertes à tous. Aussitôt qu'il est capable d'en user, des lois spéciales lui en font un devoir. Il doit prendre sa part dans l'héritage du Sauveur : recourir aux remèdes qu'il a préparés, s'enrichir de ses biens, commencer à goûter ses joies, se nourrir de ses aliments et chercher dans son sacrifice et dans ses sacrements cette pureté du cœur qui est la seconde condition pour réussir dans l'étude de la religion.

8. LA PURETÉ DU CŒUR.

Le cœur de l'homme, aussi bien que son esprit, est fait pour Dieu. Aussi Dieu se révèle à la fois à l'un et à l'autre : au premier, en lui faisant sentir les douceurs de sa présence; au second, en se manifestant à lui dans le miroir de ses œuvres. Il y a cette différence entre ces deux révélations, que l'une est accordée à ceux qui commencent, elle est comme le lait des nouveaux-nés, ainsi que s'exprime le Prince des Apôtres; tandis que l'autre, beaucoup plus abondante, est le partage de ceux qui sont en progrès.

Par l'esprit, l'homme s'approche de Celui qui est toute vérité; il s'unit par le cœur à Celui qui est le souverain bien. Or, il est évidemment préférable de s'unir à Dieu que de s'approcher de lui. Qui s'approche de lui est éclairé, dit le Prophète. (*Ps.* 33. 5.) Il acquiert la science, mais une science purement spéculative. Celui, au contraire, qui s'unit à Dieu, le possède : il savoure ses amabilités; il jouit de ses délices : c'est la science expérimentale; c'est mieux encore que la science, c'est la sagesse.

Goûtez le Seigneur, dit le Psalmiste, et voyez combien il est doux : *gustate et videte quoniam suavis est Dominus.* Pour bien connaître quelles sont les suavités qui sont en Dieu, il ne suffit pas de regarder, il faut toucher, il faut déguster. Ce n'est point avec les yeux que l'on juge des qualités du miel, c'est avec le palais, c'est par le contact de la langue; comme on apprécie la mélodie des sons par l'ouïe, et la nature des parfums par l'odorat. Ainsi l'on connaît Dieu par le cœur beaucoup mieux que par l'esprit.

Mais pour acquérir cette connaissance plus parfaite, il est nécessaire que le cœur soit pur. S'il est souillé par quelque faute, ou troublé par quelque passion, ou altéré par quelque affection désordonnée, il devient plus ou moins incapable de discernement. De même que le malade, tourmenté par la fièvre, ne sait plus juger de la nature des aliments qui lui sont offerts et trouve de l'amertume dans ce qui est doux, et du goût dans ce qui est insipide, ainsi l'âme viciée et corrompue ou simplement ternie par quelque péché, perd la faculté de sentir vivement les amabilités divines. Elle ne recouvre entièrement cette faculté qu'en se purifiant. Ce travail de purification doit commencer dès le bas âge. C'est nécessaire.

Les enfants, quelque bien élevés qu'ils soient dans la famille et quelque précaution qu'on prenne pour les soustraire aux mauvais exemples, n'échappent guère à la contagion du mal qui s'infiltre dans la société générale. Ils portent par ailleurs dans leur être trois sources de désordre. La triple concupiscence qui est demeurée en eux après le baptême leur fait sentir son influence malsaine. Est-il un seul enfant qui y échappe?

Aussi, dès les premiers pas dans la carrière, on constate des anomalies, des irrégularités, des défauts dans l'esprit et des faiblesses dans le cœur. Les défauts de l'esprit ont leur remède dans l'enseignement de la doctrine chrétienne, qui y introduit un à un les rayons de la vérité révélée. Les faiblesses du cœur et les écarts de la volonté sont beaucoup plus nombreux. Ils exigent une médication spéciale, qu'il importe de mettre en pratique si l'on veut éviter des désastres.

Un moraliste moderne, à qui l'on doit d'excellents ouvrages sur l'éducation, a noté quelques-uns des défauts qu'il avait remarqués dans l'enfance. « C'est dans cet âge, écrit-il, qu'on trouve quelquefois, à côté des inclinations les plus heureuses, les instincts les plus dépravés, l'obstination, l'emportement, la jalousie, le mensonge, je dirai même l'ingratitude; c'est surtout à cet âge que l'égoïsme, tout irréfléchi qu'il est, se montre passionné, capricieux, ardent. Je n'ai jamais rencontré de personnalité plus profonde que chez les enfants.

Quand leurs premières années ont été nourries dans la mollesse, avec quelle répugnance secrète ils repoussent toute vérité qui les blesse! Avec quel déplorable instinct ils saisissent tout ce qui est faux ou mal, et qui les flatte!

C'est de plus un âge curieux, mobile, inquiet, avide de jouissance, ennemi de la contrainte : c'est cet âge qui ouvre avec un si dangereux empressement les yeux à la vie, pour en découvrir tous les charmes : cet âge qui promène avec inquiétude ses regards avides sur la riante scène du monde pour en voir les trompeuses beautés; cet âge enfin, où le cœur lui-même, quoique si jeune encore, s'éveille, et s'épanouissant pour la première fois à tout ce qui l'entoure, sollicite avec ardeur l'aliment qu'il faut à ses désirs, et se hâte de goûter les vaines joies qui peut-être flétriront bientôt son innocence!

J'avoue tout cela, et pourquoi le dissimulerais-je? C'est précisément l'inexpérience, la faiblesse, les innombrables périls et surtout les défauts de ce premier âge qui intéressaient mon cœur, alarmaient ma tendresse, et qui réclament de l'indifférence elle-même une sollicitude et des soins paternels.

Je le répète donc, l'enfance est légère, inappliquée, présomptueuse, violente, opiniâtre ; c'est l'âge de la dissipation, des emportements et des plaisirs, l'âge de toutes les illusions ; et de là presque tous les écarts de cet âge et aussi tous les soins laborieux de l'éducation ! Mais, ajoutait Fénelon, *c'est l'âge où l'homme peut encore tout sur _i-même pour se corriger.* Et je le demande, qu'y a-t- le plus attachant, et je l'ajouterai, de plus digne de res__ t qu'un être si jeune et qui fait des efforts pour deven__ meilleur ? N'est-ce pas là un des plus glorieux et des plus attendrissants privilèges de l'enfance ? » (Mgr. DUPANLOUP. *L'enfant.*)

L'éducation peut certainement beaucoup pour améliorer les caractères. Sa discipline, ses principes, ses exhortations et ses corrections exercent une salutaire influence sur la nature et contribuent pour une large part à son assainissement. Cependant, ces moyens curatifs purement humains agissent plutôt à la surface. Ils ne parviennent pas toujours jusqu'à la racine du mal. Il faut, pour assurer sa guérison, une main plus habile que celle de l'homme et un spécifique qui n'est pas dans la nature.

Le céleste Médecin des âmes a trouvé dans son infinie sagesse, un moyen toujours efficace, toujours infaillible, qui ne manque jamais de réussir, à moins qu'on n'y mette volontairement obstacle. Ce moyen, c'est la vertu du sang qui a lavé toutes les souillures du monde et dont l'application se fait journellement au Saint Sacrifice de la Messe et dans les saints Sacrements.

CHAPITRE VII

Les sources de la grâce.

1. LE SAINT SACRIFICE.

La vie chrétienne tire toute sa beauté, sa force et sa fécondité de la vie de Notre-Seigneur Jésus-Christ. Celle-ci a été racontée dans les quatre Évangiles pour servir à tous de règle et de modèle. Elle commence dans l'Incarnation et finit dans la Rédemption, mais pour recommencer sous une autre forme dans l'Eucharistie.

L'Eucharistie est, pour l'Église, la source de la vie spirituelle. Elle est, pour la société générale, le foyer de la vraie civilisation; et, pour les âmes prises individuellement, la condition du véritable progrès.

Les hommes et les peuples montent ou descendent dans l'ordre moral, suivant qu'ils sont soumis ou qu'ils sont soustraits à son influence. Toutes les pages de l'histoire sont la confirmation de cette vérité. Elle acquiert la clarté de l'évidence, elle prend la force d'une conviction, lorsqu'on suit les étapes de la conversion des nations infidèles.

La famille humaine, malgré sa déchéance, ou plutôt à cause de son profond avilissement à certaines époques et dans certains pays, rend un éclatant témoignage à cette vérité, que l'homme n'est grand que par Jésus-Christ et que, sans Jésus-Christ, il devient le plus misérable des êtres.

On voit dans le double phénomène de sa dégénérescence et de sa réhabilitation, l'opposition qui existe entre le Maître réel du monde et le triste usurpateur de ses droits, entre le Christ et Satan. On y voit, en particulier, la prodigieuse puissance du corps et du sang du Rédempteur dans l'œuvre de la régénération des âmes et des peuples.

Nous avons parlé de l'Incarnation et de la Rédemption. Ces deux mystères se prolongent en quelque manière à travers les âges, dans le sacrifice de l'Église et dans ses Sacrements. C'est de ces sources de la grâce, qui ne cessent de déborder sur la société chrétienne, que découlent les grandeurs morales de l'humanité et ses immortelles espérances.

Disons d'abord ce qu'est ce sacrifice qui se renouvelle tous les jours et sur tous les points de la terre, et voyons quelles sont ses harmonies avec la vie chrétienne.

La plus belle preuve de l'amour est de donner sa vie pour ceux qu'on aime. Jésus-Christ l'a fait pour Dieu son Père, et il l'a fait pour nous. Il est mort dans des tourments tels que la nature entière en a été comme saisie d'épouvante. On dirait que cette mort a été ressentie par tous les éléments. Elle a causé un deuil universel, les pierres mêmes et les rochers ont tressailli, la terre a tremblé et les anges au ciel ont pleuré amèrement.

Mais enfin, cette immolation volontaire a sauvé le monde : elle a réconcilié l'humanité coupable; elle lui a rouvert les portes du paradis; des pluies de bénédictions sont descendues sur la terre en telle abondance que cette terre a repris une vie nouvelle.

S. Paul fait remarquer que lorsque le Rédempteur expirait dans les tortures du crucifiement, il pensait à nous, à chacun de nous; il se sacrifiait pour chaque âme qui devait passer sur cette terre. Il m'a aimé, s'écrie le Docteur des nations, et il s'est livré pour moi; *dilexit me et tradidit semetipsum pro me.* (*Gal.* 2. 20.)

Ce sacrifice sanglant suffisait au salut de tous les hommes. Il n'a pas suffi au cœur aimant du Christ. En promenant son regard divin sur le monde, et en suivant la succession des âges, il a vu que bien des âmes oublieraient ce qu'il a fait et ce qu'il a souffert pour elles; il a vu que beaucoup d'autres ne connaîtraient même jamais son dévouement; il a compris que beaucoup retomberaient dans le désordre et seraient exposées à périr pour l'éternité. Cette vision l'a profondément affligé.

S. Bonaventure dit, qu'étant attaché à la Croix, il aurait voulu y demeurer vivant et souffrant jusqu'à la fin des siècles, pour sauver les malheureux tombés dans l'aveuglement ou dans l'endurcissement. Mais son Père éternel ne l'a pas permis. C'est pourquoi il a pris une résolution étonnante et qui montre bien toute l'ardeur de sa charité; il a résolu de s'immoler d'une manière mystique et de renouveler cette immolation tous les jours, et en face de tous les peuples, et il a institué le Saint Sacrifice de la Messe.

Et qu'est-ce que ce sacrifice sinon la continuation du drame du Calvaire? Jésus-Christ, étant maintenant ressuscité et glorieux, ne peut plus mourir d'une mort naturelle, mais il meurt mystiquement aux autels de l'Église.

Tous les jours le Verbe incarné s'offre en sacrifice à son Père éternel. Et dans cette offrande, qui est l'action la plus sainte, la plus sublime et la plus salutaire de la religion, il tient la place des hommes, il agit en leur nom et pour leur avantage. Il adore ! et cette adoration est divine puisqu'elle est faite par une Personne divine. Elle est commune à tous. Ce n'est pas l'acte d'un homme en particulier, ou d'un peuple seulement, mais de tous les peuples de la terre et même des anges du ciel ; c'est l'adoration de l'Église universelle. C'est pourquoi les bienheureux habitants de la patrie aiment à y participer avec les voyageurs d'ici-bas.

Qu'ils sont heureux les chrétiens qui peuvent y prendre part tous les jours ! Qu'ils se trouvent là en bonne compagnie, avec les esprits purs, avec les bienheureux, avec la Mère de Jésus, avec Jésus lui-même aux pieds des trois Personnes. Que de gloire ils rendent au Créateur ! et que de bénédictions ils attirent sur les créatures; c'est là surtout qu'ils s'enrichissent et se préparent un avenir magnifique. Car c'est surtout pendant le sacrifice que le ciel s'ouvre et que les dons divins descendent en abondance.

C'est alors que le Prêtre éternel distribue les fruits les plus précieux de sa Rédemption ; c'est à la Messe enfin que toutes les fontaines du salut débordent et qu'on peut y puiser à pleines mains.

Le Pontife suprême est présent ! Et bien qu'il demeure invisible, c'est lui qui préside, c'est lui qui opère, qui loue, qui bénit, qui remercie et qui implore. Il rappelle à son Père ses souffrances et ses humiliations passées. Il lui montre le triste état où il est réduit dans sa prison de pain et il lui demande grâce pour les coupables. Il lui redit la prière qu'il lui adressait du haut de sa croix : *Pater, dimitte illis.* Mon Père, pardonnez-leur. Pardonnez à ceux qui vous offensent, aux insensés qui vous outragent en transgressant vos lois ; ils ne savent ce qu'ils font ; *nesciunt enim quid faciunt.*

C'est ce cri, sorti de son cœur aimant, qui arrête le bras de la justice divine et l'empêche de frapper. Ah ! si la messe venait à cesser sur la terre, tout serait bientôt fini. Le monde périrait, disent les saints, il périrait sous le poids de ses iniquités et serait englouti dans l'abîme.

Mais des autels sont dressés sur tous les points du monde. Ce sont autant de calvaires qui empêchent la foudre de tomber. Et les prêtres, qui tous les jours montent à ces autels, y font l'office d'intercesseurs en faveur des nations coupables. Et les fidèles qui les entourent travaillent plus efficacement qu'ils ne s'imaginent au salut de l'humanité.

La sainte Église, qui connait l'importance de la Messe et ses immenses avantages, invite tous les fidèles à y assister. Elle y invite les justes, parce qu'il y a beaucoup à gagner pour eux. Elle y invite aussi les pécheurs, parce que l'oblation divine est la grande expiation offerte à Dieu pour leur salut. Elle veut absolument que tous ses enfants en profitent. Elle a fait un commandement positif qui les oblige à y assister les dimanches et les jours de grande fête.

Les chrétiens sont tous tenus de se soumettre à cette loi, aussitôt qu'ils entrent en possession d'eux-mêmes. Au reste le baptême les a préparés longtemps d'avance à cet acte par excellence de la religion. Les onctions saintes, qu'ils ont reçues dans ce premier sacrement, les ont consacrés tout spécialement au service de Dieu et les ont fait participer, dans une certaine mesure, au ministère sacerdotal. Ils sont devenus prêtres, par le fait de leur régénération ; c'est le Saint-Esprit qui l'affirme. Jésus-Christ, dit S. Jean dans son Apocalypse (1. 5.) « nous a aimés et nous a lavés de nos péchés dans son sang, et nous a fait être le royaume et les prêtres de Dieu son Père. » Le Prince des Apôtres enseigne la même vérité dans sa première épître (II. 9.) « Vous êtes la race choisie, dit-il aux chrétiens, vous êtes l'ordre des prêtres rois ; *vos autem genus electum, regale sacerdotium.* » En réalité les fidèles sont tenus d'offrir des sacrifices à Dieu dans tous le cours de leur vie : sacrifices intérieurs, en gardant leur conscience pure de tout péché ; sacrifices extérieurs en se soumettant aux lois de la pénitence, de la mortification, du jeûne et de l'abstinence ; sacrifice par excellence, en assistant à la sainte Messe pour offrir à Dieu la victime divine et s'offrir eux-mêmes avec elle. C'est surtout en participant à cet auguste sacrifice qu'ils mettent à profit la grâce qu'ils ont reçue et qu'ils exercent les saintes fonctions pour lesquelles ils ont été consacrés.

2. LES SACREMENTS.

Le prophète Isaïe, en portant un regard sur les siècles à venir, a dû entrevoir dans une lumière divine, les grands mystères du Christ et les merveilles de son Église. Il prédit aux habitants de la terre, qu'ils iront puiser avec joie aux fontaines du salut (1. 2. 3.) *Haurietis aquas in gaudio de fontibus Salvatoris.* Ces sources ouvertes à l'humanité par le Sauveur, c'est sa sagesse et sa vérité, son amour et sa miséricorde ; c'est sa grâce et les sacrements qui en sont les canaux, et surtout l'Eucharistie qui en est le grand réservoir.

Les saints sacrements sont comme le complément et l'extension indéfinie du mystère de l'Incarnation. Lorsque le Fils de Dieu, qui est toute charité, a voulu sauver le monde qui périssait, il a commencé par descendre sur la terre en s'incarnant; il a pris un corps et une âme comme les nôtres et les a unis à sa Personne divine. Et par cette union, qui est indissoluble, il les a élevés au-dessus de toutes les créatures, même au-dessus des anges et des séraphins ; il leur a communiqué sa vie, sa puissance, sa sagesse, sa bonté, son bonheur et sa gloire. Ainsi cette nature humaine, unie au Verbe de Dieu, est devenue toute puissante et elle a opéré les miracles qu'on lit dans l'Évangile. Elle est devenue toute lumineuse et elle a éclairé l'univers par ses enseignements. Elle est devenue toute sainte et elle a sanctifié tout ce qu'elle a touché. Elle est devenue toute divine, et c'est elle qui maintenant est assise à la droite de Dieu sur le plus beau trône du ciel et qui est voilée dans l'hostie de nos Tabernacles : adorée d'un côté par les anges et les saints, et de l'autre par les enfants de l'Église militante.

Voilà le premier effet de l'Incarnation, il est propre à la sainte Humanité. Mais ce n'est là que le commencement de l'œuvre de Jésus-Christ. Il l'a achevée en instituant les saints sacrements ; c'est-à-dire, qu'après être descendu jusqu'à nous, il a voulu nous élever jusqu'à lui.

Les sacrements sont comme le développement de l'Incarnation. Par eux Notre-Seigneur continue à s'unir, non plus à une seule âme et à un seul corps comme autrefois, mais à des milliers de corps et d'âmes, à tous les chrétiens qui s'approchent de lui. Car les sacrements sont des liens mystiques par lesquels les fidèles s'attachent à sa Personne divine, pour ne former tous ensemble qu'un même corps dont il est la tête et eux les membres.

Par cette union les chrétiens sont élevés au-dessus de leur condition naturelle, ils sont introduits dans un ordre supérieur. Le Christ leur communique son Esprit et sa vie, ses vertus et ses mérites et quelque chose de sa dignité même. Il les fait participer à sa nature divine, dit le Prince des Apôtres (II Petr. 1. 4), *divinæ consortes naturæ*. C'est ainsi qu'ils sont capables d'agir et de souffrir non plus comme des créatures terrestres, mais comme des êtres surnaturels, et qu'ils peuvent ainsi glorifier Dieu et se sanctifier eux-mêmes.

Il y a une très grande différence entre les hommes qui participent aux sacrements et ceux qui en sont privés. Les infidèles sont réduits à la plus complète impuissance dans l'ordre spirituel. Ils ne peuvent rien faire pour Dieu, ni rien gagner pour eux-mêmes. Leur vie est frappée de stérilité. Au contraire les fidèles peuvent servir à la fois les intérêts de Dieu et ceux de leur âme. Ils peuvent mériter tous les jours et par toutes leurs œuvres, et se préparer pour l'avenir une couronne de justice et d'immortalité.

Les sacrements sont une partie essentielle de la Religion. Ils remontent, comme elle, à l'origine du monde et ils ont varié, dans le cours du temps, avec la condition du genre humain. Dans l'âge de l'innocence, un seul existait, c'était l'Arbre de vie planté au milieu du paradis terrestre et destiné, selon l'opinion de plusieurs, à produire la sainteté pour l'âme, et pour le corps la santé et l'immortalité. Cet Arbre était un don de Dieu et avait une vertu cachée sous des apparences sensibles. C'était une figure de la sainte Eucharistie. Dans l'état de nature, il y avait deux sacrements : l'un pour effacer la tache originelle dans les enfants nouveaux-nés, l'autre pour effacer les péchés actuels. Dans le troisième état, sous la loi écrite, les sacrements étaient en plus grand nombre : la Circoncision, l'Agneau pascal, les ablutions, la consécration des prêtres et beaucoup d'autres. C'étaient autant de figures de ceux qui ont été institués par Notre-Seigneur Jésus-Christ. Ces derniers, éminemment supérieurs, sont au nombre de sept. Ils sont composés de deux parties : l'une visible et matérielle, c'est le signe ; l'autre spirituelle et cachée, c'est la grâce avec les dons qui l'accompagnent.

Il est évident que cette composition est faite à dessein. Le Christ a voulu sanctifier l'homme tout entier, non seulement son âme, mais aussi son corps. Il a voulu les consacrer tous deux au service de Dieu, parce que l'un et l'autre sont appelés à entrer dans le ciel et à jouir ensemble du même bonheur.

C'est pour cela que l'Église a tant de respect pour le corps des fidèles. Même après la mort, quand l'âme est partie et retournée dans son éternité, quand le corps seul est resté à l'état de cadavre, prêt à retourner en poussière, elle le considère encore comme un objet digne de vénération. Elle l'accueille dans l'intérieur du sanctuaire. Elle le bénit, l'encense, l'entoure de lumières ; elle l'accompagne jusqu'à sa dernière demeure, en récitant les prières liturgiques. Elle bénit même la terre où il doit reposer. Et quand le cercueil est descendu dans la fosse et que la terre est retombée dessus, la piété chrétienne élève une croix sur la tombe, comme un symbole d'espérance, en attendant le jour de la résurrection et de la gloire.

Mais c'est surtout l'âme qui recueille les meilleurs fruits de ces divines institutions. Elle en est avertie d'ailleurs par le signe sacramentel qui lui rappelle un triple bienfait de Dieu : un bienfait présent, c'est la grâce sanctifiante ; un bienfait passé, c'est la mort du Rédempteur ; et un bienfait à venir, c'est la gloire éternelle. Ainsi le sacrement est à la fois un don, un souvenir et une promesse.

Notre-Seigneur a attaché à tous les sacrements de la loi nouvelle une vertu divine tout à fait remarquable, celle de produire la grâce sanctifiante.

Cette grâce est un trésor d'une valeur inestimable. Si les hommes la connaissaient bien, tous voudraient la posséder. Mais c'est un trésor caché qui n'est connu que par la foi, et conséquemment d'une manière obscure et défectueuse. N'est-ce pas pour ce motif qu'il y a tant d'infidèles et un si grand nombre de chrétiens indifférents?

L'âme humaine est certainement la plus excellente des créatures terrestres dans l'ordre naturel. Elle vaut plus que le monde matériel, car, c'est pour elle que tout ce qui est dans le monde a été fait. Notre-Seigneur a donné, pour la racheter, un prix infini, le prix de son sang. Et c'est lui qui a dit : que servirait à l'homme de gagner tout l'univers s'il venait à perdre son âme?

Cependant la grâce sanctifiante vaut plus et beaucoup plus que l'âme. C'est elle qui lui donne sa beauté, sa force, sa vie et qui l'assimile au Créateur du monde.

Les sacrements n'ont pas, à la vérité, la grâce en eux, sauf l'Eucharistie. Elle seule la possède dans toute son abondance et sa plénitude et c'est très justement qu'on l'a appelée le sacrement des sacrements. Elle est le grand réservoir des grâces. Les autres sacrements ne sont que les canaux par lesquels passent les dons du ciel, pour se répandre dans les âmes. L'Eucharistie est un centre, un foyer de vie qui rayonne sur l'Église universelle C'est la résidence permanente de Jésus-Christ. Il y est réellement présent, vivant et agissant.

Autrefois, lorsqu'il était en Judée, les pauvres et les infirmes s'efforçaient de s'approcher de lui et de toucher le bord de son vêtement, parce que une vertu divine sortait de lui et rendait la santé. Maître absolu de la nature, il posait sa main sur les malades et les guérissait; il commandait aux morts de sortir de leurs tombeaux et les morts obéissaient à sa voix.

Le même Jésus est dans l'Eucharistie : il y est avec sa toute puissance et sa bonté et il y continue ses œuvres d'autrefois. Seulement au lieu d'employer ses membres sacrés et ses mains divines, il se sert des sacrements qui sont appropriés à toutes les situations de la vie. Il guérit et ressuscite par le baptême et la pénitence. Il nourrit et perfectionne par l'Eucharistie; il affermit et fortifie par la confirmation et ainsi du reste, c'est toujours lui qui agit, tantôt par lui-même et sans aucun intermédiaire, tantôt par le ministère des hommes qui opèrent en son nom.

Les sacrements sont des souvenirs du Calvaire, ils nous ramènent au pied de la Croix sur laquelle le divin Rédempteur est mort pour nous sauver. C'est sur la Croix qu'il a fait le sacrifice de sa vie. Son corps adorable y a été torturé dans des supplices inouïs; son sang y a été répandu jusqu'à la dernière goutte. La rançon des âmes captives y a été payée. Le monde a été délivré et sauvé par la croix, et c'est de là que sont sortis tous les biens spirituels qui sont distribués aux âmes par les sacrements. S. Paul dit, en parlant du baptême : « Nous tous qui avons été baptisés, nous l'avons été dans la mort du Rédempteur. » *(Rom. 6. 3.)* Et, en écrivant sur la sainte Eucharistie, il dit : « Toutes les fois que vous mangerez ce pain et que vous boirez ce calice, vous annoncerez la mort du Seigneur jusqu'à ce qu'il vienne.» (I Cor. 11. 26.)

Tous les sacrements tirent leur origine du Calvaire. C'est là qu'est leur cause méritoire ; c'est là que le Sauveur a acquis, au prix de ses souffrances, le riche héritage des grâces qui nous sont si gratuitement accordées. On comprend que l'Église fasse un si fréquent usage du signe de la Croix dans ses administrations. Elle en marque le front de l'enfant nouveau-né dans le baptême et plus tard dans la confirmation. Elle l'imprime sur les sens du malade dans l'Extrême-Onction. C'est avec le signe de la Croix qu'elle pardonne les péchés dans le sacrement de pénitence et qu'elle nourrit les âmes dans le sacrement de l'Eucharistie. A la fin des temps la Croix du Fils de Dieu sera transportée dans le ciel et exposée à la vénération des bienheureux, comme elle l'est déjà dans l'Église militante. Et pendant toute l'éternité les élus chanteront ses victoires remportées dans le cours des siècles et le grand mystère du salut qui s'y est consommé.

Les sacrements sont encore une promesse divine, ils annoncent à ceux qui savent en bien user, la gloire future qui leur est destinée. Ils y disposent les âmes en leur communiquant la grâce qui sanctifie. Cette grâce est une semence, dit S. Thomas, une semence qui germe dans l'âme chrétienne et qui s'y développe lentement dans l'ombre, pour fleurir dans le ciel et y jeter tout son éclat. La grâce est le principe de la vie surnaturelle ; c'est, si l'on veut, la vie éternelle dans son début et dans son origine ; et la gloire est cette même vie parvenue à sa plénitude et à sa consommation.

Quand un diamant est sur la terre, entouré de poussière, il n'a ni beauté, ni la moindre apparence. Mais quand il est débarrassé de sa gangue et dépouillé de son enveloppe, quand il est taillé et exposé à la clarté du jour, il s'emplit de lumière et devient tout resplendissant. Ainsi en est-il de la grâce. Elle est voilée ici-bas et personne ne remarque sa merveilleuse beauté, mais quand elle sera exposée à la lumière du paradis, elle deviendra tout éblouissante. « Les justes, qui sont en possession de la grâce, brilleront comme le soleil, dans le royaume de leur Père. » (Matt. 13. 43.)

Il suit de là que le chrétien qui reçoit un sacrement dans de bonnes dispositions, y trouve non seulement un trésor céleste qui l'enrichit, mais encore un gage certain de son bonheur futur. Or, à toutes les époques de la vie, mais plus spécialement dans l'enfance, il a la faculté de recourir à ces moyens de sanctification. Dieu a semé çà et là dans la mer des îlots et des ports, dit S. Chrysostôme, afin que les navigateurs puissent se ravitailler et trouver un refuge aux jours des tempêtes. Jésus-Christ a fait de même sur le chemin de la vie spirituelle. Il a établi de distance en distance des fontaines salutaires, afin que les disciples puissent aller se restaurer et s'abriter contre les orages et tous les accidents de la route. Il y a tout d'abord, le sacrement de pénitence, puis l'Eucharistie et enfin la Confirmation, qui viennent successivement modifier la condition de l'âme et l'affermir toujours d'avantage dans la voie de la justice.

3. LA PÉNITENCE.

L'humanité, une dans sa première origine, s'est divisée après le péché. Elle a formé deux peuples distincts : celui des justes et celui des pécheurs. Ces deux parties ont toujours subsisté depuis.

Les justes constituent la plus noble portion de notre race. C'est l'élite et la fleur du genre humain. Tous les grands noms de la Bible, toutes les célébrités de l'Ancien Testament comme celles du Nouveau lui appartiennent. Le Saint-Esprit a fait d'eux le plus bel éloge et les pages des Livres Saints sont remplies de leurs louanges. Ce sont des hommes ornés de toutes les vertus. Dieu les aime. Il les regarde avec complaisance. *(Ps.* 33. 16.) Il les bénit *(Ps.* 5. 13), les dirige, les protège. *(Ps.* 7. 10.) Il ne les abandonne jamais. *(Ps.* 36. 25.) Ils sont prédestinés à une vie qui ne finira pas, à la gloire et à l'immortalité. Dès le temps présent ils commencent à jouir d'un bonheur anticipé.

Les pécheurs sont dans une condition bien différente. Autant les premiers sont près de Dieu, autant les derniers sont rejetés loin de lui. Il sont privés de sa grâce, dépouillés de tout mérite, dans un état de profond avilissement. Ce sont des arbres morts qui déparent le sol où ils sont plantés, et qui sont bons à être arrachés et jetés au feu.

Tels sont les deux peuples que Dieu voit passer dans le temps ; l'un est pour lui, l'autre contre lui. Le premier, objet de ses bénédictions, est appelé à vivre éternellement dans son royaume. Le dernier est menacé de périr et de disparaître pour jamais dans les éternels abîmes. Qu'est-ce qui distingue ces deux peuples ? quelle est la ligne de démarcation qui les sépare ? Quelle est la limite qui les isole l'un de l'autre ? Ce n'est rien autre que la pénitence.

La pénitence ! barrière épineuse qui répugne à la nature, que plusieurs n'osent regarder en face, devant laquelle ils reculent d'épouvante et qu'il faut néanmoins aborder. Elle se dresse en effet sur tous les chemins de la terre maudite : et devant le criminel qui a violé la loi, et devant le faible qui a failli au devoir, et même devant l'enfant qui entre dans la vie. L'homme naissant dans l'iniquité, son premier état est un état de désordre et de rébellion contre Dieu. Pour en sortir et être admis dans la société des justes, il est indispensable de passer par la porte étroite de la pénitence.

« Le pénible et le difficile, dit S. Jean Chrysostôme, c'est de mettre le pied sur le seuil, de pénétrer dans le vestibule de la pénitence. C'est de repousser et de terrasser l'ennemi qui veille à l'entrée, respirant la fureur. »

Cette nécessité est fondée sur deux lois : la loi de la justice et la loi de la clémence divine. La première exige que tout péché soit puni. S'il ne l'est pas par l'homme qui l'a commis, il le sera par Dieu qui l'a jugé, c'est inévitable. Tout péché attire son châtiment. Tout péché est une injustice qui demande réparation. C'est une dette qu'on est tenu d'acquitter. C'est un faux plaisir qu'il faut payer par une souffrance.

La loi de la clémence veut que le coupable qui est sorti de l'ordre par une désobéissance volontaire, rentre dans l'ordre par une pénitence volontaire. Dieu ne peut pas pardonner à l'homme qui est en opposition avec lui. L'oracle de la vérité assure que quiconque n'a pas recours à la pénitence doit périr; *nisi pœnitentiam habueritis omnes similiter peribitis.* (Luc. 13. 3.) Cette parole, qui s'adresse à la généralité des hommes, est un avertissement et une menace.

Il faut remarquer ici qu'il y a deux sortes de pénitence. L'une qui est commune à tous, l'autre qui est personnelle et propre à chacun. La première est l'œuvre de Jésus-Christ: c'est le déplaisir que lui ont causé les péchés du monde; c'est la douleur qu'il en a éprouvée; c'est son agonie au jardin des Olives, ses humiliations et les souffrances de sa Passion; enfin c'est la mort qu'il a endurée volontairement, pour réparer l'injure faite à son Père et pour payer nos dettes.

Cette divine réparation est la vraie cause du pardon des péchés. C'est elle et elle seule qui a la vertu d'expier toutes les fautes commises par les enfants d'Ève et de restituer à Dieu la gloire qui lui a été ravie par leur révolte. C'est une pénitence dont l'efficacité est infinie. Elle est commune à tous, avons-nous dit, parce que elle a été accomplie au nom de tous. Elle est appliquée d'une manière générale dans le Saint Sacrifice de la Messe et en particulier dans les sacrements de l'Eglise. Dans le baptême l'application se fait pleinement et sans réserve. L'âme impure est plongée dans le bain sacré, elle est ensevelie dans le tombeau du Rédempteur, et elle en sort purifiée, blanchie, transformée et revêtue de la robe d'innocence. C'est une nouvelle créature introduite dans le peuple de Dieu, adoptée dans la famille des saints, et ayant des droits réels à l'héritage céleste. Elle est totalement et radicalement justifiée par la vertu de la Passion du Christ.

Mais cette justification complète et toute gratuite n'arrive qu'une fois « car il est impossible que ceux qui ont été une fois éclairés, qui ont goûté le don du ciel, qui ont été rendus participants du Saint-Esprit, qui se sont nourris de la sainte parole de Dieu et de l'espérance des grandeurs du siècle à venir, et qui après cela sont tombés, il est impossible qu'ils se renouvellent par la pénitence. » (HEBR. 6. 4.) La Rénovation n'a lieu qu'une fois et c'est au moment où l'âme passe des ténèbres de l'infidélité à la lumière de la vie surnaturelle. Le chrétien qui se détourne de Dieu après le baptême, pour s'attacher aux biens apparents, retombe dans le chaos des pécheurs. Et après cette chute volontaire il ne peut plus se renouveler. La naissance ne se réitère pas. Pour sortir de cet état et être réintégré dans sa première condition, il faut qu'il fasse des efforts. Les mérites de Jésus-Christ lui sont offerts; mais à la condition qu'il se dispose lui-même à les recevoir. La grâce du pardon ne lui sera pas refusée, mais Dieu exige qu'il y coopère en détestant le mal qu'il a fait, en s'en affligeant et en le réparant, en un mot, en faisant personnellement pénitence.

Cette pénitence, qui est propre à chaque homme, est de deux sortes: elle est intérieure et extérieure, la première est une vertu, c'est-à-dire, une habitude surnaturelle de l'âme qui engendre la haine du péché, la douleur de l'avoir commis, le désir de l'expier et de réparer l'injure faite à Dieu, la seconde est un sacrement institué par Jésus-Christ, pour effacer les péchés commis après le baptême.

La vertu est une habitude qui doit commencer avec la vie et durer jusqu'à la mort, car le chrétien est né pour la pénitence. Le sacrement est un acte qui ne dure que le temps que l'on met à marquer la douleur et la honte de l'âme par une confession suivie de l'absolution. Il convient de les étudier séparément.

4º LA PÉNITENCE INTÉRIEURE.

Les vertus chrétiennes sont des fleurs mystiques, qui éclosent dans l'âme surnaturalisée par la grâce. Elles lui donnent leur beauté, elles y répandent leur parfum. Les unes y introduisent la lumière, les autres la dévotion, d'autres encore la force et l'énergie. Toutes y apportent quelque bien, il n'y en a qu'une qui est toujours appliquée à enlever et à détruire, c'est la pénitence.

Cette vertu a une puissance particulière pour renverser, pour abattre et pour anéantir; et cette puissance de destruction, elle la tourne constamment contre le péché. Elle ne supporte pas cet ennemi de Dieu et de l'homme. Elle l'attaque, le poursuit et met tout en œuvre pour l'expulser. Elle est pour le vice ce qu'est l'eau pour les souillures qu'elle efface; ce qu'est le feu pour la paille qu'il consume. Dès qu'elle entre dans une âme, il faut nécessairement que le péché disparaisse. Et lorsqu'elle s'est établie et comme enracinée dans cette âme, elle la garde, elle l'entoure d'une clôture morale qui la préserve de tout désordre. Elle est à la fois un remède et un préservatif.

De tout temps la pénitence a été nécessaire à notre race. Nous ne pouvons la négliger sans compromettre sérieusement nos destinées. Les pécheurs en ont besoin pour se disposer à la grâce de la justification. C'est pour eux une condition absolument requise pour pouvoir se réconcilier avec Dieu. Quant aux justes, elle est pour eux l'un des préservatifs les plus efficaces contre les atteintes du vice. En sorte que l'on peut dire en toute vérité que l'homme est né pour la pénitence.

Dieu, de qui dérivent tous les biens, infuse cette vertu dans le cœur de ses enfants. Elle est dans l'âme du chrétien, après son baptême, mais seulement à l'état de virtualité. Ce n'est qu'un germe qui attend, pour se développer, la saison favorable, c'est-à-dire, l'âge de la liberté. Elle est dans l'âme de tous les justes. Si nous suivons le cours des générations, depuis leur descente du paradis terrestre, nous la verrons se manifester dans les plus saints personnages. « Les anciens Patriarches ont tous été des hommes pénitents, malgré l'innocence de leur vie, parce qu'ils étaient des figures de Jésus-Christ futur, qui ne devait racheter le monde que par la souffrance et par la croix. Les Prophètes ont été des hommes austères et pénitents, sans qu'ils eussent à expier des péchés qui demandassent des mortifications si grandes, parce qu'ils avaient la foi en ce Messie promis, qui devait être par excellence l'homme de douleurs, *vir dolorum* (ISAÏE. 53. 3.) S. Jean-Baptiste, au désert, pratiqua de toutes les pénitences la plus affreuse, quoiqu'il n'eût jamais péché, ayant été sanctifié dès le ventre de sa mère, parce que, comme précurseur du Messie, il devait prêcher un baptême de pénitence pour la rémission des péchés. Tous les saints des siècles suivants ont illustré l'Église par les exemples de leur pénitence dans une vie très pure, et ils ne sont révérés comme saints qu'à proportion qu'ils ont été pénitents. » (DANIEL. *Conf. Théol.*)

Cette vertu, on le voit, est commune à tous les justes, il n'y a pas d'époque, dans l'histoire humaine, où elle ne compte une multitude de partisans zélés et de véritables héros.

Cependant c'est dans les pécheurs qu'elle produit les effets les plus remarquables. Grâce à elle, leurs souillures sont effacées, leurs blessures sont guéries, leurs dettes acquittées. Les pauvres esclaves du vice gémissent au fond du gouffre. La pénitence brise leurs chaînes et les remet en liberté; et ils peuvent par elle remonter sur les sommets paisibles et lumineux de la vie surnaturelle. La vertu opère dans leur âme le grand miracle de la justification.

La délivrance de l'âme pécheresse et son retour à Dieu ne peuvent jamais s'opérer sans la pénitence, il faut de toute nécessité que cette vertu rentre dans le cœur pour le purifier. Et comment cela se peut-il faire? Évidemment l'intervention divine est ici requise, il n'y a pas de conversion qui n'ait son principe dans la miséricorde infinie. C'est toujours Dieu qui agit le premier. Or, Dieu est indépendant, il a la liberté entière de donner et de refuser, il a pitié des uns et il endurcit les autres selon son bon plaisir: *cujus vult miseretur et quem vult indurat.* (Rom. 9. 18.) Mais d'autre part Dieu est bon, clément, miséricordieux, Il ne veut pas la mort du pécheur, mais sa conversion. Il veut le salut de tous. Voilà pourquoi il se penche sur l'abîme où gémissent les malheureux, leur tendant la main, leur envoyant un rayon de sa grâce, pour les réveiller de leur sommeil de mort; et il agit ainsi à l'égard de tous indistinctement.

Quelquefois son action est rapide et instantanée, elle produit ses effets d'un seul coup. On se trouve alors en présence de conversions miraculeuses, telles que celle de S. Paul. Plus souvent elle est lente et s'accorde avec la marche progressive de l'esprit humain qui y coopère. L'action de Dieu est indispensable, mais elle ne suffit pas. Dieu n'agit pas en nous sans nous, il ne veut pas agir seul, il ne lui convient pas de nous sauver malgré nous. La conversion est une œuvre collective; elle exige le concours simultané de deux volontés: celle de Dieu et celle de l'homme. Celle de Dieu qui donne; celle de l'homme qui reçoit ses dons et qui en use. L'homme ne peut rien faire sans Dieu et Dieu ne veut rien faire sans l'homme. L'âme chrétienne est si bien douée, elle reçoit au baptême une si grande abondance de dons célestes, son fonds est si riche, qu'elle a beaucoup de peine à l'épuiser entièrement. Le péché même, qui la dépouille et la ruine, ne lui enlève pas tous ses trésors. Elle conserve un reste de foi, d'espérance et de crainte. Bien que ces vertus soient informes et sans vie, elles lui permettent cependant d'accomplir encore quelques actes louables. (S. Thomas 3. 85. 6. c.) C'est en s'appliquant à ces actes qu'elle coopère à l'œuvre de Dieu, et qu'elle avance par degrés à la vertu de pénitence.

La théologie a décrit très exactement ce mystérieux voyage de l'âme. Ce n'est pas elle qui fait le premier pas sur le chemin du retour. Etant en état de péché, elle est dans un état de mort spirituelle. Comme un cadavre qui ne voit plus, qui n'entend plus, qui ne remue plus, elle est aveugle, endurcie, insensible. Mais Dieu l'appelle. Sa grâce la fait sortir de son assoupissement, et lui rend un peu d'activité surnaturelle. David, après sa chute, demeure près d'un an dans l'indifférence : il ne sent pas le coup mortel qu'il s'est donné. A la fin, Dieu lui envoie le prophète Nathan pour lui rappeler son crime, et voilà qu'aussitôt ce cœur endurci est touché de repentir. Sa pénitence commence à ce même instant et lui fait verser un torrent de larmes. S. Pierre, après son reniement, demeure comme insensible, il ne voit pas, il ne sent pas l'horreur de son état. Jésus passe à côté de lui, lui jette un regard et avec ce regard une grâce qui bouleverse son âme ; et le disciple infidèle se prend à pleurer sa faute avec des larmes qui ne savent plus s'arrêter.

Tout chrétien qui a eu le malheur de se séparer de Dieu par le péché, a un besoin absolu de la grâce, il peut toujours l'obtenir au moyen de la prière, parce que Dieu l'a promise à tous ceux qui la désirent sincèrement et la demandent comme il faut.

La grâce provoque un mouvement de foi nécessaire pour s'approcher de Dieu: *Oportet accedentem ad Deum credere.* (HEBR. 11. 6.) C'est Dieu qui nous apprend tout ce que nous savons sur lui, sur nous, sur nos actes. Et pour ne parler que du péché, quel autre que lui peut nous dire ce que c'est. Le péché est un mal invisible, impalpable. Nous ne le voyons pas, nous ne le sentons pas, nous n'en souffrons pas; nous ne concevons pas sa malice, nous ne comprendrons jamais dans cette vie, l'injure qu'il fait à Dieu et le tort qu'il nous cause à nous-mêmes. Il est donc nécessaire de nous en rapporter à Dieu qui connaît tout et qui est la vérité même.

La foi engendre le remords et un sentiment de crainte servile. On craint parce qu'on a offensé un Dieu tout puissant, un juge sévère, un vengeur terrible qui a à ses ordres toutes les créatures. On craint sa malédiction, sa condamnation et ses châtiments. Cette crainte fait qu'on prend le péché en dégoût, en aversion. On le considère comme un mal, un très grand mal et la source de tous les maux et l'on cherche à se dégager de ses liens et à le repousser loin de soi. *Timor Domini expellit peccatum.* (*Eccl.* 1. 27.)

Après que le pécheur s'est considéré lui-même, s'il relève les yeux vers le ciel, pour contempler le principe de son être, il sent naître dans son cœur un sentiment suave et fort, c'est la confiance qui naît de la foi.

Si la pensée de ses fautes l'abat, la vue des miséricordes du Très-Haut le relève. En présence d'un Dieu infiniment bon, riche et libéral, et toujours prodigue de ses biens; aux pieds d'un Dieu qui a glorifié des milliers d'anges au ciel, et sanctifié des millions d'âmes sur la terre, d'un Dieu qui aime à donner à ceux qui n'ont rien et à rendre à ceux qui ont perdu, il se livre tout entier à l'espérance.

Cette espérance le conduit insensiblement à l'amour de son Créateur; et comme cet amour a son corrélatif dans la haine du péché; comme ces deux sentiments naissent ensemble et progressent dans la même mesure, il s'ensuit que l'âme qui a senti s'allumer en elle la première étincelle de la charité, est aussitôt pénétrée d'une crainte salutaire, non plus servile, mais filiale.

Le péché déplaît à l'âme qui est arrivée à ce sixième et dernier degré; il lui déplaît, non pas tant à cause des peines et des châtiments qu'il entraîne après lui, mais parce qu'il offense Dieu, parce qu'il blesse sa justice, sa sainteté, sa bonté et sa beauté souveraine. Et parce que le péché lui déplaît, elle se repent de l'avoir commis, elle prend la résolution de l'expier et de ne plus y retomber. Elle pratique, en un mot, cet acte de justice qui n'est rien autre que la pénitence.

5. LA PÉNITENCE EXTÉRIEURE.

La pénitence a deux éléments qui ont chacun une force toute spéciale pour détruire le péché. Tout d'abord la charité s'y trouve; et prenant à cœur les intérêts de

Dieu, elle s'attriste des outrages qui lui sont faits et se réjouit des honneurs qui lui sont rendus. Or, il est certain que la charité couvre une multitude de péchés ; *charitas operit multitudinem peccatorum*. (I Petr. 4. 8.)

Il y a encore, dans la vertu de pénitence, une justice vindicative, qui s'applique à venger la majesté divine, en poursuivant le coupable, en le punissant, en s'efforçant de réparer ses torts et d'expier ses fautes.

Cette expiation s'opère par l'humilité, la prière, l'aumône, l'exercice de la miséricorde et l'empressement à pardonner les erreurs du prochain ; elle s'opère surtout par la confession.

Faire l'aveu de ses fautes est un acte humiliant. Il est du moins considéré comme tel. Aussi répugne-t-il à la nature déchue. Mais c'est là précisément ce qui en fait un excellent remède. Il est écrit que le commencement de tout péché est l'orgueil ; *initium omnis peccati est superbia*. Cette estime exagérée de soi-même, cet amour désordonné de sa propre excellence procède d'une erreur de l'entendement et est suivie d'une usurpation de la volonté. C'est un mensonge de l'esprit qui a de déplorables conséquences. Car, il déplace, si l'on peut ainsi dire, le centre de la vie ; il fait sortir l'homme de sa condition normale et le met dans un état qui n'est pas le sien. De là les illusions, les jugements faux, les idées absurdes, excentriques, et les actes qui dénotent un trouble intérieur. Les désordres de la conduite ont leur première origine dans cette fausse situation morale.

L'humilité rétablit l'âme dans la vérité. Elle la remet à sa place et la fait rentrer dans l'ordre. Elle lui fait sentir qu'il n'est rien devant Dieu que cendre et poussière. Elle lui fait reconnaître qu'il n'a rien qui soit véritablement à lui si ce n'est le mal. Car, le bien qu'il s'attribue n'est pas à lui : il l'a reçu et n'a aucun droit de s'en glorifier. Enfin, ouvrant les yeux sur son état, il avoue qu'il ne peut rien faire sans l'assistance d'en haut.

C'est cet aveu de son impuissance, de son incapacité et de son néant qui constitue le remède du péché; parce que d'abord il va frapper la racine même du mal, et ensuite il dispose l'âme à trouver grâce devant Dieu qui se plaît à donner sa grâce à ceux qui sont humbles : *humilibus dat gratiam*.

La confession n'est rien autre qu'un acte de profonde humilité. C'est pourquoi elle a toujours eu pour effet d'attirer la miséricorde divine sur les coupables. Aussi a-t-elle été en usage dans tous les temps. On en voit des exemples sous la loi de nature. Elle est obligatoire pendant toute la durée de la loi écrite. Notre-Seigneur, en l'imposant aux membres de son Église, comme une condition nécessaire au pardon, n'a fait qu'approuver et confirmer une pratique qui existait depuis l'origine du monde. Il a fait mieux, il l'a enrichie de la vertu de son sang. Il l'a rendue toute puissante pour détruire le péché. Il en a fait un sacrement de la nouvelle loi. « Celui qui cache ses crimes ne réussira point, dit le Sage *(Prov.* 28. 13), mais celui qui les confesse et s'en retire obtiendra miséricorde. » Satan a été banni du ciel, et Adam du paradis terrestre, et Judas du collège apostolique, parce que tous trois ont refusé de se reconnaître et de se confesser, tandis que des milliers de pécheurs ont trouvé grâce dans l'humble aveu de leurs fautes. Devant un bon juge, dit S. Jean Chrysostôme, la confession est la mère de l'indulgence.

On distingue différentes espèces de confession. Il en est une qui se fait simplement d'homme à homme : on s'accuse devant un supérieur; on s'humilie en sa présence, en avouant sa faute et en promettant de s'amender; ou bien on se présente devant une personne qu'on a offensée, on lui demande pardon, en prenant l'engagement de réparer ses torts. C'est le meilleur moyen pour arriver à une complète réconciliation. L'humilité de l'aveu a une force irrésistible sur le cœur de l'offensé et ne manque guère d'obtenir l'oubli du passé. — Il est une autre confession qui se fait à Dieu. « On ne lui déclare rien qu'il ne connaisse; mais en reconnaissant les fautes qu'il n'ignore pas, on exprime la douleur qu'on en a : si l'on ne l'a pas, on s'y excite et on lui demande miséricorde. C'est la pensée de S. Chrysostôme. L'obligation à cette confession se tire du précepte de la loi naturelle : Faites à autrui ce que vous voudriez qu'il vous fût fait. Si quelqu'un nous avait offensé, nous estimerions que, pour se réconcilier avec nous, il serait obligé de reconnaître et avouer sa faute et nous en demander pardon; et partant nous sommes obligés à la même chose envers Dieu. » (Card. de RICHELIEU.)

Cette confession est un acte de pénitence et de contrition, qui a été en usage dans tous les temps. Elle a assez de force pour effacer le péché, même en dehors du sacrement. Ainsi, l'enseigne le concile de Trente. *(Sess.* 14.) Les anciens justes y avaient fréquemment recours.

Daniel confesse à Dieu ses péchés et ceux du peuple, afin d'obtenir de lui les effets de sa miséricorde et la délivrance de la captivité. Isaïe, Jérémie, les trois enfants dans la fournaise, les Machabées et beaucoup d'autres saints de l'Ancien Testament, agissent de même. David dit (*Ps.* 31) à Dieu : « Je vous ai déclaré mon crime et je n'ai point caché mon iniquité. J'ai dit : je confesserai contre moi mes prévarications au Seigneur ; et vous m'avez pardonné l'énormité de mon péché. » Et le publicain de l'Évangile, après s'être confessé à Dieu, est sorti du temple justifié.

Enfin, il y a une troisième espèce de confession qui se fait non plus simplement à Dieu, mais au prêtre qui le représente. Et celle-ci est prescrite par la loi divine et la loi positive. Elle était même commandée par la loi mosaïque. Il est écrit au *Livre des Nombres* (v. 6.) « Lorsqu'un homme ou une femme auront commis quelque péché,... ils le confesseront. » Et au chapitre V du *Lévitique* : « Si quelqu'un se ressouvient de sa faute,... qu'il fasse pénitence pour son péché, et qu'il prenne, d'entre les troupeaux, une jeune brebis ou une chèvre qu'il offrira, et le prêtre (qui aura reçu son accusation) priera pour lui et pour son péché. »

Notre-Seigneur a fait, de cette confession, un sacrement de la nouvelle loi, et l'Église oblige tous les chrétiens qui ont violé cette loi à recevoir ce sacrement. « Le pécheur doit faire l'aveu de ses iniquités, parce que c'est un acte d'humilité, un témoignage de sa résipiscence et un frein pour la suite... Un aveu sincère des fautes qu'on a faites est une des plus grandes preuves de la droiture du cœur. » (BERTHIER. *Ps.* 1. 456.) C'est une rétractation et conséquemment une disposition à recevoir le pardon de Dieu.

La confession sacramentelle renferme les trois parties de la pénitence: c'est-à-dire, la contrition, la confession et la satisfaction. Il est évident que le pécheur, qui fait l'aveu de ses fautes, déclare, par là même, qu'il les regrette, qu'il les déteste et qu'il est résolu à les éviter à l'avenir. Il y a donc du repentir dans ses aveux; il y a plus encore, il y a une juste satisfaction, car il est dur et bien humiliant de reconnaître qu'on s'est trompé, et qu'on a suivi en aveugle un chemin d'égarement.

Le pénitent qui se confesse se fait son propre accusateur; il se présente spontanément devant son juge pour rendre témoignage contre lui-même. Ce n'est pas la nature qui le conduit là, elle aime trop à cacher ses vices. Ce n'est pas l'orgueil, ce n'est pas l'amour-propre qui lui ouvre la bouche. Il y a en lui une lumière surnaturelle qui lui montre, dans ce juge, le délégué du Christ, chargé non de punir mais de pardonner; et dans ce tribunal, un trône non de justice, mais de clémence et de miséricorde. La foi seule est capable de triompher des répugnances de la nature et plus elle est vive, plus le tribunal sacré offre de puissants attraits à l'âme qui a fait un faux pas sur le chemin de la vie.

Quand on considère, d'un côté, les erreurs de l'esprit humain, et les défaillances du cœur, et de l'autre cette institution divine de la confession, on est saisi d'admiration et de reconnaissance à la vue de l'ineffable bonté du Christ, qui a mis, à côté des voyageurs de la terre, tous les remèdes et tous les soutiens qu'il est possible de souhaiter. Et d'autre part, on ne peut s'empêcher de plaindre la foule des malheureux qui s'obstinent à repousser les dons du ciel et qui périssent au bord de la fontaine du salut.

La fontaine de Siloé, autrefois si célèbre à Jérusalem, attirait les malades de la Judée. Des multitudes d'infirmes, de paralytiques, de boiteux, de sourds, d'aveugles, étaient là tous les jours, attendant le moment favorable pour y entrer. A certaines époques de l'année, un ange descendait du ciel et en remuait les eaux. Le malade qui le premier parvenait à toucher l'onde miraculeuse, agitée par l'envoyé céleste, recouvrait immédiatement la santé.

Cette source symbolique préfigurait les merveilles que devait opérer le sacrement de pénitence dans la loi de grâce. Ce que l'eau de Siloé produisait sur les corps, la vertu sacramentelle l'opère dans les âmes. Et cette opération n'est pas limitée comme la première, elle se renouvelle tous les jours, à toute heure et par toute la terre. Des milliers et des milliers d'âmes y vont à tout instant déposer le fardeau de leurs misères, et y puiser la vigueur d'une santé parfaite.

Voilà le prodige le plus étonnant qui depuis près de vingt siècles est donné en spectacle au monde; et c'est à peine si le monde y fait attention!

Purifier l'esprit par l'instruction religieuse et le cœur par la pénitence, tel est le commencement de la vie chrétienne et la première préparation au banquet sacré de l'Eucharistie; il reste ensuite à orner et à enrichir le sanctuaire intérieur de l'âme, en allant puiser aux sources de la grâce; c'est pour cela que l'Église prescrit aux enfants l'assistance à la messe et la fréquentation des sacrements.

6. LE BONHEUR SUPRÊME DE L'ENFANCE.

L'instruction reçue dans la famille et dans les écoles ont éclairé l'esprit de l'enfant. L'éducation a servi à la formation de son cœur et de son caractère. L'Église a complété ce double travail avec ses enseignements et ses pratiques religieuses. Tous les préparatifs sont terminés. Le sanctuaire mystique de l'âme est largement ouvert du côté du ciel. Jésus va y faire son entrée. Le jour est fixé.

Jour inoubliable que celui d'une première communion! Il n'aura plus son pareil dans tout le reste de la vie terrestre. Aucun autre ne brillera avec autant d'éclat et ne laissera après lui une paix aussi délicieuse. Entre toutes les joies qui passent dans le cœur humain, il n'en est aucune qui approche de celle que procure la visite du divin Sauveur. Elle est incomparable. Elle ne vient ni de la nature, ni de la famille, ni des événements heureux. Elle n'est point due au travail, ni au succès, ni à rien de terrestre. C'est du tabernacle qu'elle sort, et elle descend, avec l'Hostie consacrée, dans le cœur purifié, embrasé d'amour. Joie ineffable qui rayonne sur toute cette époque pendant laquelle se forment les liaisons mystérieuses et les divines amitiés de Jésus avec les âmes et des âmes avec Jésus. Plaisir supraterrestre, qui survit à tous les autres plaisirs et qui est capable d'adoucir l'amertume de toutes les douleurs.

La première fois que Notre-Seigneur est entré dans le monde, les saints anges y sont descendus en toute hâte pour prévenir les habitants de la terre et ils leur ont dit : nous vous annonçons une grande joie; parce qu'en effet, en venant dans le monde, il y apportait une infinité de biens : la grâce, la lumière, le salut, la vie, la perfection et le bonheur. Sa visite était le signal d'une immense effusion de dons célestes qui allaient renouveler toute la face de la terre. Et bien, depuis dix-neuf siècles et plus, ce mystère se reproduit tous les jours pour le monde en général. Et il se renouvelle pour chaque âme chrétienne en particulier, au jour de la première communion. Les anges ne se montrent plus. L'Église est là pour remplir leur ministère et pour porter leur message aux heureux convives du Christ.

C'est pour le monde entier que l'Eucharistie a été instituée. Et le monde en profite; on peut dire qu'il en vit même sans le savoir. Car c'est le sentiment des Pères de l'Église, que le Très Saint Sacrement est la colonne qui soutient l'univers, perpétuellement ébranlé par ses révoltes contre le Créateur, et toujours sous le coup de ses vengeances.

L'Eucharistie profite aux pécheurs, non qu'il leur soit permis de s'en approcher et de la recevoir dans une conscience souillée; mais elle plaide en leur faveur, elle arrête les foudres de la justice et porte la miséricorde et la clémence à les épargner.

Elle est le trésor des justes. Dieu est là présent pour eux : il les invite à venir à lui et à revenir sans cesse pour s'enrichir des biens qu'il leur destine.

Elle est encore la grande consolation des mourants; c'est elle qui les soutient dans les tristesses du départ; c'est elle qui les encourage dans les luttes de la dernière heure : c'est leur viatique et leur guide dans les sentiers inconnus qui s'ouvrent au delà de la tombe.

L'Eucharistie illumine le terme de la vie chrétienne, mais elle embellit d'abord et elle réjouit son début. C'est l'enfance qui est la première à en user.

Jésus-Christ appelle les petits; il dit à son Église : Laissez-les venir à moi, car c'est à eux et à ceux qui leur ressemblent, qu'appartient le royaume des cieux : *sinite parvulos venire ad me, talium est enim regnum cœlorum.*

Et c'est pour obéir à la voix du Maître et pour satisfaire l'ardent désir de son cœur, que l'Église met tant d'empressement à préparer le jeune âge au banquet sacré.

Toute communion faite avec de bonnes dispositions, produit des effets salutaires. Cependant, on peut affirmer qu'elle est particulièrement fructueuse dans les enfants. Aussi les laisse-t-elle sous une impression de bonheur que la parole ne saurait rendre. C'est la grâce par excellence et ceux qui la reçoivent pour la première fois sont en général parfaitement disposés. Ils sont encore dans le plus bel âge de la vie, l'âge de l'innocence et de cette pureté virginale si chère à Jésus-Christ. Malgré les défauts inhérents à leur condition, ils n'ont point été atteints par la gangrène du vice qui ne trouve pas à s'enraciner dans cet âge encore tendre. Ils ont longtemps et ardemment désiré cette union sublime qui se réalise à la Table sainte. Ils s'y sont préparés avec grand soin, par le travail, le recueillement et la prière.

Jésus-Christ leur porte trop d'intérêt pour tarder à les satisfaire. Il vient à eux dans le dessein de prendre pour toujours possession de leur âme. Il les touche fortement et les remue jusqu'au fond, tout en cherchant à se les attacher par une douceur infinie. Pour leur donner le goût de cet aliment céleste, il y mêle une goutte des joies enivrantes de son paradis. C'est le pain des anges qu'il leur donne, et dans sa pensée, ce doit être l'aliment quotidien de ses enfants sur la terre. Leur jeunesse est encore sans expérience. Il vient pour les éclairer. Elle est sans force, c'est lui qui l'affermit et qui la consolide; c'est lui qui veut la diriger, parce qu'elle est exposée, plus que les âges suivants, aux mille dangers du voyage; et pour la gagner il lui fait goûter des joies ineffables.

Le divin Sauveur est pour les âmes ce qu'est une mère pour ses enfants. Il les connaît toutes et il les traite chacune d'après le caractère et les humeurs qui leur sont propres. L'Eucharistie devient ainsi un lait savoureux pour les plus petits, et un pain fortifiant pour les grands. Si les impressions sensibles ressenties à sa Table diminuent avec les années, les fruits réels ne font souvent que s'accroître et se multiplier, parce qu'une sainte communion est toujours la meilleure préparation aux communions qui la suivent.

Et que dire des autres effets produits par cet adorable sacrement? Ceux qui le reçoivent y deviennent plus libres, parce qu'il détruit en eux les péchés véniels qui sont les premiers liens de la servitude. Les enfants ne sont point exempts de ces péchés; ils en commettent plus que les autres, à cause de leur légèreté naturelle, de la mobilité de leur esprit, de leur inconstance et de leur faiblesse. Et ces fautes ne sont pas toujours effacées par la pénitence. Ils sont encore dans la voie purgative et leurs actes sont loin d'être parfaits.

Jésus, en visitant leur âme, les dispose au repentir et leur apporte son pardon. Il brise leurs chaînes; il lave, il purifie la demeure qu'il veut habiter; il fait de cette demeure un château mystique, un sanctuaire d'une pureté sans tache. L'âme du communiant devient comme un ciel pur, débarrassé de ses nuages, et inondé de toutes parts de la lumière d'en haut. Elle ressemble à un miroir éclatant qui reçoit et qui reflète les splendeurs de la Divinité.

En y entrant, l'hôte divin l'enrichit subitement! Elle reçoit de lui un présent royal, vraiment digne de sa libéralité. Il lui apporte cette parure magnifique qui distingue ses amis, ce vêtement de lumière qui transforme totalement la créature qui ne la possédait point et qui embellit davantage celle qui l'avait déjà. Il lui donne cette grâce qui élève et qui assimile aux princes du ciel les mortels qui en sont revêtus. On ne doit pas s'étonner si ce présent divin demeure caché au fond de notre nature. Si nous pouvions le voir ici-bas, nous serions exposés, comme le furent jadis les anges rebelles, à la tentation de l'orgueil. Dieu a voulu ménager notre faiblesse, tout en donnant un libre cours à ses libéralités.

A ce don précieux de la grâce sont joints beaucoup d'autres dons excellents : lumières, forces, vertus, capacités pour faire le bien, pour éviter le mal, pour monter successivement tous les degrés de la perfection chrétienne. Jésus-Christ veut enrichir à la fois toutes les puissances intérieures.

Mais ce qui dépasse infiniment toutes ces faveurs particulières, c'est l'inappréciable don que Notre-Seigneur fait de lui-même. L'enfant possède sa sainte Humanité et sa Divinité! Dès le seuil de la vie il tient en son pouvoir ce que le ciel a de plus ravissant, ce qui fait la béatitude des séraphins! « L'Eucharistie est une partie intégrante des deux mondes, un temple placé sur les confins de la terre et du ciel. Là se trouvent leur point de contact. Là s'opère la jonction des symboles de l'une et des réalités de l'autre, et la communion s'accomplit comme sous le vestibule entr'ouvert du sanctuaire invisible où se consomme l'éternelle union. Tandis que les sens restent dans l'ordre actuel, l'âme ressent la présence de l'autre ordre; elle y entre, elle prend possession de sa substance, comme un homme, transporté aux limites de cet étroit univers visible, étendant sa main au delà, saisirait déjà les prémices d'un plus vaste monde. Alors, il se passe en elle de ces choses que la parole humaine craint de profaner en les exprimant. A ce murmure confus des passions qui gronde encore dans l'âme fidèle comme le dernier bruit des agitations de la vie, succède tout-à-coup un grand silence. Bientôt une commotion également forte et douce annonce la présence d'un Dieu ; et soudain les saints désirs, et la prière, et la patience, et l'esprit de sacrifice, souvent languissants, se raniment. Tout ce qu'il y a de divin en elle s'allume à la fois. Son regard s'épure, et reçoit quelques rayons de cette lumière qui éclaire ce qui est au delà du cœur. Des émotions indéfinissables, vives comme des sensations, calmes comme des idées, attestent l'harmonie renaissante de l'esprit et des sens. On éprouve, dans mille autres circonstances, les joies de la vertu : c'est là seulement qu'on en savoure toute la volupté. » (L'abbé GERBET. *Le Dogme général de la Piété.*)

Comment l'enfant pourrait-il ne pas être heureux après la communion ? Que pourrait-il encore souhaiter ? Ah ! sans doute, on ne verra pas en lui le rire bruyant du mondain. Non, la joie du monde ressemble assez souvent au délire. Elle est causée par quelque affection maladive. Celle du chrétien est toute spirituelle. Celle du communiant a quelque chose d'intime et de profond. Elle est immense comme les cieux et comme eux calme et constante. Il s'y mêle parfois une sorte de mélancolie rêveuse qui n'altère point la sérénité de l'esprit.

Au sortir du banquet divin, l'âme se sent vivre davantage ; mais elle vit alors en partie sur la terre et en partie dans le ciel. De là, cette extase religieuse dans laquelle elle se trouve quelquefois plongée.

La première communion transporte l'enfant chrétien dans un monde nouveau, calme et radieux. Elle forme le principal anneau de cette longue chaîne de pratiques pieuses, qui remplissent la vie du fidèle de beaucoup de sacrifices, mais aussi de beaucoup de joies intimes et surhumaines.

7. LE GRAND BANQUET.

Dieu a manifesté sa puissance infinie dans la création de l'univers. Il a montré sa sagesse dans la restauration du monde bouleversé par le péché des anges et par celui des hommes. Il montre tous les jours sa bonté dans la sanctification des âmes qu'il fait passer des ténèbres à la lumière et de la mort à la vie. Son amour pour les âmes qu'il a créées, rachetées et sanctifiées, apparaît de tous côtés; mais il acquiert sa plus touchante expression dans l'inconcevable mystère de la communion.

La communion est appelée un grand banquet et le mot est juste. Il est grand en effet et plus grand qu'on ne peut le dire, et par la dignité de Celui qui l'a préparé, et par l'excellence des aliments qui y sont servis et par le nombre infini des invités.

C'est Jésus-Christ qui a préparé ce repas mystique des âmes et c'est lui-même qui sert ses convives. Ce n'est pas ainsi qu'il agit avec les autres créatures auxquelles il a donné la vie. Il veut que la terre entretienne les végétaux, que les plantes soient la pâture des animaux et que les uns et les autres sustentent le corps de l'homme. Il emploie avec eux des intermédiaires et des instruments. Quand il s'agit des âmes, il ne veut pas que d'autres que lui s'en approchent. Il prétend les nourrir lui-même. Aussi se compare-t-il à une mère qui aime tendrement ses petits et qui les nourrit de sa propre substance ; et il assure que quand même une mère pourrait oublier ses enfants, lui n'oubliera jamais des créatures qui lui ont coûté la vie.

Il faut le voir au Cénacle, la veille de son départ, convoquer ses apôtres, les réunir à une table commune et leur distribuer à chacun son corps et son sang sous les espèces du pain et du vin. Ce qu'il a fait là d'une manière visible, il le renouvelle tous les jours et par toute la terre. C'est toujours lui qui agit. On ne le voit plus dans les églises, comme on le voyait à la Cène. Il est ressuscité et glorieux, et sa gloire éblouirait des yeux mortels et empêcherait les foules de s'approcher. Mais c'est toujours la même main et le même cœur qui offre l'aliment divin.

Jésus-Christ se fait tout petit, il se réduit à presque rien, il descend au plus bas degré, il ne saurait descendre plus bas sans tomber dans le néant, et il agit ainsi pour se mettre à la portée des plus petits et leur inspirer la confiance. Mais c'est lui qui appelle en disant : venez, mangez le pain que je vous donne.

L'Évangile rapporte qu'un jour les anges sont descendus des cieux dans le désert où Jésus avait jeûné, et que là ils ont dressé une table et lui ont servi à manger. Il n'y a rien qui doive nous étonner dans ce fait : il est dans l'ordre que ceux qui ne sont que des serviteurs se mettent à la disposition du maître. Ce qui est étrange et digne d'admiration, c'est de voir le Maître s'abaisser devant ses sujets, c'est de voir un Dieu se mettre aux pieds de ses créatures, et c'est ce qui se fait dans toutes les communions ! Des centaines et des milliers de fois chaque jour le Verbe incarné descend des sommets de l'éternité, pour venir faire ici-bas l'office de serviteur auprès des âmes, et pour leur donner lui-même le pain de vie !

Quel est ce pain de vie ? quand on le regarde avec les yeux de la chair, il a bien peu d'apparence. Ce n'est qu'une substance commune et sans valeur. Mais quand on écoute la parole tombée de la bouche de Dieu, quand on réfléchit sérieusement à la vérité qu'elle exprime, on se sent pénétré de crainte et saisi d'étonnement et d'admiration. Ce qui paraît n'est qu'un voile, une enveloppe, une couverture destinée à cacher un trésor, c'est le signe sacramentel. Sous cette apparence se cache le Verbe incarné ! Il est là avec sa nature divine et sa nature humaine ; avec sa puissance, sa sagesse et sa bonté ; avec toutes ses grandeurs et toutes ses gloires ; avec ses mérites acquis pendant trente-trois ans de travaux et de souffrances ; enfin avec toutes les grâces qui ont été distribuées depuis le commencement du monde et qui le seront jusqu'à la fin des siècles. Dans cet adorable sacrement il y a un océan sans fond de richesses spirituelles, un abîme de mystères et de miracles, un monde plus vaste et plus beau que celui qui déploie sous nos yeux toutes ses magnificences. Voilà quel est ce pain de vie qui est offert aux âmes.

Ce pain est vivant et vivifiant à la fois. Les autres aliments que nous prenons sur la terre sont morts : le pain, l'eau, les fruits, la chair, tout cela est inerte. C'est nous qui leur communiquons un peu de vie, mais une vie faible et caduque, qui s'épuise avec le temps, et qui porte en elle les germes de sa destruction. Le pain eucharistique est vivant. Mieux encore, c'est une plénitude de vie et d'une vie qui ne finira point. Je suis le pain de vie, a dit le Sauveur, celui qui mange de ce pain vivra éternellement.

La création visible avec tous ses mondes grands et petits, lumineux et obscurs, posée en face d'une hostie consacrée, est comme un grain de poussière à côté d'une montagne, comme une goutte d'eau en présence de l'Océan. Jésus-Christ est réellement présent dans l'Hostie. Son corps y est avec la vertu qui lui est inhérente et qui a opéré tant de miracles; son sang y est avec cette puissance divine qui a effacé tant de souillures; son âme y est, enrichie de tous les ornements de la grâce, éclairée de toutes les splendeurs de la gloire; cette sainte Humanité devant laquelle tout genou doit fléchir au ciel, sur la terre et dans les enfers, est là, et elle y est avec la Divinité. Elle y est avec la Personne du Fils, avec la Personne du Père et avec le Saint-Esprit!

Jésus-Christ pouvait-il faire à ses amis un don plus magnifique? Et les chrétiens qui réfléchissent peuvent-ils demeurer indifférents en présence de la Table sainte?

Cette Table est dressée dans toute l'étendue de l'Église universelle et tous ceux que Jésus-Christ aime y sont appelés. Et tous ceux qui aiment Jésus y prennent place. Qui a compté les multitudes qui s'y sont présentées depuis le jour béni de la Cène ? Qui pourrait dire le nombre incalculable de ceux qui y paraîtront dans le cours des siècles jusqu'à leur consommation ?

Et après la fin des siècles le banquet continuera dans un autre monde et sous une forme nouvelle. Il se prolongera pendant l'éternité tout entière. Alors, tous les invités seront réunis à la même table, ils participeront au même festin, ils ne feront plus tous ensemble qu'une même famille, vivant de la même vie et jouissant de la même félicité. Ils resplendiront tous d'une gloire dont rien ici-bas ne peut donner une idée. Telle est la fin qu'a voulu Jésus-Christ, en instituant la communion eucharistique. Celui, dit-il, qui mange ma chair et boit mon sang a la vie éternelle.

En attendant que son désir le plus ardent soit accompli, et dans le but de le réaliser, Jésus lance ses invitations de tous côtés. Il appelle tous les peuples de la terre. Depuis vingt siècles, il ne cesse de crier à toutes les générations qui passent : *venite ad me omnes.* Venez tous à moi, venez et je vous rétablirai, je vous sanctifierai, je vous glorifierai. Venez à moi et vous trouverez le repos de vos âmes.

8. LES NOCES DE L'AGNEAU.

L'âme humaine est belle par sa nature, quand le péché ne l'a pas défigurée. Dieu, qui la connaît bien puisqu'il l'a faite, la préfère aux autres ouvrages de ses mains. Elle surpasse en réalité toutes les beautés visibles. C'est un chef-d'œuvre de la Toute-Puissance.

L'âme est bien plus belle encore, lorsqu'elle est ornée de la grâce sanctifiante. Elle est assimilée alors aux esprits bienheureux. Elle est entrée dans leur ordre, et Dieu la trouve digne de partager leur gloire et leur félicité.

Et qui pourrait dire ce qu'elle devient au moment où Jésus y fait son entrée? Rien n'est changé au dehors, mais au dedans tout est transformé, tout est perfectionné. Aussi l'âme est inondée de joie, joie douce, tranquille, sereine, qui pénètre toute sa substance. C'est une paix délicieuse qui surpasse tout sentiment. C'est une anticipation de la paix du ciel, qui n'est rien autre qu'une communion éternelle.

Jésus vient dans une pensée d'amour; et comme l'amour est actif, vigilant et généreux, il vient avec des dons variés, avec des richesses merveilleuses, et il cherche à les répandre un peu partout, dans la mémoire, dans l'entendement, dans la volonté, dans toutes les puissances internes. Il vient pour affermir, pour consolider et pour perpétuer la vie de la grâce, c'est-à-dire, cette vie surnaturelle qui est propre aux élus, cette vie excellente qui commence ici-bas, qui se cache dans les ombres du temps, qui chancelle dans les orages de la terre, mais qui doit s'épanouir et déployer sa vertu au grand soleil de l'éternité.

Jésus vient dans l'âme avec sa double nature divine et humaine. Il y vient avec le corps et le sang qu'il a pris dans son incarnation et qu'il a réunis pour toujours à sa divinité.

Pourquoi avec son corps? Parce que ce corps du Dieu fait homme est l'instrument dont il s'est servi pour opérer le salut du monde. C'est avec ce corps qu'il a rendu la vue aux aveugles, l'ouïe aux sourds, la santé aux malades. Il a éclairé les âmes, purifié les consciences, opéré tous ses miracles par la parole sortie de sa bouche. Il a renversé l'empire du démon. Et dans chaque âme qu'il visite, il veut faire ce qu'il a fait dans le monde.

Pourquoi avec son sang? Parce que c'est ce sang précieux qui a servi de caution dans la grande affaire du salut de l'humanité. C'est ce sang divin qui a purifié les âmes. C'est lui qui crie au ciel pardon et miséricorde en faveur de la terre coupable. Et Jésus veut continuer son œuvre de Rédemption et en appliquer les fruits à chacun de ses convives.

Il y vient avec sa divinité. Le chrétien est visité par son Créateur! Il sert de résidence à son Dieu! il devient un véritable paradis terrestre. Le Père éternel est en lui avec sa toute-puissance. Le Fils est en lui avec ses lumières et sa science. Le Saint-Esprit est en lui avec tout son amour. « Si quelqu'un m'aime, a dit le Sauveur, il gardera ma parole, et mon Père l'aimera, et nous viendrons à lui et nous ferons en lui notre demeure. (JOAN. 14. 23.)

Il est bien vrai qu'après la communion, Jésus habite dans l'âme avec le Père et le Saint-Esprit. Il y a pris son logement, dit sainte Thérèse, il en a fait sa maison de plaisance, le lieu de ses délices. L'âme qu'il a visitée est un château royal, un palais mystique. C'est un temple, dit S. Paul, d'une incomparable beauté. Car Jésus, en en prenant possession, s'applique à l'embellir.

Il y dresse son trône: il y répand ses dons avec une incroyable prodigalité : il l'illumine de sa clarté ; il la remplit de sa gloire. Il y imprime ses traits pour la rendre semblable à lui. Si on pouvait la voir dans cet état, dit un saint Évêque, on croirait en quelque sorte, voir Dieu lui-même, tant elle est pénétrée de sa présence, comme on voit un second soleil dans le cristal où l'astre du jour est entré avec tous ses rayons.

Ce spectacle est trop beau pour la terre : il ne peut pas être vu par des yeux mortels. Mais les chrétiens le savent par la foi; une parole venue du ciel le leur a révélé; ils savent que Dieu habite dans l'âme et s'y promène, comme un roi dans son palais. Il en visite toutes les régions, il en explore tous les abîmes. Il inspecte toutes les facultés les unes après les autres, passant de la mémoire dans l'entendement, de l'entendement dans la volonté, de celle-ci dans l'imagination, en un mot dans toutes les puissances intérieures, afin de les sanctifier. Il fait tomber partout la rosée de sa grâce, pour leur donner à chacune leur perfection.

Qu'heureuse est l'âme qui se présente pour la première fois à la Table de son Dieu ! Mais connaît-elle son bonheur? A-t-elle compris l'insigne faveur qui lui est faite? A-t-elle compté les trésors qu'elle a reçus? A-t-elle senti, au fond d'elle-même, l'épanouissement de sa vie surnaturelle? Cette vie qui commence au sacrement de baptême, n'acquiert sa perfection que par l'Eucharistie. Jusque-là elle reste engourdie, enlacée dans les entraves et comme frappée d'impuissance.

Mais au contact de la chair adorable de Jésus, elle éprouve des tressaillements mystérieux, son activité se déploie, ses énergies se décuplent, ses horizons s'élargissent et de saintes aspirations se font jour dans les profondeurs du sanctuaire où les trois Personnes divines ont fixé leur résidence. L'âme vit et elle grandit. La communion est pour elle une suprême élévation. Dieu, qu'elle a reçu, est au-dessus de tout et il est immuable. On dirait qu'il s'abaisse pour descendre vers ses créatures. Mais non, il ne saurait descendre, lui le moteur immobile. C'est l'âme qu'il élève pour la rapprocher de lui. L'Eucharistie la fait monter au-dessus de la nature, au-dessus d'elle-même. Elle l'assimile aux anges en la nourrissant du pain des purs esprits; elle la fait parvenir jusqu'à Dieu, puisqu'elle l'unit au Verbe incarné.

Et quelle union! c'est une véritable alliance qui honore le chrétien autant qu'elle l'enrichit. C'est un mariage mystique. Jésus se livre; il se donne tout entier, il s'abandonne et ne s'appartient plus. Et l'âme, à son tour, lui cède tout ce qu'elle a. Elle n'a plus aucun droit sur elle-même, elle y a renoncé pour appartenir à son divin époux. Désormais elle vivra, non plus pour elle-même mais pour lui. C'est la condition inscrite dans l'alliance. « Celui qui me mange, a dit le divin Maître, vivra pour moi; *qui manducat me et ipse vivet propter me.* (JOAN. 55. 58.) Jésus « se l'est fiancé comme une épouse : il la chérit comme une fille; il en a soin comme d'une servante; il la conserve comme une vierge; il l'entoure d'un mur comme un jardin; il est le membre qui la sert ; la tête qui prévoit pour elle ; la racine qui la rend féconde ; le berger qui la conduit dans les pâturages ; l'époux qui s'attache à elle ; le propitiateur plein d'indulgence ; la brebis qui se laisse immoler ; l'époux qui conserve la beauté de son épouse, le mari qui veille à tous ses intérêts. » (S. Chrysostôme. *OEuvr. compl.* IV. 297.)

Dans un mariage tout est partagé entre les époux : condition, richesses, dignités, honneurs ; si l'un est noble, l'autre est anobli par son alliance ; si l'un est prince, s'il est roi, l'autre est élevé au même rang ; tout est commun entre eux. Dans l'alliance contractée à la Table eucharistique, l'une des parties est divine, il faut donc que l'autre soit en quelque manière divinisée. C'est en effet ce qui arrive. Le Prophète royal n'a pas craint de dire cette parole étonnante : « Je l'ai dit, vous êtes des dieux et les enfants du Très-Haut. *Ego dixi, dii estis et filii Excelsi omnes.* » *(Ps. 81. 6.)* Et ce n'est pas sans raison qu'elle est appliquée aux chrétiens qui ont eu l'honneur de recevoir la visite de Jésus. Si lui est, par nature, le Fils unique de Dieu, le chrétien qui lui est étroitement uni par la sainte communion, participe à cette éminente filiation, il devient Fils de Dieu par grâce et par adoption. Il l'était déjà au baptême, puisqu'il était uni à Dieu par la grâce. Mais cette grâce s'est accrue dans d'énormes proportions ; son union est beaucoup plus étroite et plus intime ; il est entré plus avant dans les affections divines et tous les liens qui l'attachaient à son Créateur se sont renforcés. Il n'avait à l'origine qu'une vie qui commence,

Il la possède maintenant dans sa perfection. Jésus-Christ est fidèle. C'est le nom qu'il se donne dans les Saints Livres et toute sa conduite le vérifie. Après les fiançailles mystiques contractées avec l'âme au sacrement de baptême, il a attendu, laissant à celle qui lui était donnée, le temps de s'éclairer, de s'instruire de ses devoirs et de ses droits, de se former de saintes habitudes, de s'initier aux pratiques de la vie chrétienne, en un mot de faire tous les préparatifs requis pour la circonstance; et lorsque le travail est terminé, il se représente avec toutes ses amabilités et tous ses titres, avec toutes ses promesses et tous ses trésors pour consommer l'union. Telles sont les noces de l'Agneau. Elles commencent dans les ombres de l'Église militante pour sortir pleinement leurs effets dans les splendeurs de l'Église triomphante.

« D'où te vient ce bonheur, ô âme de l'homme, s'écrie S. Bernard, d'où te vient-il? D'où te vient la gloire ineffable d'être choisie pour épouse par Celui sur qui les anges mêmes brûlent du désir de pouvoir arrêter leurs regards? Qu'est-ce qui te vaut l'honneur d'avoir pour époux celui dont le soleil et la lune adorent l'éclat, celui à un signe de qui tout change de nature! Que rendras-tu au Seigneur en reconnaissance de tout ce qu'il t'a donné, en t'admettant à sa table, en te faisant partager sa couronne et son lit, en te faisant entrer dans sa couche royale? Vois, quels doivent être tes sentiments pour ce Dieu. Vois ce que tu peux attendre de lui. Vois, enfin, quel amour tu dois lui rendre et avec quelles étreintes affectueuses tu dois

l'embrasser, lui qui t'a témoigné tant d'estime et qui t'a regardée comme d'une si grande valeur pour lui. »
(Sermon.)

9. L'EFFLORAISON DES VERTUS.

La communion sacramentelle est pour toute âme bien disposée, une cause de grande amélioration. Elle est de la part de l'Hôte divin qui s'y donne en nourriture, une abondante effusion de grâces, et, pour l'heureux convive qui lui fait un bon accueil, un surcroît de lumière, de force et de vie.

La première communion l'emporte, à certains égards, sur les autres. Elle a cela de particulier qu'elle remue plus profondément l'âme, elle y fait une impression plus vive et elle communique à ses puissances intimes une merveilleuse impulsion.

Il y a, on le sait, dans l'être humain des capacités nombreuses et très variées. Dieu, en le formant, y a introduit de bonnes inclinations. Le baptême y a implanté, avec la grâce sanctifiante, les semences divines des vertus. Et à tous les dons d'en haut se sont ajoutées des qualités et des habitudes heureuses, acquises dans l'éducation de la famille chrétienne.

Tous ces semis, multipliés à profusion, tardent longtemps à prendre racine. C'est à peine s'ils commencent à lever dans la seconde enfance. Il leur faut, pour s'épanouir, la grande lumière et les feux ardents du Soleil de justice. Tant que Jésus-Christ n'est pas descendu dans le jardin de l'âme, le bon grain reste comme endormi, ou ne fait que végéter.

Mais à sa première apparition tout change. La vie, qui accusait un état de langueur, acquiert soudain une énergie remarquable. C'est une existence nouvelle qui commence.

Qui n'a assisté au touchant spectacle d'une première communion? Dans cette phalange d'invités à la Table du Roi des cieux, on rencontre toujours des natures privilégiées, qui se distinguent par la vivacité de leur foi, et qui sont pénétrées de la grandeur de l'acte qu'elles accomplissent. Considérez ces âmes au lendemain du grand jour, et pendant les semaines et les mois qui suivent, vous verrez qu'un changement radical s'est opéré en elles. A les voir, on devine aisément le travail secret de Jésus. Son action transpire dans tout leur extérieur, le regard est plus doux, le langage plus réfléchi, le ton de la voix plus mesuré, la démarche plus grave, les procédés plus délicats, la conduite plus régulière. Toute leur physionomie est transformée. Dans ces existences jusque-là remplies de puérilités et toujours avides de jeux et de délassements, on remarque de la modération et de l'application au travail, un mélange de gaieté modeste et de sérieux, une sorte de maturité précoce qui fait dire : voilà des enfants sages.

En même temps, on voit apparaître en eux des qualités insoupçonnées auparavant. Une orientation nouvelle se dessine visiblement. Leur esprit est hanté par des pensées religieuses, leur cœur est rempli de saints désirs. Leur foi est plus vive, leur prière plus fervente, leur charité déborde et les vertus se montrent successivement à mesure que l'occasion de les exercer se présente. C'est, on peut le dire, pour ces amis de Jésus, la saison printanière; c'est l'époque des plus abondantes et des plus magnifiques floraisons.

La vie chrétienne, parvenue à un haut degré, jette un éclat qui étonne, elle répand un parfum qui attire. Dans son exhubérance, elle dépasse les limites où s'arrête la piété commune aux chrétiens ordinaires, et elle s'épanche en dévotions particulières. C'est la religion dans ce qu'elle a de plus fort et de plus élevé. Or, rien ne provoque cet épanouissement de la sève religieuse comme la sainte communion. La preuve, on la trouve dans l'histoire de l'Église, dans les ouvrages hagiographiques et dans une variété d'écrits sur la matière. Tous ces livres ont été lus. Les traits édifiants qu'ils contiennent ont été recueillis; ils pourraient fournir les éléments d'une merveilleuse chaîne d'or eucharistique. Mais cette chaîne restera toujours inachevée, parce que à mesure que les siècles se déroulent, ils amènent de nouvelles générations au pied des tabernacles; et le feu divin qui y brûle constamment, mûrit des moissons toujours plus abondantes et fait épanouir de nouvelles fleurs.

Ce travail silencieux, mais singulièrement efficace de Jésus dans les âmes est remarquable partout. Il prend un caractère spécial et saisissant dans les pays infidèles. Il y touche au miracle quand il se produit dans les pays sauvages. On ne peut lire, sans être frappé d'admiration, ce qui est raconté à ce sujet dans les Missions catholiques. Les faits qu'on y lit, faits authentiquement attestés par des témoins oculaires, seraient dignes d'entrer dans une guirlande eucharistique.

L'enfant qui a touché le ciel à la Table de Dieu, garde longtemps l'impression délicieuse qu'il y a ressentie. Il se plaît à exhaler son bonheur en ardentes aspirations. On dirait qu'à certaines heures, il a la nostalgie du pays des bienheureux. Ces lumières vivantes qui entourent le trône de la Divinité passent les unes après les autres devant ses yeux. Les anges et les saints l'attirent. Il se sent si près d'eux ! Un simple voile mi-obscur, mi-transparent l'en sépare. Il les entrevoit à travers le rideau. Il les aime et les invoque avec confiance. Il les honore comme ses supérieurs en attendant qu'il lui soit permis de les traiter en frères. Il élève son regard vers la Reine des cieux et, tandis qu'elle lui sourit et lui ouvre ses bras maternels, il lui voue un culte tout spécial : il lui donne une des premières places dans son cœur et une très large part dans sa vie. Mais ce qui fixe le plus son attention, c'est la Personne adorable de Jésus. A Jésus il s'est donné tout entier. Il voudrait vivre toujours près de lui. La pensée de sa bonté et de sa beauté, le souvenir de ses amabilités et de ses bienfaits le poussent vers son Bien-Aimé. Il soupire après lui. Il a faim du pain des anges. Il pourrait redire la parole de cet enfant de l'Afrique que le missionnaire voulait éloigner pour quelques jours de la sainte Table, et qui lui répondit d'un air angélique et les yeux fixés sur l'hostie : j'ai envie !...

Tous les enfants ne sont pas dans les mêmes dispositions, nous le verrons bientôt. Les uns n'ont pas le cœur assez pur, ou, des liens secrets les attachent trop aux créatures ; les autres mettent volontairement obstacle au travail intérieur du divin Maître. Néanmoins on peut affirmer d'une manière générale que la sainte Eucharistie amène dans l'âme de l'enfant une abondance de grâces extraordinaires. Aussi, c'est presque toujours à cette époque que naissent les belles dévotions qui élèvent les pensées et qui élargissent les cœurs. La Très-Sainte Trinité, les mystères du Christ : son corps, son sang, son cœur, sa Passion, son sacrement et son sacrifice eucharistique ; puis la Reine du ciel, les anges et les saints ; enfin tous les grands intérêts de l'Église souffrante et de l'Église militante, voilà quels sont les objets vénérés qui sollicitent son attention et auxquels il consacre toutes les ressources de son zèle.

10. APRÈS LA PREMIÈRE COMMUNION.

La vie chrétienne est une marche lente et progressive vers les hauteurs ; c'est une suite d'ascensions qui rapprochent de plus en plus la créature du Créateur. Il semble que la première communion doive être le terme du voyage terrestre de l'âme. On l'a nommée, non sans raison, le plus beau jour de la vie. Y a-t-il par delà d'autres sommets plus élevés ? N'est-elle pas le point culminant d'où l'on entrevoit déjà les splendeurs de la Patrie ? N'est-ce pas là qu'on trouve un avant-goût de la félicité des cieux ? La communion est une sorte de paradis anticipé. L'âme qui y est parvenue voudrait, comme les trois Apôtres au Thabor, y demeurer toujours. Encore une fois est-il possible de s'élever plus haut dans cette vie? L'enfant nourri du pain des anges, l'enfant en possession du souverain bien, peut-il désirer davantage? N'est-il pas parvenu à la limite extrême au delà de laquelle il n'y a plus rien à chercher, plus rien à acquérir? Eh bien non, ce qu'on appelle le beau jour n'est pas un terme où l'on doive s'arrêter. C'est un début, c'est le point de départ d'une existence nouvelle. C'est une aurore radieuse qui doit grandir jusqu'à la pleine lumière, jusqu'à la grande chaleur.

S'il en était autrement, pourquoi l'enfant resterait-il dans ce monde? A quoi lui servirait-il de traverser les épreuves qui l'attendent et de s'exposer, pendant des années, aux mille dangers d'un long pèlerinage?

Il est bien vrai qu'il est uni à Dieu, mais il y a plus d'une espèce d'union avec Dieu. Et dans celle qu'il a contractée à la Table eucharistique, on rencontre bien des degrés divers. Ces degrés ne sont pas communément franchis tous à la fois, mais les uns après les autres.

Il est vrai encore que Jésus est généreux envers les convives qu'il reçoit à sa table. Il les comble de ses faveurs. Mais ses biens sont multiples autant que variés. Sa fortune est immense, c'est une mer sans rives et sans fond où il puise sans cesse pour distribuer aux membres de son corps mystique. Mais il ne donne que ce qu'il veut. Il donne avec mesure; il verse peu à peu et comme grain par grain. Ce n'est point parcimonie de sa part, c'est sagesse et discrétion.

L'âme humaine n'a pas assez de capacité pour recevoir beaucoup à la fois. C'est un vase étroit, aux dimensions restreintes, mais doué d'une prodigieuse élasticité. Elle s'élargit et se dilate au fur et à mesure qu'on la remplit. Plus elle reçoit, plus ses capacités grandissent. N'est-il pas écrit dans l'Évangile qu'on donnera à celui qui a déjà et qu'il sera dans l'abondance ? *Omni enim habenti dabitur et abundabit.* (MATT. 25. 29.)

Notre-Seigneur aime assez les âmes pour leur faire part de ses biens. C'est pour elles qu'il les a amassés. Son désir le plus ardent est de les leur communiquer. Mais il faut qu'elles-mêmes les estiment, qu'elles en apprécient la valeur et qu'elles aient un désir sincère de les obtenir. C'est pour cela qu'il ne se contente pas d'une première visite dans les âmes, il veut la refaire souvent, il voudrait la renouveler tous les jours, non seulement pour satisfaire son amour, mais aussi pour pouvoir exercer ses libéralités. Il ne cesse pas de les appeler à lui ; il ne se lasse jamais de revenir à elles, les mains toujours pleines et le cœur disposé à leur faire de plus grandes largesses.

Dans sa première visite eucharistique, Jésus a soulevé de terre l'âme de l'enfant, il l'a embrasée du feu de son amour, il l'a transportée dans les hautes régions de la grâce. Mais qu'il est difficile à cette âme de se fixer sur ces hauteurs ! Elle est liée à un corps mortel et ce corps est rivé à la terre. Il y est attaché et comme enchaîné par son organisme, ses besoins, ses sympathies et ses tendances. Il use de toute son influence pour y ramener l'âme : il la sollicite à redescendre. Il l'importune et l'obsède. En vain, elle essaie de résister, ses efforts la fatiguent, elle s'épuise dans ce travail continu, elle finit par céder et par se laisser entraîner.

La voilà de nouveau redescendue dans le monde inférieur et dans le terre à terre des préoccupations matérielles. Le grand jour a passé comme passe un rayon de soleil entre deux nuées. La robe nuptiale n'est pas déflorée, mais elle est exposée aux éclaboussures du chemin. Et l'âme replongée dans la lourde et ténébreuse atmosphère du monde visible, est en grand danger de perdre de vue son divin Bienfaiteur. Distraite par tous les objets qui l'entourent, toute occupée à chercher sa voie, à éviter les écueils, à fuir ou à repousser des ennemis, à tourner des obstacles ou à les renverser, son existence, comme celle de tous les passagers sur la mer du monde, est une lutte incessante contre tous les éléments, lutte sérieuse qui demande autant de prudence que d'énergie pour assurer le triomphe.

Il est évident que l'homme n'est pas créé pour se reposer ici-bas. La terre où il passe est un vaste champ de bataille et la vie une suite d'épreuves, depuis son début jusqu'à son terme; son commencement est un long travail d'émancipation, sa fin une agonie, c'est-à-dire, un dernier et suprême combat, et tout son cours est rempli de difficultés et de tentations. Il y a longtemps qu'une main dirigée par le Saint-Esprit a écrit ces mots: *Militia est vita hominis super terram.* (Job. 1.) La vie de l'homme sur la terre est un combat.

S'il en est ainsi, il faut que le chrétien soit doué d'une grande force. C'est la première condition pour triompher. Aussi que de fois Dieu en parle dans les Livres Saints. Il dit au peuple d'Israël, par la bouche de son Prophète : « Soyez fort et courageux; *confortare es esto robustua.* (Josué. 1. 6.) Il le redit une seconde et une troisième fois : « Prenez courage, c'est moi qui vous l'ordonne. Ne craignez point, car en quelque lieu que vous alliez, le Seigneur sera avec vous. » Et dans une autre occasion : « Combattez pour la justice, afin de sauver votre âme et Dieu combattra pour vous. » *(Eccl.* 4. 33.)

Lorsque Notre-Seigneur est venu dans le monde pour enseigner la voie du salut, il tient le même langage : « Je ne suis pas venu apporter la paix, mais le glaive du combat, dit-il, *non veni pacem mittere sed gladium.* » (Matt. 10. 34.)

Et ailleurs : « Le Royaume des cieux souffre violence et les vaillants sont ceux qui le ravissent. *Regnum cœlorum vim patitur et violenti rapiunt illud.* (Matt. 11. 12.)

Il est aisé de comprendre pourquoi Jésus-Christ aime tant à revenir visiter ses fidèles; c'est que tous ont besoin de lui et que sans lui ils ne peuvent rien faire.

Mais si son assistance est nécessaire dans tous les âges, elle est plus particulièrement indispensable dans les années qui clôturent le deuxième septénaire.

Jusque-là l'enfant était en tutelle, élevé par la famille et gardé par l'Église. Un peu de docilité lui suffisait pour éviter des chutes. Mais quand il a pris place à la Table de Dieu, et qu'il s'est nourri du pain des forts, on commence à le considérer comme capable de se conduire. On se figure que son contact avec la Divinité lui a valu une virilité prématurée. La surveillance, sans cesser entièrement se relâche. Les destinées de l'enfant sont, pour ainsi dire, remises entre ses mains. C'est à lui à se gouverner, à se défendre, à soutenir les attaques, à triompher de ses adversaires. C'est alors que la lutte prend des proportions inquiétantes et que les crises deviennent redoutables. Si l'âme s'est enrichie des dons du ciel, le corps aussi s'est développé et avec lui la triple concupiscence. Or, entre les deux, il existe un véritable antagonisme, et c'est à qui l'emportera.

Dans cette nature qui est en plein travail de formation, il y a une exubérance d'activité : un sang qui bouillonne, des humeurs qui fermentent, des convoitises qui s'éveillent, des passions qui remuent. De là des troubles intérieurs qui portent la confusion jusque dans les idées et qui étendent un voile d'obscurité sur les principes les plus nettement établis. De là encore des heures de doute et d'égarement. La nature abandonnée à elle-même dans ces périodes critiques, est capable de produire beaucoup de fruits, mais des fruits mauvais ou sans valeur. Elle ressemble à un champ fertile qu'on a négligé et qui se couvre d'une moisson stérile.

D'autre part le monde est là avec ses faux biens, ses plaisirs factices, ses attraits trompeurs, ses opinions erronées, la contagion de ses exemples, l'habileté de ses calculs et tous ses moyens d'entraînement pour recruter des adhérents.

Enfin l'esprit de ténèbres entre à son tour dans cette espèce de conjuration tramée pour faire des ruines. Il y déploie d'autant plus d'artifice et de violence que la proie qu'il convoite est plus pure, plus riche et plus chère à Dieu. Comme les corsaires qui infestent les mers s'attaquent de préférence aux navires chargés de riches marchandises et laissent passer ceux qui n'ont pas de butin à offrir au pillage, ainsi font les démons parmi les chrétiens, dit S. Chrysostôme. Ce sont les meilleurs qui sont l'objet de leur envie et de leurs attaques; ils s'ingénient à les surprendre et à renverser en eux l'édifice des grâces que Jésus y avait élevé. Et ils réussiraient sans doute dans leur perfide dessein, si Dieu ne traçait les limites où leur méchanceté doit s'arrêter.

Il faudrait à l'enfant une force qui lui manque et une expérience qu'il n'a pas eu le temps d'acquérir, pour résister à tous les assaillants qui font cercle autour de son âme. Il peut toujours recourir à Celui qui a vaincu le monde et terrassé l'enfer. Jésus est toujours là prêt à le soutenir. Il aurait pu, le jour de sa visite, lui fournir toutes les armes défensives qu'exigeait sa situation. Il ne l'a pas fait et l'on ne peut qu'admirer la sagesse de sa conduite.

Jésus n'est pas seul occupé du salut du monde. Si le Père l'a envoyé pour opérer l'œuvre de la Rédemption, le Saint-Esprit, qui procède de lui, a reçu aussi une mission et il est descendu dans l'Église pour consommer l'œuvre de son divin Fondateur. Et il visite les âmes pour les sanctifier. Il faut que le chrétien sache la part qui lui revient dans ce travail de restauration universelle. Voilà pourquoi la Cène du Jeudi-Saint est suivie de la Pentecôte, et pourquoi la Confirmation est conférée d'ordinaire après la première communion.

11. LA CONFIRMATION.

Le Saint-Esprit est le premier don de Dieu, l'auteur et le dispensateur de tous les dons célestes. Tout chrétien doit le connaître ; au moins il doit savoir le travail qu'il opère dans le monde. Car, il y a deux termes en lui, dit S. Bernard : l'un d'où il vient, l'autre où il va. Le premier est un mystère impénétrable. « J'avoue, ajoute le saint Docteur, que je ne comprends pas cette émanation par laquelle il procède du Père et du Fils. C'est une science trop élevée au-dessus de mon intelligence. » Quant au second, c'est-à-dire, à sa venue dans le monde, on a commencé à la connaître, lorsque lui-même s'est manifesté aux habitants de la terre.

L'Évangile nous le montre se reposant sur la fleur mystérieuse sortie de la tige de Jessé. Lorsque le Sauveur, au jour de son baptême, sortit du fleuve du Jourdain, l'Esprit descendit en forme de colombe et se reposa sur lui. (Luc. 3. 22.)

« Il semblait par là lui dire : O Fils de Dieu! avec quelle ardeur, avec quelle impatience je vous ai attendu dans la personne de tous les Prophètes ! que je soupirais après Votre venue pour me reposer délicieusement sur Vous! Votre âme est le lieu de mon repos et Vous êtes le Fils unique de Dieu. Je ne viens point pour habiter dans Vous pour quelques moments, et puis m'en retourner au ciel : j'y viens fixer ma demeure pour toujours ; des liens indissolubles m'unissent à jamais à Vous. » (S. Jérôme. *Comment. Imit.*)

On le voit, ce n'est pas sans raison que ce Principe de tous les biens s'appelle l'Esprit de Jésus-Christ, et l'on comprend que celui-là ne peut pas prétendre à ses dons, qui n'appartient pas au Verbe incarné.

Jésus-Christ s'est donné tout entier à son Église. Il lui a envoyé son Esprit, lorsqu'elle était réunie au Cénacle. Le jour de la Pentecôte, le Saint-Esprit y est descendu et s'y est manifesté en forme de langues de feu. Il s'est reposé sur les disciples, comme il avait fait sur le Maître. Il les a transformés en des hommes nouveaux, les éclairant de la lumière céleste et les fortifiant de l'abondance de ses grâces.

Ce que le Sauveur avait fait pour ses premiers disciples, il a voulu le continuer, d'une autre manière, en faveur des chrétiens. C'est par les sacrements et spécialement par la confirmation, qu'il orne les âmes des dons de son Esprit et qu'il les arme pour les combats de la vie.

Les forces de la nature et les secours de la révélation ne suffisent pas pour bien vivre, dit S. Augustin, il est encore nécessaire que le Saint-Esprit, par les inspirations et les impulsions qu'il produit intérieurement dans nos âmes, nous porte, par un certain attrait, à la pratique du bien déjà connu. Lorsqu'il entre dans une âme, il la fait resplendir d'un éclat tout divin. Il en fait la demeure aimée, le délicieux séjour de l'adorable Trinité, suivant la parole de l'Évangile. (JEAN. 14. 23.) Il assimile cette âme à Dieu, dit S. Thomas (*C. G. L.* 4. Chap. 21), par les perfections spirituelles qu'il lui communique, et il la rend capable d'opérer le bien qu'elle ne pourrait faire sans lui. Unie à Celui qui est la charité incréée, elle est comme incorporée en Dieu (I JEAN. 4. 16) et elle suit, en agissant, l'impulsion qu'elle reçoit de lui ; en sorte que c'est Dieu lui-même qui est le principe de ses œuvres, elle ne fait rien autre que lui obéir.

Et que cette obéissance est facile, lorsque c'est l'amour qui en est le principe ! Car « les mouvements de l'Esprit-Saint n'ont rien que de doux, rien que de salutaire, dit S. Cyrille, de Jérusalem. (16me *Catéch.*) C'est un parfum suave, une chaleur tranquille ; c'est le plus léger de tous les jougs. Sa présence est annoncée par des rayons de lumière et de science. Il ne vient que pour nous préserver du mal, pour nous guérir, nous instruire, nous avertir, nous fortifier, nous consoler, nous éclairer de sa lumière, afin que nous puissions ensuite la répandre. Celle qu'il nous communique dissipe nos ténèbres, nous élève au dessus de nous-mêmes, nous fait souvent contempler ce qui est dans les cieux, sans nous enlever à la terre. »

« Parce qu'il nous est commandé de fuir le mal et de pratiquer le bien ; admirez, dit S. Bernard, comment l'Esprit-Saint supplée, pour l'un et pour l'autre, à notre faiblesse naturelle. Car, s'il y a diversité de grâces, il n'y a qu'un seul et même Esprit. Pour nous détacher du mal, il opère en nous trois effets : la componction, la prière et la rémission du péché. Pour nous porter à faire le bien, il nous avertit, il nous instruit, il nous touche : il avertit la mémoire, il instruit l'intelligence, il touche le cœur. Toute l'âme est comprise dans ces trois facultés. » (*Conf. Bibl. des Pères. Passim.*)

Mais il est temps de considérer comment il opère ces effets.

Dieu a montré la grandeur et l'intensité de son amour envers nous, en nous donnant son Fils unique. Notre-Seigneur Jésus-Christ est assurément le principal de ses dons : don ineffable qui laisse loin, bien loin derrière lui tous ceux qui l'ont précédé, c'est l'enseignement de S. Thomas d'Aquin : *Inter omnia dona quœ Deus humano generi jam per peccatum lapso dedit, prœcipuum est quod dedit Filium suum.* (Sum. Theolog. 12. 102. 3 c.) Et sa doctrine est appuyée sur le texte même de l'Évangile : (JOAN. 3.) *Sic Deus dilexit mundum ut Filium suum unigenitum daret.*

Cet ardent amour du Père est également dans le Fils et il s'est manifesté d'une manière analogue et par une semblable communication. Jésus-Christ, en effet, a mérité pour nous le Saint-Esprit et il nous l'a donné. Il l'a envoyé dans son Église, selon la promesse qu'il lui en avait faite, et il ne cesse de l'envoyer dans les âmes, pour y accomplir diverses opérations.

Et comme il y a égalité parfaite entre les trois Personnes adorables, et que leurs œuvres *ad extra* leur sont communes, la troisième Personne n'a pas fait moins que les deux autres, elle s'est donnée elle-même. Il lui convient d'être donnée, dit le Docteur angélique, pour deux raisons principales. Premièrement, parce qu'elle procède par la voie de l'amour dont Dieu s'aime lui-même et en second lieu parce que c'est elle qui nous fait aimer Dieu.

On peut ajouter qu'il convient à l'Esprit-Saint encore de se donner, parce qu'il est l'amour personnel du Père et du Fils et que c'est le propre de l'amour de se communiquer. C'est même cette communication qui est la cause de toutes les autres. Car avant de faire du bien à quelqu'un, on commence par l'aimer. Ainsi le Saint-Esprit est appelé à juste titre le premier don de Dieu. Il intervient, en qualité de cause, dans toutes les œuvres extérieures de la Puissance, de la Sagesse, et de la Bonté de Dieu. On le voit apparaître au jour de la création. Il était porté sur les eaux de l'abîme, dit l'Écriture sainte.

Et dans l'Incarnation, l'Ange dit à Marie : le Saint-Esprit surviendra en Vous et la vertu du Très-Haut vous couvrira de son ombre. (Luc. 1. 35.)

Et dans la fondation de l'Église, il descend au Cénacle, sur les Apôtres et les disciples et opère dans leurs âmes des effets merveilleux. Il remplit leurs esprits de lumière et leurs cœurs d'amour et de zèle. Il écrit en eux la loi de grâce et leur donne des forces nécessaires pour l'observer. Il n'a jamais cessé de résider dans la société chrétienne. Il est le cœur qui anime l'Église catholique, la lumière qui l'éclaire et la force qui la soutient.

« Toute la terre, dit S. Jean Chrysostôme, entra en participation de cet Esprit. Le bienfait commença par la Palestine, il passa de là en Égypte, en Phénicie, en Syrie, en Cilicie, dans la région de l'Euphrate, la Mésopotamie, la Cappadoce, la Galatie, la Scythie, la Thrace, la Grèce, la Gaule, l'Italie, la Libye entière, l'Europe, l'Asie, jusqu'à l'Océan. Et à quoi bon cette longue énumération? Tous les lieux qu'éclaire le soleil furent visités par cette grâce : il suffit de cette goutte, de cette parcelle de l'Esprit, pour répandre la doctrine dans l'univers entier. Par elles se montrèrent des signes, par elles les péchés de tous furent rachetés. Néanmoins cette grâce distribuée dans tant de climats n'est qu'une partie, et pour ainsi dire, les arrhes du présent total... Songez donc combien elle est inépuisable cette grâce de l'Esprit, qui suffit durant tant d'années à tout ce vaste univers : et elle ne se trouve point par là réduite ni tarie : elle comble tous les hommes de trésors et de grâces, sans jamais s'épuiser. » (*OEuvr.* VI. 38.)

Ayant la même essence et la même puissance que les deux autres Personnes de la Trinité, l'Esprit opère des effets admirables là où il habite. Il habite dans les âmes justes par la vertu des sacrements et il suit ponctuellement les instructions de Celui qui l'envoie. Il réalise les fins diverses pour lesquelles ces divines institutions ont été établies.

Dans le baptême, il efface la tache originelle, il revêt l'âme de la robe blanche de l'innocence et lui communique la vie de la grâce. Il fait de cette âme privilégiée un enfant de Dieu, un membre de Jésus-Christ, et un héritier de son Royaume. S. Paul écrivait aux fidèles de Rome : « Vous avez reçu l'Esprit d'adoption des enfants, par lequel nous crions : « Abba, mon Père. » (*Rom.* 8. 15.)

Dans la pénitence il justifie l'âme coupable mais repentante, en allumant en elle le feu de la charité qui couvre tous les péchés. (*Prov.* 10. 12.) C'est pourquoi Jésus-Christ dit à ses Apôtres : « Recevez le Saint-Esprit, les péchés seront remis à ceux à qui vous les remettrez. » (JOAN. 20. 22.) Et pour la même raison la rémission des péchés est refusée à ceux qui blasphèment le Saint-Esprit (MATT. 12. 31), dit le Docteur angélique.

Dans l'Eucharistie il conserve, il augmente la vie spirituelle de l'âme et il assimile davantage cette âme à Jésus-Christ.

Mais c'est dans la confirmation qu'il opère ses effets les plus remarquables. C'est là qu'il achève et qu'il perfectionne toutes les œuvres opérées précédemment. « Le Saint-Esprit qui dans le baptême est descendu en nous, dit le pape Melchiade, nous a donné sa plénitude pour nous rétablir dans l'innocence : mais dans la confirmation, il augmente les secours de sa protection, pour que nous conservions la grâce qui nous a été rendue. Dans le baptême nous sommes régénérés pour la vie; après le baptême nous sommes confirmés pour le combat. La régénération sauve par elle-même ceux qui vont être reçus dans la paix du baptême; mais la confirmation nous arme et nous munit de puissantes défenses, pour soutenir les combats qui nous sont réservés. » *(De Consecrat. dist. 5.)*

Dans la communion, le Saint-Esprit vient comme le Père; il vient avec le Fils, pour partager son travail, pour conserver et augmenter la vie de l'âme. Dans la confirmation, il vient avec la plénitude de ses dons et la surabondance de ses grâces, pour orner l'âme, pour l'enrichir, pour la rendre plus digne de recevoir la visite de son Sauveur. Il vient pour faire resplendir d'un éclat plus vif le tabernacle vivant où Jésus a daigné fixer sa résidence et où il veut trouver ses délices.

La confirmation est un don ineffable du Saint-Esprit, dit S. Denis l'aréopagite, *Donum spiritus sancti ineffabile*. (Cœlest. hiear. 4.) C'est comme une seconde communion, disent les saints Pères, une communion qui ressemble à la première par les merveilleux effets qu'elle produit. La première est assurément un acte d'une extrême importance, puisque la créature y est étroitement unie avec son Créateur. La seconde resserre encore cette union, elle l'affermit davantage, parce que le Saint-Esprit qui est, dans la Trinité, le lien qui unit le Père au Fils et le Fils au Père, est, en dehors de la Trinité, le lien qui unit l'âme à Dieu.

L'époque où ce sacrement est conféré semble indiquer qu'il est réellement l'une des grandes étapes de la vie chrétienne. On pourrait presque dire que c'est une borne posée entre deux âges, car tout ce qui la précède tient encore à l'enfance, tandis que ce qui vient après ne lui appartient presque plus, puisque effectivement, on voit déjà apparaître les premiers signes de l'adolescence. Ce sacrement vient donc au temps opportun, à la veille de la saison la plus féconde en naufrages.

L'enfant qui a eu l'insigne honneur de s'asseoir à la table de Dieu, est jugé apte à remplir une fonction publique dans la société chrétienne. L'Église ne tarde pas à l'incorporer dans la milice sacrée, en lui confiant la mission de veiller à la garde des intérêts de Dieu, et de défendre la foi catholique. Le sacrement de la confirmation met fin, pour ainsi dire, à tout son passé, et lui ouvre un avenir nouveau. Désormais, il n'est plus rangé parmi les faibles qui n'ont à s'occuper que d'eux-mêmes ; toute la société chrétienne compte sur lui. Il a passé dans une condition plus élevée et plus méritoire. Le Saint-Esprit vient se reposer sur lui et il imprime sur son âme un caractère qui ne s'effacera jamais, ni dans le temps, ni dans l'éternité. Marqué de ce signe indélébile, l'enfant est devenu soldat. Il est enrôlé sous la bannière du Christ, il est inscrit sur la liste des défenseurs de l'Église. Les obligations qu'il contracte alors sont grandes, mais leur accomplissement est singulièrement facilité par l'abondance des grâces qui lui sont accordées. Désormais on ne doit plus voir en lui un simple enfant de Dieu, il a acquis le courage et la fermeté de l'âge viril. Ce n'est plus un chrétien ordinaire toujours infirme et défectueux par quelque endroit, c'est le chrétien parfait.

Il devrait en être ainsi puisque la confirmation renouvelle invisiblement dans les disciples du Christ, au moins partiellement, les effets produits dans ses Apôtres le jour de la Pentecôte. Avant la descente du Saint-Esprit sur ceux-ci, ils manquaient à la fois d'intelligence et de fermeté. Ils n'entendaient pas les enseignements du divin Maître et ils craignaient de combattre et de souffrir avec lui, comme on le voit dans l'Évangile. Mais à peine remplis des impressions de la charité divine, un zèle ardent les porte à travers toutes les nations pour enseigner la vérité et tous deviennent les martyrs de la foi. Si l'Église a si souvent à déplorer les faiblesses, les reniements, les trahisons de ceux qui devraient être ses défenseurs et les soutiens de la religion, elle sait fort bien que la cause n'en est pas dans le manque d'efficacité du sacrement, mais dans le défaut de coopération du chrétien. Celui-ci ne peut rien faire sans la grâce, mais d'autre part la grâce demeure stérile quand elle n'est pas secondée par la volonté libre.

12. LES DONS DANS L'ENTENDEMENT.

L'enfant qui a reçu le sacrement de confirmation est muni des armes du combat et de toutes les choses nécessaires pour traverser sans défaillance le désert de la vie.

Le Saint-Esprit, qui habite en lui, lui communique la vie surnaturelle de la grâce. Il l'unit à Dieu par le triple lien de la foi, de l'espérance et de la charité. Il est vraiment l'Esprit vivifiant, comme il est marqué dans le symbole de la foi. C'est à lui, qui est l'amour du Père et du Fils, c'est à lui qu'appartiennent l'impulsion et l'action motrice; c'est lui qui est le principe des bons mouvements de l'esprit et du cœur, et c'est pour cela, dit S. Thomas, que la vie lui est convenablement attribuée. S. Jean l'affirme positivement dans l'Évangile (JEAN. 6. 64) : C'est l'Esprit qui vivifie. »

L'âme juste est son temple. Il s'applique à l'embellir. Il revêt tout son intérieur d'ornements spirituels d'une valeur inappréciable. Il travaille à l'assimiler à Jésus-Christ et à retracer en elle l'image de cet idéal divin. Il enseigne la vérité et lui fait goûter les choses de Dieu. Il lui inspire du courage et de la générosité. Il la dirige par les chemins de la justice. Il la pénètre d'un sincère amour de Dieu et d'une crainte toute filiale envers sa majesté souveraine. Il infuse dans sa nature et dans ses puissances internes de nobles habitudes, qui la rendent apte à recevoir sa direction et à la suivre. Ces habitudes inhérentes à la charité, sont les principes des vertus chrétiennes et s'appellent dons.

« Lorsque le Saint-Esprit réside dans une âme, dit un écrivain mystique (Jean Rusbroche), il se répand sur elle et sur ses facultés en qualité de fontaine de vie, par ses sept dons comme par ses sept ruisseaux, à la manière d'un soleil très lumineux qui l'éclaire de ses sept rayons et comme un grand feu qui l'échauffe et la brûle de sept flammes. »

« Les dons du Saint-Esprit, dit à son tour S. Bonaventure, sont des clartés et des lumières, parce que le Saint-Esprit, soleil d'une splendeur et d'une ardeur infinie, nous est donné en eux... Ils portent le nom de rayons de feu, parce que le Saint-Esprit, qui est le soleil d'où ils émanent, se sert d'eux comme d'un grand feu d'amour pour faire ses opérations dans les âmes, pour abaisser les esprits altiers par le don de crainte, pour ramollir les endurcis par le don de piété, pour éclairer les aveugles par le don de science, donner de la fermeté aux flottants et aux faibles par le don de force, redresser les égarés par le don de conseil, polir les grossiers et tout brutes par le don d'entendement, et enflammer les froids par le don de sagesse. En sorte que le Saint-Esprit nous communique par ces dons la lumière des vraies connaissances, et les ardeurs du saint amour; lesquels sont les deux plus riches dons et les deux plus grands biens qui peuvent nous être conférés ici-bas, pour nous faire goûter d'avance la félicité éternelle qui nous est promise. » (Saint-Jure. *L'homme spirit.* t. 1. p. 412.)

Jésus-Christ avait déjà apporté aux hommes la double assistance de sa parole et de sa chair adorable. Ce sont deux tables dressées dans son Église : l'une est la table de l'Évangile qui contient la doctrine du salut, l'autre est la table eucharistique qui fournit le pain consacré. Ce sont deux communions, l'une qui se fait par la foi et où l'on reçoit l'Esprit de Jésus-Christ, l'autre qui se fait par le sacrement et donne Jésus-Christ tout entier. Le Verbe fait chair est donc doublement le pain de vie, puisqu'il nourrit à la fois l'esprit et le cœur. Néanmoins il lui a plu d'envoyer encore le Saint-Esprit pour parfaire son œuvre.

Arrêtons-nous pour le moment à la plus noble des facultés qu'il daigne enrichir de ses dons.

L'esprit est pour l'âme ce que l'œil est pour le corps. C'est lui qui l'éclaire, la dirige, lui montre son chemin, lui indique où elle doit aller, ce qu'elle doit faire et ce qu'elle doit éviter pour atteindre le but qui lui est proposé. Et de même que l'œil corporel a besoin, pour voir, de la lumière du jour, et perd sa vitalité au sein des ténèbres, ainsi en est-il de l'œil de l'âme. Il ne voit que par la clarté qui lui est apportée du dehors. Sa force à lui et sa vie c'est la vérité, au lieu que l'erreur est un poison qui l'altère et le tue.

D'où vient la vérité et d'où vient l'erreur? Deux questions d'une extrême importance, questions capitales, questions de vie ou de mort pour les peuples comme pour les âmes.

La vérité vient d'en haut. Elle descend, comme tout ce qui est parfait, du Père des lumières. Révélée aux hommes dès l'origine des temps, puis altérée et perdue dans le monde devenu païen, elle a été rapportée sur la terre par Celui qui a dit, en parlant de lui-même : je suis la lumière du monde. » *Ego sum lux mundi.*

Pour la préserver à l'avenir de toute corruption, et pour la communiquer à toute créature, il en a confié le dépôt à son Église en lui commandant de veiller à son intégrité et de la propager partout, jusqu'aux extrémités du monde. C'est par sa volonté qu'elle est enseignée aux petits dans les catéchismes, aux grands dans les prédications, aux fidèles dans les temples, et en dehors des temples aux infidèles. Ainsi il n'est personne, on peut presque l'affirmer, qui n'ait la faculté de se l'approprier soit au moyen de la parole, soit par les livres.

L'erreur vient d'en bas. Elle est sortie originairement du fond de l'abîme. C'est l'œuvre du père du mensonge. L'esprit des ténèbres l'a jetée, comme un engin meurtrier, dans le jardin de nos premiers parents. De là elle s'est répandue dans la société humaine et y a causé des ravages incalculables. Elle circule comme un mauvais air qui obscurcit les intelligences et désorganise les cerveaux. Elle passe, comme un héritage funeste qui descend des pères aux enfants et d'une génération à l'autre. Des milliers de bouches s'en font les organes plus ou moins inconscients et des milliers d'écrits aident puissamment à la propager. Elle est répandue à tel point que le Prophète a osé dire que nul homme n'échappe à ses atteintes. *(Ps.* 115. 11.) C'est ainsi que la vie humaine est toute faite d'illusions. La masse des mortels ne se plaît que dans la vanité et le mensonge.

Le moyen de remédier à ce désordre, ce serait de chercher la vérité où elle est, de la puiser à sa source, de la demander à l'Église qui en est la gardienne, d'écouter la parole qu'elle jette comme une semence divine à tous les vents du ciel, de lire et de méditer les livres revêtus de son approbation. Mais on ne cherche d'ordinaire que ce qu'on estime et ce qu'on aime, et la vérité n'est pas aimée dans le monde.

Il arrive qu'à l'âge où l'on est plus capable de la comprendre, on ne s'en soucie plus. Les enseignements de l'Église glissent sur les âmes sans s'y arrêter. Si on les écoute, c'est d'une oreille distraite, et la mémoire ne fait nul effort pour les conserver. Quant aux livres, on en lit trop et on en lit trop peu. On lit trop les ouvrages profanes, les écrits légers et superficiels, les romans, les feuilletons, les journaux et les revues, les productions frivoles qui ne font que dissiper l'esprit ou exalter l'imagination. On ne lit pas assez les ouvrages sérieux, les livres de religion et de morale qui traitent des plus hauts intérêts de l'âme. C'est ainsi que les vérités diminuent : elles s'effacent les unes après les autres. Les lumières venues du ciel s'obscurcissent toujours davantage et les ténèbres grandissent dans les mêmes proportions. On finit par ne plus percevoir que les bruits de la terre et l'on ne se nourrit plus que de fictions et de rêves chimériques. C'est ainsi que l'intelligence humaine s'atrophie et n'éprouve plus que de la répulsion pour son aliment substantiel.

Il s'agit de la préserver de cette triste maladie, en la fortifiant, en la rendant apte à saisir les vérités qui dépassent sa portée, à les aimer et à les goûter. C'est l'œuvre du Saint-Esprit.

La confirmation est une sorte d'assainissement intellectuel. Les dons de science, de conseil, d'entendement et de sagesse sont des remèdes prophylactiques. Ce sont des rayons divins qui pénètrent la première faculté de l'âme et l'élèvent à la hauteur de son objet surnaturel.

L'esprit de l'enfant, perfectionné par ces habitudes, devient docile aux inspirations du ciel, il se laisse conduire promptement et sans résistance aux mouvements du Saint-Esprit. (S. Thom. 1. 2. 68. 4 c.)

C'est beaucoup déjà pour s'engager dans le chemin du salut et pour atteindre le terme de la perfection où veut conduire l'Esprit de Jésus-Christ. Mais ce n'est pas encore assez, il faut que la volonté subisse un traitement analogue.

13. LES DONS DANS LA VOLONTÉ.

La volonté humaine est la puissance active qui préside à tous les actes de la vie. Elle est la maîtresse qui commande à toutes les facultés. Elle a, dans la conduite morale, l'autorité d'une reine. C'est elle qui choisit, qui se détermine, et qui exécute. Toutes les opérations de l'âme ont en elle leur cause première.

Or, cette cause est très mobile. Elle varie selon les diverses circonstances des temps, des lieux, des événements. C'est ainsi qu'elle passe très aisément du mal au bien et du bien au mal. Un secours divin lui est nécessaire, dit S. Thomas (C. G. L. 3. Chap. 155), pour rester immuablement dans le bien.

Autant que l'intelligence et plus encore, elle a été blessée par suite de la chute originelle, et le baptême ne l'a pas entièrement guérie. Elle est demeurée dans un état de faiblesse déplorable. L'énergie lui manque pour faire le bien et pour résister aux entraînements du vice. S. Paul le savait par expérience et il l'avoue ouvertement dans son Épître aux Romains (8. 15) : « Je ne fais pas le bien que je veux, dit-il, et le mal que je hais, je le fais ; *non enim quod volo bonum hoc ago ; sed quod odi malum hoc facio.* Les païens éclairés par la simple lumière de la raison naturelle avaient reconnu cet état d'impuissance et de débilité de notre pauvre nature, et l'un de leurs grands écrivains n'a pas hésité à en faire l'aveu public. « Je vois, écrit Ovide, ce qu'il y a de meilleur et je l'approuve, et néanmoins je choisis ce qu'il y a de pire : *video meliora proboque deteriora sequor.*

L'oiseau a deux ailes pour prendre son essor et pour se soutenir dans les plaines de l'air. Lorsque l'une est blessée par le plomb du chasseur, il tombe à terre sans pouvoir reprendre son élan. En vain il fait des efforts pour remonter sur les hauteurs, sa blessure le trahit et il se sent réduit à se traîner sur le sol, au risque de devenir la proie du passant. Telle serait la condition de l'âme, si elle était entièrement abandonnée à ses propres forces, il faut qu'une main étrangère la soutienne pour empêcher ses défaillances.

La vraie force de l'homme c'est la grâce qui vient d'en haut, qui a été apportée du ciel par Jésus-Christ.

« C'est par la grâce de Dieu, disait S. Paul, que je suis ce que je suis. » Puis il ajoutait : « La grâce n'a point été stérile en moi ; mais j'ai travaillé plus que les autres, non pas moi seul toutefois, mais la grâce de Dieu avec moi. » (I Cor. 15. 10.) Et dans son épître aux fidèles de Philippes, il assurait qu'il pouvait tout, non par lui-même, mais par l'assistance divine. « *Omnia possum in eo qui me confortat.* » (Philipp. 4. 13.)

C'est donc dans la grâce qu'il faut chercher la force, comme c'est dans la vérité qu'on rencontre la lumière. Jésus-Christ est la source de l'une et de l'autre. Il est venu sur la terre, dit S. Jean, plein de grâce et de vérité ; *plenum gratiæ et veritatis*. Il les répand à flots dans son Église par sa doctrine et par ses sacrements.

Mais c'est le Saint-Esprit qui dispose les âmes à les recevoir et à en profiter. Il vient à leur secours : il les porte à prier et leur inspire ce qu'ils doivent demander. « L'Esprit nous aide dans notre faiblesse, dit S. Paul. (*Rom.* 8. 26.) Car nous ne savons ce que nous devons demander à Dieu dans nos prières, pour le prier comme il faut ; mais l'Esprit lui-même prie pour nous par des gémissements ineffables. »

Prier, ce n'est pas seulement remuer les lèvres et répéter des formules consacrées, ce n'est pas un simple mouvement de la bouche, c'est l'action de l'esprit et du cœur qui s'élèvent à Dieu. Prier, c'est parler à Celui qui est présent partout, qui voit et entend tout. C'est exprimer ses sentiments, ses aspirations, ses désirs et ses besoins à Celui qui est aussi riche qu'il est puissant, et aussi généreux qu'il est bon ; c'est s'adresser à un

Père aimant qui ne peut rien refuser, parce qu'il a tout promis à ceux qui l'invoquent avec confiance.

Lorsque l'enfant sait s'entretenir ainsi avec Dieu, lorsqu'il aime à le faire, on peut tout attendre de lui. Il n'est pas possible qu'il soit déçu dans ses espérances. Et ce qui est vrai de l'enfance peut s'appliquer à tous les âges. Pour tous la prière est la première et la plus excellente des sciences ; c'est le plus utile de tous les arts ; c'est la clef des trésors célestes.

Et quand, à la prière, se joint l'usage fréquent des sacrements et principalement de la Sainte Eucharistie, l'enfant devient comme invulnérable. Il est fort comme un lion, dit S. Jean Chrysostôme, il est redoutable à l'enfer et il lui est facile de soutenir tous les assauts qui lui sont livrés et de triompher de tous ses contradicteurs. Il y a, dans le pain sacré de l'Eucharistie, une vertu divine qui se communique à l'âme et la rend comme invincible. « Celui qui mange ce pain vivra éternellement ; *qui manducat hunc panem vivet in æternum.*

Toute communion bien faite produit la grâce sanctifiante, laquelle est toujours accompagnée de la foi, de l'espérance et de la charité. A ces trois vertus divines qui unissent l'âme à Dieu sont attachés les sept dons du Saint-Esprit : ceux qui perfectionnent l'intelligence, dont il a été question précédemment, et ceux qui rectifient et affermissent la volonté, la crainte de Dieu, la piété et la force. Ces dons, à leur tour, deviennent les principes des vertus intellectuelles et morales.

L'Esprit-Saint, on le voit, agit sur la volonté comme sur l'intelligence. Il lui communique l'impulsion ; il met en action toutes les habitudes surnaturelles qui ont leur siège dans cette faculté ; et il est vrai de dire qu'il est le moteur invisible de l'âme chrétienne et qu'il intervient en qualité de cause, dans toutes ses bonnes œuvres.

Il convient que l'enfant soit bien instruit de ces vérités. Il faut qu'il comprenne que tout ce qu'il y a de bien en lui lui vient de l'Esprit-Saint qui lui a été donné par Jésus-Christ. C'est lui, c'est Jésus-Christ qui « nous l'a promis, il nous l'a mérité, il nous l'a envoyé. L'Esprit-Saint, voilà le fruit magnifique de la vie et de la Passion de Jésus, le don suprême de son amour, son divin représentant qui le remplace auprès de nous. Tout ce que le divin Sauveur est pour nous, tout ce qu'il veut faire pour nous, il l'est et il le fait par l'Esprit-Saint. C'est par lui qu'il veut être glorifié en nous. » (Meschler. *Médit. sur la vie de N.-S. J.-C.* T. 3. p. 339.)

L'enfant enrichi de la grâce, purifié par la pénitence, nourri du pain de vie par l'Eucharistie, éclairé, affermi, sanctifié par la confirmation, a reçu du ciel tout ce qu'il pouvait en attendre à l'âge où il est parvenu. Ce qui lui reste à faire c'est de conserver les dons du ciel qui lui ont été si libéralement accordés et d'en faire usage. Son enfance touche à son terme. Voici venir l'adolescence avec ses dangers de toute espèce, internes et externes, pour l'esprit et pour le cœur, pour l'âme et pour le corps ; avec ses exaltations, ses fièvres, ses mirages trompeurs et ses projets chimériques, avec cet instinct de la nature qui égare tant d'infortunés trop dociles à écouter ses conseils. Il faut qu'il traverse cette période critique, la plus agitée, la plus orageuse de l'existence humaine. Et pour y passer sans défaillance et sans repentir, il est nécessaire, absolument nécessaire qu'il reste étroitement uni à Jésus-Christ. C'est en effet dans cette attache forte et permanente au divin Maître, que consiste la vie véritable et tout l'espoir d'un avenir heureux. En dehors de là il n'y a que défaillances, ennuis, regrets et ruines amoncelées les unes sur les autres.

« La vie spirituelle est tout entière dans l'union de nos âmes avec Jésus-Christ : union qui n'est pas seulement affective comme union de créature avec créature, mais substantielle et vitale, en ce qu'elle est faite dans le Saint-Esprit et qu'elle nous transforme divinement dans la ressemblance et la vie du Sauveur, en nous rendant, dans le Saint-Esprit et la charité répandue par lui dans nos cœurs, en quelque sorte une même chose avec lui. Non pas qu'il y ait confusion de ce qu'il est avec ce que nous sommes, mais il y a parfaite union entre lui et nous, et dans cette union nous participons à ce qu'il est, de telle sorte que notre pauvre petit être est entré dans le sien, notre pauvre petite vie est remplie de la sienne, nos ténèbres sont éclairées des splendeurs de sa gloire, notre pauvreté comblée de sa plénitude, notre mortalité absorbée dans son immortalité. Les progrès de la vie spirituelle ne sont qu'une adhésion de plus en plus entière à Jésus-Christ, un transport de nous en lui, une transformation de ce que nous sommes en ce qu'il est. » (P. BESSON. O. P. *Lettres.*)

Conclusion.

S'unir à Dieu de la manière la plus étroite et la plus indissoluble, telle est la destinée de toute créature raisonnable. Cette union, qui est la vie à son plus haut degré, se réalise par la double opération de l'entendement et de la volonté. Car ce sont là les deux ressorts secrets qui mettent en mouvement la créature libre; l'un porte le flambeau qui éclaire la voie, l'autre tend à s'approcher du bien qui lui est montré.

Mais ces deux facultés, qui sont les principes des opérations humaines, sont blessées et affaiblies. La première est sujette à l'ignorance qui l'obscurcit, la seconde aux inclinations qui la dérèglent. De là viennent les égarements et les désordres qui désolent la terre.

Il s'agit de réformer ces deux puissances, de les rétablir dans leur condition normale, telles qu'elles étaient avant la déchéance de notre nature. C'est en cela que consiste essentiellement la culture de l'âme humaine.

Cette âme est venue de Dieu en vertu d'un acte d'intelligence et d'amour. C'est par un acte de même nature, c'est-à-dire, par la connaissance et l'amour, qu'elle retourne à Dieu. Elle est créée à son image et elle est faite pour le connaître et pour l'aimer.

Connaître, c'est percevoir, toucher, saisir l'objet connu, c'est lui être uni en quelque manière par la plus noble des facultés internes. Et lorsque cet objet est la vérité première et essentielle, la beauté souveraine, la splendeur infinie; lorsque cet objet est Dieu même, sa connaissance est un bien au-dessus de tout bien; c'est l'union la plus enviable; c'est la vie, la vie concentrée et fixée sur les plus hautes cimes; c'est la vie éternelle, d'après la parole même du divin Maître : *Hæc est autem vita æterna, ut cognoscant te solum Deum verum, et quem misisti Jesum Christum.* (JOAN. 17. 3.)

Cette vie a son commencement sur la terre, sa plénitude et sa consommation dans le ciel. Entre ces deux termes extrêmes, entre ce commencement et cette fin, il y a des degrés. Les hommes ne sont pas tous au même niveau : Les uns montent, les autres s'arrêtent; il en est qui retournent en arrière. Plus on s'élève dans la connaissance de Dieu et de Jésus-Christ qu'il a envoyé, et plus la vie se perfectionne par des accroissements nouveaux.

Nous allons parcourir ces différents degrés. On y verra, comme dans un tableau synoptique, le résumé de ce qui a été exposé et développé dans ce Livre.

Au premier et au plus bas degré, on trouve l'homme simplement doué de raison. Il est déjà capable d'acquérir une connaissance rudimentaire, parce que Dieu se révèle à tous plus ou moins confusément dans le miroir de ses œuvres.

A un degré plus élevé apparaît l'homme qui s'est appliqué à l'étude, et qui, par son travail, est parvenu à perfectionner sa faculté cognitive. Tels les sages des temps anciens dont S. Paul a dit : « Ils ont connu Dieu et ne l'ont point glorifié. » (*Rom.* 1. 20.) Le troisième degré nous montre le chrétien qui joint à la lumière naturelle de la raison, la lumière surnaturelle de la foi.

On voit ici l'esprit humain surnaturalisé, sortant du cercle qui l'enserre de toutes parts, franchissant les barrières qui arrêtent son essor, s'élever sans peine à des hauteurs sublimes. Il est devenu capable de parcourir le champ de la révélation divine. C'est pourquoi on a pu dire avec assurance que l'enfant chrétien est plus éclairé que le philosophe païen.

Au quatrième degré il y a mieux qu'une simple foi de croyance, il y a la science religieuse et théologique, qui ouvre à l'esprit contemplatif le royaume obscur des mystères. C'est cette science qui montre l'harmonie des dogmes dans l'unité de la vérité et la multiplicité de ses rayons.

La foi montant toujours, et unissant sa lumière à la flamme de la charité, purifie tellement le cœur et l'unit si étroitement à Dieu, qu'il lui donne de goûter combien il est doux. (*Ps.* 33. 9.) C'est le cinquième et dernier degré de la science de Dieu sur cette terre, et c'est le commencement de la félicité des cieux, suivant cette parole de l'Évangile : Bienheureux ceux qui ont le cœur pur parce qu'ils verront Dieu; *beati mundo corde, quoniam ipsi Deum videbunt.* (Matt. 5. 8.)

Il y a cependant un sixième degré qui couronne tous les autres; mais il n'est pas donné à l'homme d'y atteindre ici-bas. Il faut pour cela que la foi disparaisse et soit remplacée par la lumière de gloire. Cette lumière ineffable est le don suprême qui déifie en quelque manière l'entendement et lui donne la vue intuitive de l'essence incréée.

Ainsi l'esprit humain monte de lumière en lumière. Et à mesure que ses horizons s'étendent, l'âme se rapproche toujours de son Créateur.

« En contemplant sa gloire, dit S. Paul (II CORINT. 3. 18), nous sommes transformés en la même image, nous avançant de clarté en clarté par l'illumination de l'Esprit du Seigneur. »

L'union avec Dieu se réalise principalement par l'amour. C'est en effet cette force attractive qui est le vrai centre des opérations vitales et dans le Créateur et dans la créature.

Dans la nature déchue, l'amour débute dans une sorte d'égoïsme et va se terminer dans la charité parfaite, mais en passant aussi par différents degrés.

L'amour, on le sait, est une affection commune aux êtres animés. Et parce que l'homme est né de la chair; parce que la nature et la convoitise se sont unies pour le former, son amour se ressent du vice de son origine. Au lieu de remonter à Dieu, qui est son premier objet, parce qu'il est le souverain bien, il se replie sur son principe créé. L'homme s'aime d'abord lui-même et pour lui-même. Il usurpe, pour ainsi dire, la place de son Bienfaiteur. En se constituant le centre de tout ce qui l'entoure, il rapporte le tout à lui.

Mais cette illusion ne dure pas longtemps; parce qu'il a été constitué de telle sorte qu'il ne peut se suffire à lui-même. Comme il n'a pu exister que par Dieu, il ne lui est pas possible de subsister sans Dieu. Il le voit, il est forcé de s'avouer à lui-même son indigence, son incapacité et ses besoins. Dès lors il commence à chercher Dieu par la foi et à l'aimer. C'est un second degré, dit S. Bernard, dont nous traduisons ici la pensée.

Il en est un troisième plus élevé. C'est Dieu encore qui l'y amène, non par la contrainte et la nécessité, mais par la suavité. Dans un conseil profond et salutaire la Sagesse éternelle a voulu que l'homme fût exercé par les tribulations, afin de l'assister dans ses défaillances, de le délasser de ses maux et de le gagner à son service. Or, lorsque l'homme se met à servir Dieu, il apprend dans ce commerce fréquent et familier à le mieux connaître et il le goûte. Et lorsqu'il a goûté combien il est suave, il passe à un degré d'amour supérieur, et ce n'est pas le dernier.

Le quatrième degré de l'amour consiste à aimer Dieu et à l'aimer, non plus pour soi, mais pour lui. Est-il possible d'y parvenir en cette vie? Il est certain que dans l'autre ce sera la perfection de la charité.

Ce feu céleste est allumé dans les cœurs des justes. C'est lui qui les purifie, les échauffe et les éclaire. C'est lui qui modifie leurs mouvements. C'est lui qui communique cette force surnaturelle qui leur permet de s'élever jusqu'à Dieu et de s'unir à lui. C'est une flamme mystique apportée sur la terre par le Christ et répandue dans les cœurs par son Esprit. Elle tend à remonter à son foyer céleste, et à reconduire avec elle ceux qui se laissent embraser de ses ardeurs.

L'union avec Dieu commence dans la foi. Elle s'achève dans la charité. Elle s'affermit de plus en plus par les œuvres et surtout par la prière qui est le fruit de l'espérance. L'âme, à qui Dieu a ouvert ces trois chemins, n'a pas autre chose à faire qu'à y marcher sans s'arrêter jamais.

Lorsque l'épreuve sera finie, les ténèbres de la foi seront remplacées par la lumière de gloire, et les imperfections de la charité du temps par la charité parfaite de l'Éternité. L'âme alors longtemps fécondée par une culture intelligente, et riche du fruit de ses œuvres, ira resplendir dans le pays des immortelles floraisons et partager les joies inénarrables de son Dieu.

TABLE DES MATIÈRES

Introduction. v

CHAPITRE PREMIER
Les débuts de la vie humaine.

1. Dieu et l'homme 1
2. L'âge de raison. 4
3. Le premier regard de l'esprit 10
4. Le premier élan du cœur 14
5. L'appel divin 20
6. Le choix de l'âme. 28

CHAPITRE II
L'enfant en face de la nature.

1. Le chemin de la vie 39
2. Les phénomènes de la nature 45
3. L'atelier 51
4. L'école 58
5. Le marché public. 68
6. Le temple 74

CHAPITRE III

L'enfant dans la société.

1. Triple société 81
2. Avantages de la société 88
3. Vertus sociales. 95
4. Dangers de la société. 102

CHAPITRE IV

L'enfant en face de son âme.

1. L'âme humaine. 107
2. Le gouvernement de l'âme. 117
3. Le siège de l'autorité. 122
4. Les premiers principes 126
5. Le pouvoir législatif 132
6. Le pouvoir judiciaire. 137
7. Le pouvoir exécutif 143
8. Deux écueils. 147
9. Les responsabilités. 154

CHAPITRE V

L'enfant devant Dieu.

1. Le chrétien 167
2. La vie surnaturelle 172
3. La foi. 180
4. L'espérance 186
5. La charité 192
6. La religion dans l'humanité. 198
7. La religion dans le chrétien. 203

CHAPITRE VI

L'éducation religieuse.

1. Le rêve de l'enfance. 211
2. Les visites du divin Pasteur. 220
3. La pureté nécessaire au chrétien. 227
4. Guide de l'enfance. 232
5. Le catéchisme 238
6. La bible 246
7. La prière. 251
8. La pureté du cœur 258

CHAPITRE VII

Les sources de la grâce.

1. Le saint sacrifice. 263
2. Les sacrements 269
3. La pénitence 277
4. La pénitence intérieure. 281
5. La pénitence extérieure. 287
6. Le bonheur suprême de l'enfance 294
7. Le grand banquet 301
8. Les noces de l'agneau 305
9. L'efflorescence des vertus 312
10. Après la première communion 316
11. La confirmation 323
12. Les dons dans l'entendement. 332
13. Les dons dans la volonté 337

Conclusion 343

Avignon. Imp. Aubanel frères.

Documents manquants (pages, cahiers...)
NF Z 43-120-13

www.ingramcontent.com/pod-product-compliance
Lightning Source LLC
Chambersburg PA
CBHW070437170426
43201CB00010B/1121